# LE RÉGIME POLITIQUE CANADIEN

# LE RÉGIME POLITIQUE CANADIEN

Patrick Malcolmson

Richard Myers

(traduction de Pierre R. Desrosiers)

broadview press

**Donnees de catalogage avant publication (Canada)**

Malcolmson, Patrick N., 1953-
Le regime politique canadien

Traduction de: The Canadian regime.
Comprend un index
ISBN 1-55111-361-9

1. Canada -- Politique et gouvernement. I. Myers, Richard M. (Richard Morley), 1957- . II. Desrosier, Pierre R. III. Titre.

JL81.M3414 2000 320.971 C00-930108-9

Broadview Press
C.P. 1243, Peterborough (Ontario) K9J 7H5

**États-Unis:** 3576, California Road, Orchard Park, NY 14127

**Grande-Bretagne:** B.R.A.D. Book Representation & Distribution Ltd., 244 A, London Road, Hadleigh, Essex SS7 2D2

Chargée de projet Andrée Laprise
Mise en pages *Zéro faute*, Outremont (Québec)

Broadview Press remercie le Conseil des arts du Canada, le Conseil des arts de l'Ontario et le ministère du Patrimoine canadien de leur soutien.

IMPRIMÉ AU CANADA

À nos étudiants

# AVANT-PROPOS

Plus que tout autre régime politique, le régime démocratique doit s'appuyer sur une population politiquement compétente. La démocratie se définit, en principe, comme le « gouvernement du peuple », ce qui exige un peuple suffisamment instruit politiquement pour qu'un tel gouvernement soit réalisable et qu'il agisse avec prudence. Un défaut d'éducation politique chez la majorité des citoyens entraîne deux conséquences. Premièrement, la population devient passive et se plie, à son insu, aux diktats des leaders d'opinion du moment. La démagogie ne se distingue plus du discours politique fondé sur des principes et la tyrannie de la majorité – ce talon d'Achille de la démocratie – se fait plus probable. Deuxièmement, la population se forge des attentes parfaitement irréalistes quant à la politique. Ne distinguant pas vraiment ce qui est possible de ce qui ne l'est pas, les citoyens laissent leurs espoirs, leurs désirs et leurs rêves déterminer leurs exigences politiques.

Tout indique que ces deux traits ne sont pas absents, aujourd'hui, de la vie politique canadienne. La cause en est, selon nous, la pauvreté de l'éducation civique dans notre pays. Nous avons écrit ce livre dans l'espoir de porter remède à cette situation.

Cet ouvrage entend expliquer et décrire les institutions les plus importantes du gouvernement canadien. Il est nécessaire, selon nous, qu'une explication simple soit donnée de ces institutions aux Canadiens – citoyens, étudiants des universités et même, en certains cas, politiciens. En expliquant les limites institutionnelles de toute action politique, nous entendons amener les Canadiens à des attentes plus réalistes et plus mesurées en cette matière. Notre objectif : proposer au lecteur une description brève et précise du gouvernement canadien. Nous avons voulu mettre d'abord l'accent sur la logique qui sous-tend le fonctionnement de nos institutions et sur leur correspondance les unes avec les autres. C'est pourquoi nous nous attachons moins à en décrire les détails qu'à en expliquer les principes fondamentaux, ce qui démarque ce livre d'autres ouvrages de même nature. Nous nous sommes efforcés d'employer le langage le plus simple possible et d'expliquer clairement tous les termes techniques. Finalement, nous avons tenté d'écrire un ouvrage qui ne suppose aucune connaissance préalable de son sujet.

Tout Canadien d'âge adulte devrait, pour raison d'éducation civique, être familier avec le contenu de cet ouvrage. Nous espérons que ce livre transformera ce devoir en plaisir.

# NOTES À L'INTENTION DES POLITOLOGUES

On dira de cet ouvrage qu'il aborde l'étude du gouvernement canadien sous l'angle « institutionnel ». Une telle description nous convient parfaitement, mais nous croyons important d'expliquer, d'entrée de jeu, les raisons d'un tel cheminement. Depuis une trentaine d'années, les politologues canadiens ont délaissé l'étude de la configuration constitutionnelle du gouvernement et des institutions du parlement et du fédéralisme pour se tourner vers les « systèmes « et les « cultures » politiques. Les ouvrages classiques — le *Government of Canada* de Dawson et le *Structure of Canadian Government* de Mallory — ont cédé la place à des titres comme *The Canadian Political System* et *Politics in Canada.* Abandonnant l'étude du gouvernement et des institutions, la science politique s'est efforcée d'expliquer le phénomène politique en termes économiques, sociologiques, psychologiques et anthropologiques. Tout se passe, en d'autres termes, comme si elle avait perdu foi en sa valeur de discipline et avait cédé à la tentation de réduire le phénomène politique à un phénomène infrapolitique. Jadis fière de se dire « art suprême », la science politique semble s'être délibérément placée à la remorque des autres sciences sociales.

Ce changement de nature a donné naissance, fait intéressant, à la publication de manuels que personne (ou presque) ne lirait s'il n'y était tenu en vertu d'un cursus scolaire. Ces ouvrages n'abordent pas la politique sous l'angle élémentaire et plein de bon sens du citoyen ou du politicien. Ils s'ouvrent habituellement sur des schémas compliqués relatifs à des théories abstraites sur la nature des « systèmes politiques ». Politologues nous-mêmes, nous savons pertinemment qu'une analyse préliminaire de ses institutions ne couvre pas, et de loin, l'ensemble du phénomène politique canadien. Il faut aussi étudier l'économie politique du pays et la structure sociale qui lui est sous-jacente. Plus important encore, il importe de comprendre l'évolution de la culture politique à travers l'histoire et les principales écoles de pensée qui ont structuré la vie politique canadienne tout au long du XX$^{e}$ siècle. Cela dit, cependant, il importe d'abord, selon nous, de se pencher sur les institutions de base du gouvernement. Un tel point de départ permet d'assimiler les idées et les concepts qui permettront ensuite une étude plus approfondie et plus complète du régime.

Nous avons choisi d'aborder le sujet dans la perspective élémentaire du citoyen et de l'individu qui participe activement à la vie politique. D'excellentes raisons motivent cette approche. Premièrement, il est difficile, sinon impossible, de parler intelligemment de questions politiques courantes sans une bonne compréhension des institutions politiques, lesquelles forment le cadre conceptuel de tout débat de cette nature. Comment discuter intelligemment de la structure fiscale sans posséder quelques notions de ce qu'est le fédéralisme ? Ou de la censure sans connaître, fût-ce superficiellement, l'existence de la Charte des droits et de la Cour suprême ? Ou du rôle des députés en ignorant la nature du parlementarisme ou du gouvernement responsable ? Trop souvent, pourtant, des discussions s'engagent sur les problèmes actuels sans qu'aucun des interlocuteurs n'accorde la moindre attention à la manière dont ces problèmes sont étroitement liés aux structures et aux institutions du gouvernement. On critique le député parce qu'il vote selon la ligne du parti, sans songer au fait qu'il lui est extrêmement difficile (sinon impossible), en vertu de notre forme de démocratie parlementaire, de voter autrement sur des questions politiquement cruciales. De tels propos équivalent à critiquer un joueur d'échecs sans connaître les règles du jeu.

Deuxièmement, notre approche permet d'assimiler un vocabulaire et une perspective proches de ceux des individus engagés dans la vie politique. Il devient alors possible de discuter de politique dans un contexte pratique et concret, par opposition au contexte abstrait et désincarné des sciences sociales contemporaines. Le débat politique n'est pas le lieu des notions et du jargon du fonctionnalisme, du néo-institutionnalisme, de la théorie des choix rationnels, etc. Lorsqu'il s'agit de commencer à comprendre la politique contemporaine, ces approches déforment davantage qu'elles n'éclairent.

En dernier lieu, il est important de revenir sur le traitement accordé à la politique par les politologues canadiens, c'est-à-dire par des spécialistes comme Stephen Leacock, Eugene Forsey, James Mallory et R. M. Dawson. Pratiquée par les Canadiens anglais, la science politique a été une combinaison intéressante d'influences britanniques et américaines. Elle s'était traditionnellement définie, par opposition à sa contrepartie américaine, par une approche plus institutionnelle et plus traditionnelle de l'étude du gouvernement canadien. Il n'en est plus ainsi, et les manuels canadiens de sciences politiques sont profondément marqués par l'influence américaine. Nous estimons supérieure l'approche traditionnelle canadienne. Elle n'est pas supérieure pour la simple raison qu'elle est nôtre, mais parce qu'elle a pour point de départ la simple perspective du citoyen instruit et procure ainsi un enseignement à la fois théorique et pratique. Sa plus grande force tient ainsi à l'union de la théorie et de la pratique. Les Canadiens ont toujours été plus réservés et plus pragmatiques que les Américains. Or en ce qui touche à la connaissance et à la pratique politiques, pragmatisme et prudence sont le signe d'une éducation politique supérieure.

Il n'est pas nécessaire d'être spécialiste de la théorie méthodologique pour déceler l'influence américaine sur nos manières d'enseigner, aujourd'hui, les institutions gouvernementales au Canada. Le phénomène saute aux yeux. C'est ainsi, par exemple, que de très nombreux manuels abordent ces institutions en termes de branches exécutive et législative du gouvernement. Un tel cadre conceptuel convient parfaitement à une analyse du gouvernement américain, puisque la constitution américaine repose sur la notion de « séparation des pouvoirs ». Mais pas la nôtre. La constitution canadienne crée une « fusion » plutôt qu'une « séparation » des pouvoirs. L'action des ministres est de nature à la fois législative et exécutive. Un manuel divisé conceptuellement en chapitres différents sur l'exécutif et sur le législatif est donc source de confusion et d'erreurs. Notre régime ne comporte pas de telles « branches », et prétendre à l'existence d'une telle séparation entraîne de sérieuses carences dans sa description. Ainsi, parce qu'ils proposent un tel cadre de référence, la plupart des manuels échouent lamentablement à expliquer correctement les principes du gouvernement responsable, principes qui ont donné naissance à notre « fusion des pouvoirs ». Par contraste, nous tentons ici de décrire les institutions gouvernementales en les situant dans le cadre qui leur est naturel, celui du gouvernement responsable.

L'échec de la science politique canadienne à rendre compte de nos institutions et à les défendre a contribué, dans une certaine mesure, à l'américanisation de notre régime. En 1982, on a ajouté à notre constitution une Charte des droits de style américain. Et voilà qu'on réclame aujourd'hui un sénat à l'américaine, l'adoption d'une procédure « américaine » de sélection des juges de la Cour suprême, des élections « primaires » pour choisir les chefs des partis et un mode de représentation parlementaire à l'américaine (selon lequel les députés voteraient en fonction des souhaits de leurs électeurs et non de la « ligne du parti »). Pour de nombreux Canadiens, de telles innovations marqueraient une « amélioration » de la démocratie. Mais on doute qu'ils soient aussi nombreux à apprécier les difficultés soulevées par de telles greffes partielles d'un système sur un autre.

Il y a plusieurs années, les Canadiens ont adopté la coutume américaine des congrès au leadership des partis politiques. On estimait alors que cette innovation démocratiserait davantage notre régime, dans la mesure où l'on retirait à une infime minorité le choix du chef (jusqu'alors choisi par le caucus des députés[1]) pour le confier à un plus grand nombre de citoyens. En pratique, cependant, cette coutume des congrès a probablement rendu nos institutions *moins* démocratiques. Lorsque le caucus choisissait le leader, il conservait sur lui une certaine influence. Depuis que les chefs sont élus par des milliers de délégués du parti, ils sont investis d'un « mandat » qui leur assure un ascendant sans précédent sur ce caucus. Cette innovation est donc, dans une grande mesure, à l'origine du « gouvernement du premier ministre ». Inspirée des États-Unis et adoptée dans le but de démocratiser notre mode de sélection des leaders, cette mesure l'a donc, à terme, rendu plus élitiste.

Ce livre vise, entre autres objectifs, à décrire et à expliquer les institutions politiques du Canada de manière à minimiser l'attrait des appels, séduisants mais superficiels, à une américanisation accélérée

---

1. NdT : Dans les pays de langue française, on utilise habituellement l'expression « groupe parlementaire » pour désigner l'ensemble des parlementaires élus appartenant à une même formation politique. Au Canada, l'emploi du mot « caucus » étant généralisé, nous retenons ce terme tout au long de cet ouvrage.

de notre régime. En abordant nos institutions dans leur propre cadre, nous espérons montrer la logique interne et la cohérence de l'ensemble du régime. Il sera alors plus facile au lecteur, espérons-nous, de prendre conscience des problèmes inhérents aux emprunts à d'autres régimes et, surtout, de mieux comprendre et de mieux respecter le nôtre.

*Patrick Malcolmson*
*Richard Myers*

*Université St. Thomas,*
*Fredericton*

# PREMIÈRE PARTIE

# INTRODUCTION

CHAPITRE 1

# LES PRINCIPES DU RÉGIME CANADIEN



## 1.1 Régimes politiques

Pour le simple observateur, les institutions politiques du Canada sont un fatras arbitraire et même saugrenu d'idées archaïques et de fonctions aux noms vieillots. Pour le politologue, par contre, les institutions politiques, de quelque pays qu'elles soient, relèvent d'une logique interne qui en fait un ensemble cohérent. La science politique a traditionnellement donné à cet ensemble le nom de **régime**.

Le mot français « régime » provient du verbe latin *regere*, qui signifie gouverner. Cette racine a aussi donné des mots de même sens, tels « régent » (personne qui gouverne une monarchie pendant la minorité ou l'absence du roi) et « réglementer ». Dans le langage courant, on emploie parfois le mot régime pour désigner un groupe particulier de dirigeants (on parlera ainsi du « régime Castro » à Cuba). Pour les politologues, le terme renvoie à deux phénomènes étroitement liés : les institutions gouvernementales d'un pays et les principes qui les sous-tendent.

La typologie classique des régimes est proposée dans la *Politique* d'Aristote. Elle n'est pas assez complète pour permettre une analyse des régimes contemporains, mais constitue un excellente amorce à la saisie des différences entre régimes. Selon Aristote, la première question que l'on doit se poser à propos d'un ordre politique, quel qu'il soit, porte sur la manière dont ses dirigeants comprennent la raison d'être du pouvoir politique. Soumis à un quelconque pouvoir, chacun d'entre nous se demanderait donc : les dirigeants sont-ils justes ou injustes ? Gouvernent-ils dans leur propre intérêt ou visent-ils l'intérêt général de la collectivité ? La seconde question d'Aristote porte sur le nombre de dirigeants : un seul ? quelques-uns ? plusieurs ?

Combinant ces deux considérations, il a distingué six régimes possibles, dont trois sont justes et trois injustes :

**Tableau 1**

| | Dans quel but les dirigeants gouvernent-ils ? | |
|---|---|---|
| Qui gouverne ? | Pour le bien commun | Dans leur propre intérêt |
| Un seul | Royauté | Tyrannie |
| Quelques-uns | Aristocratie | Oligarchie |
| Plusieurs | République | Démocratie |

Un bref regard sur l'histoire nous permet généralement de distinguer sans peine les bons monarques des mauvais. Certains rois et reines ont régné en songeant d'abord au bien de leur pays et de leurs sujets. D'autres ont d'abord agi en fonction de leur propre intérêt. Aristote appelle respectivement **royauté** et **tyrannie** ces deux types de monarchie.

La distinction entre bien commun et intérêt personnel fonde également la suite de cette typologie. Aristote nomme **aristocratie** le gouvernement d'une petite élite agissant en fonction de l'intérêt général. L'histoire, cependant, offre peu d'exemples de tels gouvernements. Lorsque le pouvoir a été concentré entre les mains de quelques-uns, l'intérêt économique des dirigeants a généralement prévalu sur l'intérêt général. Aristote parle alors d'**oligarchie**. Nous trouvons aujourd'hui de nombreuses oligarchies dans les pays en voie de développement, où des élites bien nanties utilisent leur pouvoir politique pour maintenir et accroître leur richesse.

Le lecteur sera sans doute étonné de l'analyse que fait Aristote du pouvoir exercé par le grand nombre. Selon lui, on pourrait appeler république un régime selon lequel le grand nombre gouvernerait dans l'intérêt général, mais un tel régime, ajoute-t-il, n'existe pas. La raison en est qu'à son époque, les collectivités étaient toujours formées de deux classes : une grande masse de pauvres — les *démos* — et quelques riches. Or il n'avait jamais vu une collectivité dans laquelle le pouvoir des pauvres avait été exercé, le cas échéant, à d'autres fins que le dépouillement des riches. En d'autres termes, les démocraties grecques se laissaient généralement imposer la loi de la rue. C'est pourquoi il place la démocratie — le gouvernement des *demos* — dans la colonne des mauvais régimes.

Ce portrait peu flatteur du gouvernement par la majorité heurtera peut-être notre sensibilité démocratique, mais il soulève un point important. Il est indéniable, en effet, et trop fréquent, qu'un tel gouvernement peut conduire à traiter injustement les citoyens appartenant à la minorité. C'est ainsi qu'une majorité d'électeurs pourrait porter au pouvoir un gouvernement qui interdirait aux citoyens non blancs l'accès à la propriété. Une telle législation serait démocratique, puisqu'elle traduirait les vœux de la majorité, mais elle serait aussi injuste. Ce qui est démocratique n'est pas nécessairement juste. En langage contemporain, nous distinguerions entre un régime démocratique sain et la **tyrannie de la majorité**. La démocratie est devenue, pour nous, un gouvernement de la majorité qui respecte les droits de tous les citoyens, y compris ceux de la minorité. En imposant des limites au pouvoir de la majorité, les constitutions servent à nous mettre à l'abri de ses excès.

Il est important, pour comprendre les fondements du régime canadien, d'apprécier le danger que représente la tyrannie de la majorité. Notre régime, nous le savons, est démocratique. Mais il a été soigneusement construit de manière à minimiser les dangers d'une telle tyrannie, ce que nous révèlent les principes qui le sous-tendent et que nous appelons « principes du régime ». Ce sont **l'égalité** et la **liberté**.

### 1.2 Égalité

Le principe d'égalité est le principe fondamental de la démocratie. Sous sa forme pure, la démocratie accorde un pouvoir politique égal à tous les citoyens (sauf aux enfants) parce que les démocrates estiment que personne ne peut faire valoir de titre particulier au pouvoir. Dans un régime démocratique, aucun privilège particulier n'est accordé à quiconque descend de telle famille ou possède tel territoire ou telle entreprise. Notons qu'il s'agit d'un principe politique et non d'un principe social ou économique. *Stricto sensu*, la démocratie signifie que les citoyens participent également de l'autorité politique, non qu'ils partagent également (ou même équitablement) richesse ou statut social. Cela dit, il arrive que l'égalité politique puisse être, à certains égards, liée à des questions d'égalité sociale et économique. La véritable égalité politique peut être amoindrie par des inégalités sociales et économiques extrêmement prononcées. Si, par exemple, des personnes très riches parviennent à infléchir sérieusement le processus politique en usant de leur fortune, elles bénéficient alors d'un pouvoir politique supérieur à celui de leurs concitoyens. C'est pourquoi les démocraties adoptent habituellement des lois qui réglementent les contributions lors des campagnes électorales.

Ce principe d'égalité peut revêtir des formes différentes. Dans les démocraties qu'a observées Aristote, il était appliqué intégralement et sans réserve. Pour les démocrates de la Grèce ancienne, il suivait de ce principe que tous les citoyens étaient également aptes à exercer le pouvoir. C'est pourquoi les démocraties de cette époque étaient des **démocraties directes**, c'est-à-dire des régimes en vertu desquels tous les citoyens étaient directement engagés dans le processus décisionnel. De plus, lorsqu'on avait besoin d'officiers pour une tâche particulière, on les choisissait par tirage parmi l'ensemble des citoyens, présumant ainsi que tous étaient également capables de remplir la fonction. Au Canada, les « Pères de la Confédération » étaient des démocrates, mais ne souscrivaient pas à une forme aussi égalitaire de la démocratie. Ils lui préféraient la **démocratie parlementaire**, régime qu'ils croyaient supérieur parce qu'il incarne une forme plus limitée de démocratie.

La démocratie parlementaire s'entend d'abord comme une variété de la **démocratie représentative**. Depuis le XVIIIe siècle, la démocratie directe pratiquée par les Grecs de l'Antiquité a cédé la place à une forme indirecte de démocratie. Plutôt que de gérer eux-mêmes les affaires politiques, les citoyens égaux des démocraties modernes en délèguent la responsabilité à un petit nombre de représentants élus. Deux raisons principales expliquent ce passage à la démocratie représentative. La première, qui est aussi la plus évidente, tient à l'accroissement démographique des démocraties modernes qui rendait impraticable la participation directe à l'administration publique. Chez les Grecs, la démocratie directe ne mettait en cause que quelques milliers de citoyens ; les démocraties modernes en comptent habituellement des millions. Moins évidente, la seconde raison n'en est pas moins importante. Nous considérons généralement les élections comme un processus démocratique ; elles le sont, en un sens, puisque tous les électeurs ont voix égale. Mais les élections comportent aussi un volet aristocratique, dans la mesure où le candidat doit convaincre les électeurs qu'il est le *meilleur*. Pour les fondateurs des démocraties modernes, l'introduction du système représentatif allait minimiser le risque de tomber sous l'empire de cette loi de la rue qu'avaient subie les démocraties grecques. Le régime resterait démocratique, puisque les représentants seraient, par le jeu des élections, comptables de leurs actions à la population. Mais, en même temps, l'exercice du pouvoir serait confié à une petite élite choisie parmi les meilleurs, une élite moins susceptible que la population (dans son ensemble) de se transformer en populace.

La démocratie parlementaire est un régime dans lequel un corps représentatif, appelé parlement, prend les décisions politiques. Il s'agit donc, comme de toute démocratie représentative, d'une forme de démocratie indirecte et donc limitée. Il est important de comprendre, en effet, que la préférence des Pères de la Confédération pour les institutions de la démocratie parlementaire tenait précisément à un caractère limité qui s'opposait à celui de la démocratie directe.

Lorsqu'ils créèrent notre régime, les Pères de la Confédération empruntèrent abondamment, dans certains domaines, au modèle américain. Nous y revenons dans les prochains chapitres. Mais parvenus à la question du gouvernement représentatif, ils rejetèrent catégoriquement le modèle Président/Congrès au profit du parlementarisme de type britannique. Ils craignaient qu'une démocratie de type américain ne soit, bien qu'indirecte, trop directement en prise sur le peuple et, par conséquent, trop vulnérable aux humeurs de la rue. Ils estimaient problématique le fait que les principaux représentants de ce régime — le président, les gouverneurs et certains juges — soient directement choisis par la population. Ils lui préféraient nettement le modèle parlementaire selon lequel (nous le verrons au chapitre 3) ces officiers sont choisis par mode indirect : les électeurs n'élisent directement ni le premier ministre ni les ministres du cabinet ; par un processus complexe appelé « gouvernement responsable », ces dirigeants sont choisis par les représentants élus. La démocratie parlementaire est donc, à certains égards, la plus indirecte des démocraties indirectes[1].

Les Pères de la Confédération estimèrent également importante une autre caractéristique de la démocratie parlementaire : la Couronne y conservait un certain rôle (certes faible) de soupape de sécurité. La constitution américaine instaurait un régime **républicain**, c'est-à-dire un régime qui confie l'autorité à des représentants et à des officiers élus par le peuple. Pour les Pères de la Confédération, il était important que la monarchie conserve une influence stabilisatrice susceptible d'empêcher les politiciens démocrates d'agir de façon irréfléchie. On n'imagine plus, aujourd'hui, une intervention de la Couronne dans le fonctionnement politique normal. Il importe pourtant de rappeler cette attitude anti-américaine des Pères de la Confédération, car c'est précisément ce désir d'éviter les « méfaits du républicanisme » qui les a amenés à rejeter l'annexion aux États-Unis et à travailler si ardemment à la création d'un Canada indépendant.

Même si nos idées politiques ont quelque peu évolué depuis cette époque, il demeure important de comprendre que le régime canadien représente une forme limitée de démocratie. Nous ne croyons

---

1. La pensée de nos contemporains a quelque peu évolué sur ce point. Les Canadiens pensent maintenant que notre démocratie indirecte devrait prévoir des modes clairs de responsabilité directe à l'électorat. Chapitre 9.1.

pas à une égalité telle que tous les citoyens devraient participer également aux décisions politiques ou même à l'élection de tous les officiers du gouvernement. Ce qui rend notre régime fondamentalement démocratique est la notion selon laquelle *il nous appartient à tous également*. L'égalité politique canadienne est une égalité de citoyenneté. D'où deux conséquences. Premièrement, nous avons tous également le droit de faire acte de candidature à un poste public. Deuxièmement (et plus important), quiconque est élu ou nommé à une fonction politique doit, d'une manière ou de l'autre, être tenu responsable (c'est-à-dire doit répondre) au peuple de ses actes et de ses décisions.

### 1.3 Liberté

Si les Canadiens tiennent la démocratie pour un principe politique fondamental, ils ne la considèrent pas comme l'unique principe du régime. La démocratie, pensent-ils, peut se fourvoyer si elle n'est pas tempérée par un autre principe fondamental, celui de la liberté. Voilà pourquoi on parle couramment de notre régime comme d'une « démocratie libérale ».

La **liberté** est ici l'idée selon laquelle il existe une sphère privée de la pensée et de l'action, à l'intérieur de laquelle tout individu a le droit d'exercer ses choix personnels. La théorie politique du **libéralisme** affirme donc que le citoyen est libre d'agir comme il l'entend, pourvu qu'aucune loi ne l'interdise. Nous avons des droits, ce qui signifie que nous sommes libres de faire ou ne pas faire telle ou telle chose. Cette liberté de décision dans des domaines tels que nos croyances et notre religion constitue un élément essentiel de la pensée politique libérale. Et ces libertés premières en entraînent d'autres, dont la liberté d'expression et la liberté de presse.

Mais quels sont les fondements philosophiques de ce principe de liberté ? Dans les démocraties libérales contemporaines, deux écoles de pensée prédominent : la théorie des **droits naturels** et l'**utilitarisme**. Pour la première, l'individu possède certains droits — droit à la vie, à la liberté, à la propriété, à la vie privée — du seul fait qu'il est un être humain. Où qu'ils soient et quelle que soit l'époque, tous les humains possèdent ces droits, qu'ils soient reconnus ou non. De nos jours, on les décrit souvent comme droits de l'Homme. Ils sont « inaliénables », c'est-à-dire qu'ils ne peuvent être ni cédés ni retirés. Selon cette école de pensée, ces droits naturels ou inaliénables déterminent à la fois la raison d'être et les limites du pouvoir politique. Le gouvernement a pour raison d'être d'assurer ces droits universels et permanents ; aucun gouvernement ne peut agir de manière à les violer.

Les utilitaristes voient à la liberté une tout autre origine. Selon eux, la liberté tire son importance de son utilité à la poursuite du bonheur. Ils ne croient pas à l'existence de droits « naturels » universels et permanents. Ils estiment plutôt que les droits sont créés par chaque régime, en fonction des circonstances. S'il est d'intérêt général de créer un droit à des écoles séparées pour un groupe religieux, alors ce droit devrait être proclamé. Mais, ajouteraient-ils, un tel droit n'existe pas en vertu de la nature ; l'institution d'écoles séparées n'est pas un impératif moral universel qui obligerait tous les gouvernements de partout et de toujours.

Cela dit, les utilitaristes croient que l'articulation des droits doit se plier à certaines règles de base, dont la plus importante serait le célèbre « **harm principle** » tiré de l'ouvrage *On Liberty* de John Stuart Mill. En vertu de ce principe, l'État ne doit pas sanctionner un acte qui ne fait de tort qu'à son auteur. Selon Mill, le bonheur serait d'accès plus facile si l'on permettait à chacun de développer aussi complètement que possible sa propre individualité. Il s'ensuit que chacun doit être laissé aussi libre que possible d'explorer ses propres idées et d'agir en conséquence. Se nuire à soi-même, à la condition de ne pas nuire aux autres, relève donc aussi du domaine de la liberté.

Deux conséquences politiques découlent de ce principe du dommage. Premièrement, le fardeau de la preuve incombe toujours au gouvernement, lequel doit démontrer la nécessité de toute loi qui limite notre liberté individuelle. Deuxièmement, une telle loi ne sera valide que si elle est nécessaire à la suppression d'un tort fait à d'autres êtres humains. Nous ne pouvons, par exemple, adopter une loi qui interdirait de fumer ou de consommer des alcools si ces actions ne nuisent qu'au fumeur ou au consommateur. Mais si elles nuisent aux autres, par exemple la conduite automobile en état d'ébriété, alors il est permis de limiter la liberté pour protéger les droits d'autrui.

La France et les États-Unis sont d'excellents exemples de démocraties libérales qui s'inspirent de l'école des droits naturels. La Grande-Bretagne demeure le meilleur exemple de libéralisme utilitariste. Au Canada, notre libéralisme a aussi été, historiquement, fondé sur l'utilitarisme. Depuis quelques années, cependant, et particulièrement depuis l'adoption de la *Charte des droits et libertés*, nous abordons les droits dans une perspective radicalement différente. Notre approche demeure utilitariste, mais de plus en plus de Canadiens voient désormais plusieurs de leurs droits comme des droits humains, exactement comme le font les Américains. Sachant que les deux écoles de pensée sont incompatibles à bien des égards, il faudra quelque temps encore avant que nous n'arrêtions notre pensée à ce sujet.

La liste est longue des droits dont profitent les citoyens des démocraties libérales. Elle varie aussi d'une démocratie à l'autre. Nous pouvons cependant en résumer l'essence en trois grands principes.

a) **Protection de la vie privée**. Les libéraux établissent une distinction profonde (mais pas nécessairement nette) entre domaine privé et domaine public. Le domaine public comprend ces champs de l'activité humaine qu'il est nécessaire de réglementer afin de préserver les droits de tous. Le domaine privé comprend tout le reste, et les libéraux affirment avec force que les gouvernements ne peuvent y intervenir. Un libéral estimera donc que le gouvernement peut légitimement nous imposer une limite de vitesse en automobile ou déterminer la nature des armes que nous pouvons posséder ; mais il n'a pas le droit de nous imposer une religion ou de nous interdire des relations sexuelles extraconjugales. L'ex-premier ministre Pierre Trudeau a traduit ce principe de libéralisme par une célèbre remarque : « Le gouvernement n'a pas sa place dans les chambres à coucher de la nation. »

b) **Respect des droits des minorités**. Un régime libéral interdira toute discrimination fondée sur la race, la religion et toute autre caractéristique dénuée de connotation politique. Cette proscription de la discrimination découle d'un principe plus large, en vertu duquel les détenteurs du pouvoir doivent assurer un traitement égal aux membres des minorités. Selon les libéraux, le fait que 51 % d'une population puisse remporter tout scrutin n'autorise pas cette majorité à faire tout ce qui lui plaît. N'y aurait-il pas injustice, par exemple, à ce que cette majorité reporte la totalité du fardeau fiscal sur une minorité ethnique, religieuse ou régionale ?

c) **La primauté du droit**. Pour les libéraux, la protection des droits des citoyens est fonction du principe de la primauté du droit. Selon ce principe, les citoyens doivent pouvoir compter, au minimum, sur ce qu'on appelle souvent « la loi et l'ordre » ; car sans la protection assurée par un ordre juridique efficace, tout citoyen serait menacé. Mais le principe va beaucoup plus loin. Il affirme, tout d'abord, que le gouvernement lui-même n'est pas au-dessus des lois. Il stipule ensuite que la loi doit être appliquée également et impartialement. Et, troisièmement, que toute action du gouvernement doit être légale. La raison en est simple : si les détenteurs du pouvoir pouvaient agir arbitrairement, c'est-à-dire à leur gré, nous serions tous à la merci des puissants.

L'insistance sur la légalité des actions du gouvernement est un élément crucial de la garantie de nos droits. Un des aspects importants de la règle de droit est la notion de **constitutionnalité**, selon laquelle le régime lui-même doit se plier à des règles convenues à l'avance et qui sont suprêmes. Une dictature pourrait se définir comme un régime dans lequel le pouvoir repose sur la force et n'admet aucune limite à son action ; un régime libéral, par contre, impose des limites précises au pouvoir, limites qui font partie d'un ensemble de règles fondamentales que nous appelons la constitution.

### 1.4 Le régime canadien

Toutes les démocraties libérales ont adopté un régime qui repose sur les principes d'égalité et de liberté. Suède, Australie, Japon, Israël — tous ces pays ont en commun ces principes. Mais, notons-le, chaque démocratie libérale les appliquera à sa manière.

La deuxième partie de cet ouvrage expliquera comment la Constitution canadienne adapte et applique ces principes de manière à instituer le régime qui nous est propre. Nous avons intitulé cette partie « Principes fondamentaux de la constitution canadienne ». Le chapitre 3 est consacré au principe du gouvernement responsable. Nous y verrons que les règles du gouvernement responsable constituent le mécanisme grâce auquel nous mettons en pratique les principes de la démocratie en général et ceux de la démocratie parlementaire en particulier. Au chapitre 4, nous nous pencherons sur le fédéralisme, c'est-à-dire la division de l'autorité politique entre un gouvernement national à Ottawa et dix gouvernements provinciaux. Nous verrons que les Canadiens ont adopté le régime fédéral parce qu'il représentait le meilleur moyen d'assurer le respect des droits des minorités linguistiques et régionales. Le chapitre 5 traitera de la *Charte des droits et libertés*, ce document constitutionnel adopté afin de protéger nos droits et libertés contre toute violation des gouvernements.

Avant de passer à cette deuxième partie, cependant, nous devons compléter cette introduction par une description et une explication de la Constitution. Nous avons déjà vu, à la section 3, que les démocraties libérales étaient fondées sur la constitutionnalité, c'est-à-dire sur le fait que les règles du régime doivent être inscrites dans une constitution. La constitution est ainsi le squelette, ou le cadre, du régime et toute analyse de ce régime y renvoie fréquemment. C'est pourquoi il importe de s'y familiariser.

## MOTS CLÉS

Régime
Oligarchie
Tyrannie de la majorité
Libéralisme
Domaine privé
Constitutionnalité
Utilitarisme
Aristocratie
Démocratie directe
Démocratie parlementaire
Démocratie représentative
Primauté du droit
Droits naturels
Harm principle

# CHAPITRE 2

# LA CONSTITUTION



## 2.1 Les constitutions et leurs fonctions

On peut définir une constitution comme *l'ensemble des règles qui déterminent la structure et les principes fondamentaux du régime politique.* Cet ensemble de règles est nommé « constitution » parce qu'il « constitue » (c'est-à-dire crée ou établit) le régime. Une constitution y parviendra habituellement en accomplissant trois fonctions majeures.

La *première fonction majeure d'une constitution* consiste à déterminer quel individu ou quels individus exerceront les diverses formes d'autorité politique. À l'époque moderne, on considère que le pouvoir politique est de trois types. Le **pouvoir législatif ou compétence législative** est le pouvoir de faire des lois (ou des politiques). C'est ainsi qu'une collectivité politique peut utiliser son pouvoir législatif pour adopter une loi interdisant à quiconque de conduire une automobile lorsque son alcoolémie est supérieure à 0,08 %. Le **pouvoir exécutif** est le pouvoir d'« exécuter » ou d'appliquer cette loi ou cette politique. Il conférerait, entre autres, le pouvoir de créer une force policière qui procéderait à l'arrestation des conducteurs en état d'ébriété. Le **pouvoir judiciaire** est celui de décider de toute question relative aux infractions à la loi (la preuve permet-elle d'établir la présence dans l'organisme d'un taux d'alcool supérieur à 0,08 % ?)

et de déterminer, le cas échéant et compte tenu des sanctions prévues par la loi, la peine imposée au coupable.

Toute constitution procédera à l'attribution de ces pouvoirs à des personnes ou à des groupes de personnes précisément identifiés. La constitution d'un conseil étudiant déterminera, par exemple, que le pouvoir législatif sera exercé par un conseil formé d'un nombre déterminé d'individus représentant certains secteurs précis de la population étudiante : les étudiants réguliers, les étudiants hors campus, etc. Elle établira aussi, fort probablement, certaines règles de fonctionnement du conseil (par exemple, le nombre de conseillers nécessaire pour former quorum). La constitution identifiera également le détenteur du pouvoir exécutif. Elle pourra conférer ce pouvoir à un groupe appelé « l'exécutif » et stipuler que ce groupe devra être composé d'un nombre précis de membres (président, secrétaire, trésorier), chacun ayant certaines responsabilités bien déterminées.

La constitution d'un régime politique établira des règles semblables. Elle stipulera que le pouvoir législatif sera exercé par un « parlement », un « congrès », une « assemblée » ou quelque autre corps. Elle en dictera ensuite la composition (une chambre ou deux, nombre de membres et leur mode de sélection) et en établira probablement, quant au fonctionnement, certaines règles de base. Il lui reviendra aussi de déterminer qui exercera le pouvoir exécutif : un président, un premier ministre, un cabinet ou peut-être même une reine. La constitution tracera, enfin, les grandes lignes du système judiciaire en spécifiant le type de tribunaux dont disposera le pays et les règles de base de sélection des juges.

*La deuxième fonction majeure d'une constitution* consiste, dans les pays à régime fédéral, à déterminer d'autorité la division des pouvoirs entre les gouvernements national et régionaux. Dans les pays qui, tels la France et la Grande-Bretagne, n'ont qu'un seul gouvernement sur l'ensemble du territoire, on parlera de régime « unitaire ». Dans les pays très vastes (ex. les États-Unis), ou dans ceux qui sont divisés en régions ethniques ou culturelles bien distinctes (ex. la Russie ou l'Allemagne), il est courant de créer deux niveaux de gouvernement. Dans ces régimes « fédéraux », le gouvernement « national » ou « fédéral » s'occupera des domaines dont on estime qu'ils devraient faire l'objet d'une politique commune (ex. la défense nationale). En même temps, la constitution confiera aux « États » ou « provinces » les domaines à propos desquels les différentes parties du pays réclament des politiques distinctes, par exemple l'éducation, ou dont on estime qu'ils seraient mieux gérés par les autorités locales (ex. la voirie).

Pour qu'un système fédéral soit viable, il importe que soit claire la division des pouvoirs entre les deux ordres de gouvernement. Si chacun d'eux était libre de déterminer l'étendue de ses pouvoirs, il en résulterait un véritable chaos. Les citoyens pourraient se voir enjoints de conduire sur la voie de gauche en vertu d'une loi fédérale et sur celle de droite en vertu d'une loi provinciale ! C'est pourquoi, en régime fédéral, la constitution déterminera les pouvoirs et responsabilités de chaque ordre de gouvernement. Théoriquement, il serait possible de le faire en dressant deux listes, chacune précisant les champs de compétence dévolus à chacun d'eux. En pratique, cependant, il est difficile et peut-être impossible de dresser ainsi des nomenclatures qui soient complètes. Les gouvernements, en effet, légifèrent dans des champs fort divers et qui ne cessent de se multiplier (ex. la réglementation sur l'usage d'Internet). C'est pourquoi la constitution d'un régime fédéral se limitera habituellement à déterminer explicitement les domaines réservés à un ordre de gouvernement et de stipuler que tout le reste appartient à l'autre (ce sont les « **pouvoirs résiduels** » ou « **compétences non attribuées** »).

La *troisième fonction majeure d'une constitution* consiste à tracer les limites du pouvoir gouvernemental. En un sens, l'existence même d'une constitution constitue une limitation à ce pouvoir. Le concept de constitutionnalité sous-entend que la constitution est la loi suprême et que le gouvernement y est subordonné. À cette limitation d'ordre général, les constitutions ajoutent souvent une sorte de charte ou de « déclaration » des droits et libertés fondamentales. Une telle charte pourrait déclarer explicitement, par exemple, que les citoyens ont droit à la liberté de religion. Il s'ensuit alors qu'aucun gouvernement, national ou provincial, ne peut adopter des mesures qui violeraient ce droit. Ainsi, un gouvernement provincial ne pourrait, même seul responsable de l'éducation en vertu de la division des pouvoirs, légiférer pour obliger les écoles à dispenser telle ou telle instruction religieuse.

## 2.2 Les formes constitutionnelles

Les règles fondamentales, dont est faite la constitution d'un pays, sont de deux types : les conventions et les lois. Les conventions sont des règles politiques ; les lois sont des règles exécutoires par les tribunaux. Les lois constitutionnelles se divisent, à leur tour, en deux types : les lois organiques et les lois constitutionnelles enchâssées dans la constitution. La constitution d'un pays peut exister sous l'une ou l'autre de ces trois formes, ou sous une combinaison des trois.

### *a) La convention constitutionnelle*

En termes constitutionnels, le mot « convention » connote une règle constitutionnelle basée sur un accord politique implicite et appliquée dans le domaine politique plutôt que sanctionnée par les tribunaux. Pensons, par exemple, à la coutume de la poignée de main. Aucune loi n'oblige deux personnes qui se rencontrent à se serrer la main droite, mais (sauf circonstances exceptionnelles) il est admis par tous que telle est la manière d'agir. Les règles constitutionnelles obéissent à un tel mode de fonctionnement. C'est ainsi qu'en vertu de la constitution britannique, une règle stipule que le premier ministre ne peut pas attendre plus de cinq ans avant de déclencher des élections générales. Cette règle a pris la forme d'un accord non écrit, reconnu par tous comme exécutoire et sanctionné par le poids de la tradition.

Mais la simple tradition ne suffit pas, à elle seule, à transformer un usage en convention. Toute convention procède d'abord d'une raison d'être. Aujourd'hui, nous nous serrons la main droite parce que tel est l'usage, tout simplement. À l'origine de cette coutume, cependant, on se serrait la main droite pour une raison bien précise : parce que, normalement, on tenait son arme dans cette main. Présenter une main droite vide démontrait donc l'absence d'intentions malveillantes. La convention britannique sur la durée d'un mandat est fondée, elle aussi, sur une raison précise : si une telle limite n'existait pas, des premiers ministres impopulaires pourraient conserver le pouvoir indéfiniment en reportant sans cesse la date du scrutin. Le fait que cette convention existe depuis des siècles la rendra certes plus contraignante pour les politiciens et pour les électeurs britanniques ; sa légitimité ne tient cependant pas à cette durée mais à ce que la population y voit d'excellentes raisons.

Qu'arrive-t-il, alors, lorsqu'une convention est violée ? Si un politicien transgresse une loi, il peut être amené devant un tribunal, jugé et condamné. Mais parce que les tribunaux ne sont habilités qu'à appliquer les lois, ils ne peuvent obliger à l'application des conventions constitutionnelles. Qui donc les rend exécutoires ?

Réponse : les électeurs. Dans un système constitutionnel basé sur les conventions, on présume qu'ils connaîtront la nature de ces conventions et voudront les sauvegarder jalousement. Les politiciens se garderont donc de les rompre, de peur d'encourir les foudres de l'électorat. En Grande-Bretagne, par exemple, un premier ministre impopulaire n'oserait jamais dépasser la limite de cinq ans, sachant fort bien qu'un tel mépris de la convention se traduirait, le jour du scrutin venu, par une écrasante défaite.

Il ne s'ensuit pas, cependant, que les conventions sont toujours respectées. Les règles constitutionnelles qui existent sous forme de convention offrent en effet l'avantage, par opposition aux lois constitutionnelles, de se prêter à une certaine souplesse d'exécution. Nous accueillons normalement un invité en lui offrant la main droite, mais si cette main est dans un plâtre, il acceptera volontiers la gauche ! Il en va ainsi des conventions constitutionnelles. Un premier ministre britannique, par exemple, peut toujours passer outre à la convention précitée s'il pense pouvoir en faire accepter les raisons par l'électorat. C'est ainsi que Winston Churchill a pu reporter à 1945 les élections normalement prévues pour 1944. Ce report violait la convention, mais Churchill savait que la population accepterait ses raisons : la Grande-Bretagne devait se consacrer à la guerre et non à une campagne électorale. Si cette convention avait été une loi, une telle souplesse eût été quasi impossible, car tout citoyen aurait pu contester la décision devant les tribunaux, lesquels n'auraient eu d'autre choix que d'ordonner au premier ministre de se conformer à la loi.

*b) Les lois organiques*

Les règles constitutionnelles peuvent revêtir une seconde forme, celle des lois organiques. Le terme de « loi » renvoie ici à une loi adoptée par un corps législatif officiel. Les lois qui établissent des règles constitutionnelles sont dites « organiques » pour les distinguer de celles qui traitent de sujets non constitutionnels, telles les lois qui régissent les soins de santé, la circulation automobile ou l'assurance-chômage.

Encore ici, la Grande-Bretagne propose l'exemple classique de cette forme de règle constitutionnelle. Comme ce pays recourt abondamment à la convention, on a souvent dit qu'il avait une constitution « non écrite ». Cette description est quelque peu trompeuse. La constitution britannique est en grande partie écrite sous la forme de lois organiques adoptées par le Parlement afin d'expliciter certaines règles constitutionnelles. La *Déclaration des droits* de 1689, qui imposait d'importantes restrictions aux pouvoirs de la Couronne, en serait un exemple classique. On pourrait aussi invoquer à ce propos le *Reform Act* de 1832 et le *Parliament Act* de 1911 qui, toutes deux, modifièrent profondément la nature et le fonctionnement des institutions législatives de ce pays.

Pourquoi adopter certaines règles constitutionnelles sous la forme de lois organiques plutôt que de conventions ? Il y a à cela deux raisons. Premièrement, certaines règles, particulièrement celles qui établissent et décrivent des institutions, sont probablement trop complexes et trop détaillées pour faire l'objet d'un accord non écrit. Deuxièmement, les lois organiques permettent plus aisément d'apporter des innovations majeures à l'ordre constitutionnel existant. Chacune des trois lois mentionnées au paragraphe précédent a apporté des changements majeurs au régime britannique. Adopter des changements sous la forme de lois améliorait leurs perspectives d'application car les lois, par opposition aux conventions, sont exécutoires par les tribunaux. Si le roi avait tenté, en 1690, d'imposer de nouvelles taxes sans le consentement du Parlement (action interdite en vertu de la *Déclaration des droits* de 1689), ses sujets auraient pu recourir aux tribunaux pour s'y opposer au nom de la loi.

### c) Les lois constitutionnelles enchâssées

Les règles constitutionnelles peuvent revêtir une troisième forme que les experts appellent lois constitutionnelles. L'expression est déroutante, car les lois organiques sont aussi des lois de nature constitutionnelle. Mais une « loi constitutionnelle » diffère d'une « loi organique » sous deux aspects principaux. Tout d'abord, les lois constitutionnelles sont en général de portée plus globale que les lois organiques ; ces dernières s'appliquent habituellement à une institution ou à une situation, alors que les lois constitutionnelles sont plutôt des codifications globales de toutes (ou de presque toutes) les règles constitutionnelles d'un pays. La seconde différence, et la plus importante, a trait au statut ou à l'autorité de ces lois. Une loi organique tient son autorité du fait qu'elle exprime la volonté du corps législatif qui l'a adoptée. Mais cette autorité est précaire, car un corps législatif qui adopte une loi peut toujours l'abroger ou la modifier. Le Parlement britannique qui adopta le *Reform Bill* en 1832 aurait pu l'abroger dès le lendemain. Une loi constitutionnelle dispose d'une autorité plus absolue, car on ne la modifie pas aussi facilement. Aux États-Unis, par exemple, la constitution elle-même a décrété que tout changement (ou « amendement ») ne peut être adopté que s'il est entériné par les deux tiers des membres de chaque chambre du Congrès, par le Président et par les trois quarts des législatures des États.

John Locke, le grand philosophe anglais, a bien expliqué la logique de ce phénomène. Ses traités sur le gouvernement s'ouvrent sur l'argument suivant : puisque personne n'a le droit d'imposer sa loi à quelqu'un d'autre, le gouvernement n'a de légitimité que s'il repose sur le consentement des gouvernés. Locke ne veut pas dire que toutes les décisions démocratiques doivent être arrêtées démocratiquement. Il entend, tout simplement, que le régime doit être accepté par ses citoyens. Cette approbation, ajoute-t-il, se réalise selon un processus en deux étapes et qu'il appelle le « contrat social ». Dans un premier temps, les êtres humains qui sont naturellement libres et égaux décident de se regrouper dans une « société civile » et d'instaurer un régime politique pour se gouverner eux-mêmes. Dans un second temps, ils établissent, à la majorité des voix, les règles de base de ce régime. Ils peuvent décider de créer une démocratie, mais ils ont aussi le droit d'y préférer une aristocratie ou même une monarchie. La légitimité d'un gouvernement ne repose pas sur la démocratie de ses institutions, mais sur le contrat qui les fait advenir.

Or, poursuit Locke, le peuple ayant convenu du contrat social va confier le soin de gouverner à ceux qui occupent les fonctions prévues au contrat. Mais ce gouvernement n'est pas libre d'agir à son gré. Il est tenu aux limitations imposées par toute disposition prévue au contrat, car sa légitimité repose sur ce contrat même. S'il y est stipulé que le gouvernement ne peut taxer les citoyens sans avoir obtenu le consentement de leurs représentants, toute taxe non adoptée par ces derniers violerait le contrat social et serait donc illégitime.

Conceptuellement, nous donnons à « loi constitutionnelle » un sens assez proche de celui de « contrat social » chez Locke. Une loi constitutionnelle est une sorte de pacte originel émanant de la volonté du peuple et qui constitue le fondement du régime. On lui accorde donc un statut plus élevé que celui des autres lois – celles qu'adoptent les corps législatifs – car ces corps législatifs eux-mêmes tiennent leur existence de la loi constitutionnelle. Elle est donc une sorte de « super loi », de loi suprême du régime ; il s'ensuit que toute action ou toute loi qui la contredit ne peut être valide.

Le statut spécial accordé à la loi constitutionnelle est la clé qui nous permet de comprendre cette notion connue sous le nom de **constitutionnalisation**[1]. De nombreux principes sont à ce point fondamentaux que les citoyens entendent faire en sorte que leur gouvernement ne pourra jamais les violer légalement. La liberté de religion, par exemple, ou le droit d'employer l'anglais ou le français devant les tribunaux. La meilleure manière d'assurer l'inviolabilité de ces principes consiste à les « constitutionnaliser », c'est-à-dire à les inscrire dans la loi constitutionnelle. Ils seront dès lors, en vertu du caractère suprême de cette loi, à l'abri de toute institution gouvernementale qui tenterait d'y attenter.

1. NdT : Ce mot décrit l'acte de constitutionnaliser, c'est-à-dire de « donner un caractère constitutionnel (à un texte) » (Dictionnaire Robert, éd. 1996). Le terme anglais « entrenchment » a été souvent traduit, au Québec, par « enchâssement », du verbe « enchâsser ».

La constitution américaine est l'exemple classique d'une loi constitutionnelle. Avant leur déclaration d'indépendance, les Américains étaient sujets britanniques. À ce titre, leur tradition constitutionnelle aurait pu les amener à se donner une constitution de type britannique, fondée sur des conventions et des lois organiques. Mais ils préférèrent, pour diverses raisons, inscrire leurs règles constitutionnelles dans une loi constitutionnelle. Une de ces raisons tenait au fait que les principales personnalités de cette Amérique coloniale – des hommes tels Jefferson, Franklin et Madison – étaient des adeptes passionnés de la doctrine de Locke. Si les « Pères fondateurs » ont tenu à ce que la constitution des États-Unis prenne la forme d'une loi fondamentale émanant de la volonté du peuple, plutôt que celle d'un ensemble de conventions et de lois organiques conçues par ces politiciens détenteurs du pouvoir législatif, c'est parce que cette approche était la plus conforme aux théories de Locke.

Mais deux raisons très pratiques déterminèrent aussi ce choix. La première découle du fait que les Américains avait décidé de se donner un régime fédéral dans lequel les responsabilités seraient réparties entre un gouvernement « fédéral » et des gouvernements élus dans les États. Une division des pouvoirs instaurée sous forme de convention eût été difficile d'application, car une telle division exige d'être formulée en termes plus précis, plus minutieux et plus stricts que ne le permettent des ententes non écrites. Le recours à une loi organique n'eût guère été plus pratique, car une telle loi eût dû être adoptée par un corps législatif. Mais lequel ? Les gouvernements des États n'auraient jamais consenti à en confier l'adoption à la législature du gouvernement fédéral, car celui-ci aurait pu, à n'importe quel moment, reformuler cette division des pouvoirs de manière à s'approprier des champs de compétence dévolus aux États. Inversement, en laisser l'adoption aux gouvernements des États plaçait le gouvernement fédéral à leur merci. Il convenait donc d'inscrire la division des pouvoirs sous une forme constitutionnelle qui la mette hors de portée des gouvernements, quels qu'ils soient.

Deuxièmement, on estimait qu'une loi constitutionnelle constituait le meilleur moyen de garantir les droits et libertés des citoyens. N'oublions pas que les Treize Colonies rompirent avec la Grande-

Bretagne parce que le gouvernement britannique, selon elles, ne respectait pas les droits constitutionnels des colons américains (par exemple, le droit d'être représenté au parlement si l'on paie des taxes : « pas de taxation sans représentation »). Ces droits avaient été consentis à tous les sujets britanniques en vertu de diverses conventions et lois organiques. Mais les garanties ainsi formulées ne sont pas en béton. Un gouvernement peut passer outre aux conventions ou abroger des lois organiques si ses électeurs sont d'accord. Durant les années 1770, les Américains estimaient que leurs droits constitutionnels étaient systématiquement violés par un gouvernement britannique plus soucieux des intérêts de la majorité britannique que de ceux de la minorité américaine.

Voilà pourquoi ils ont tenu à inscrire leurs règles constitutionnelles dans une loi constitutionnelle. Dotées d'un statut supérieur à celui de toute institution politique, les lois constitutionnelles constituent la meilleure forme de protection des droits et libertés. Dans un système basé sur des conventions et des lois organiques, les politiciens peuvent adopter les mesures les plus oppressives si l'électorat majoritaire les appuie. Mais quelle que soit leur popularité, ils ne peuvent légalement agir à l'encontre d'une loi constitutionnelle.

### 2.3 La constitution canadienne

Nous verrons plus loin que le régime canadien combine, dans une grande mesure, les formes de gouvernement britannique et américaine. La forme de notre constitution traduit nettement cet alliage. Nous avons, comme les Américains, constitutionnalisé une grande partie, sinon la totalité, de nos règles constitutionnelles dans la *Loi constitutionnelle, 1867* (LC 1867). Nous avons cependant, comme les Britanniques, largement recouru aux conventions et aux lois organiques. Notre système de gouvernement responsable, par exemple, repose entièrement sur une convention constitutionnelle et non sur une loi. Nous examinerons plus loin quelques exemples de conventions et de lois organiques. La présente section portera plutôt sur les deux lois constitutionnelles du Canada.

Il est essentiel aux étudiants d'apprendre à travailler correctement sur les documents constitutionnels canadiens. Nous aurons, dans cet ouvrage, à revenir régulièrement à la constitution ; c'est pourquoi nous avons porté en annexe les textes de LC 1867 et de LC 1982. Il sera utile de les parcourir brièvement afin de se familiariser avec leur contenu et leur structure.

### *a) LC 1867*

La première loi constitutionnelle du Canada s'appela d'abord l'*Acte de l'Amérique du Nord britannique* (AANB). En 1982, on en changea l'appellation pour *Loi constitutionnelle de 1867*.

Cette loi regroupait trois colonies britanniques en une nouvelle entité politique appelée « Dominion du Canada ». Le mot « Dominion » était nouveau, inventé pour décrire un régime qui était trop autonome pour être considéré comme une colonie, mais n'était pas entièrement indépendant de la mère patrie : aux termes de la « confédération », les Canadiens demeuraient sujets de la Couronne britannique ; le gouvernement britannique allait diriger leur politique étrangère ; le comité judiciaire du Conseil privé, qui est le plus haut tribunal de Grande-Bretagne, serait leur tribunal de dernière instance ; la Grande-Bretagne conserverait la haute main sur la constitution canadienne.

Arrêtons-nous sur ce dernier point. Les lois constitutionnelles tiennent normalement leur statut de loi suprême du fait qu'elles émanent de la volonté de la population, volonté généralement exprimée par un référendum. Mais comme les créateurs de la nouvelle confédération étaient déjà des sujets de la Couronne britannique, leur nouvelle constitution ne fut pas adoptée au titre de contrat social au sens où l'entendait Locke ; elle prit plutôt la forme d'une loi adoptée par le Parlement britannique à la requête des assemblées législatives coloniales. La loi constitutionnelle de 1867 tenait donc son statut fondamental du fait qu'elle était une loi de la mère patrie et que les Canadiens, qui n'étaient pas encore complètement indépendants, n'avaient donc aucun droit d'y désobéir.

**Tableau 2.1**

**Principaux éléments des lois constitutionnelles canadiennes**

| **LC 1867** | **LC 1982** |
|---|---|
| Pouvoirs exécutifs | Charte des droits |
| Compétences législatives | Droits des autochtones |
| Constitutions provinciales | Péréquation et disparités régionales |
| Division fédérale des pouvoirs | Mode de révision |
| Pouvoir judiciaire | Définition de la constitution canadienne |

*LC 1867* consiste en un **préambule** (introduction qui énonce les raisons de la loi) et de onze « parties ». Nous retiendrons de ce préambule un trait remarquable : le Canada entend se donner « une constitution reposant sur les mêmes principes que celle du Royaume-Uni ». Cette disposition est de la plus grande importance pour comprendre notre Constitution. Nous avons vu que la constitution britannique est largement basée sur des conventions. Le préambule annonce donc l'incorporation de plusieurs de ces conventions dans la constitution du Canada. Sans doute s'agirait-il des conventions régissant le fonctionnement du gouvernement responsable, un thème que nous aborderons plus avant au chapitre 3. On a aussi soutenu, cependant, que cette disposition munissait implicitement la constitution canadienne d'une « déclaration des droits », en y incorporant tous les droits et libertés qui, par convention ou en vertu de lois organiques, faisaient partie de la constitution britannique. Nous évoquerons cet argument au chapitre 5.

La première partie de *LC 1867* est faite de préliminaires relativement peu importants. La partie II établit certaines données fondamentales relatives à l'union des provinces. Les parties III et IV sont beaucoup plus importantes, car on y trouve la configuration première du pouvoir exécutif et législatif au sein du gouvernement fédéral. Les chapitres 6 (La Couronne et ses serviteurs) et 7 (Le parlement) de ce livre seront consacrés à un examen plus approfondi des « articles » des parties III et IV. La partie V traite des « constitutions des provinces ». Pour l'essentiel, ces constitutions obéissent aux mêmes principes que celle du gouvernement fédéral. La partie V en décrit quelques traits distinctifs.

La partie VI traite de la division des pouvoirs entre les deux niveaux de gouvernement. Particulièrement importantes sont la description du pouvoir législatif du gouvernement fédéral (article 91) et la liste des compétences provinciales (article 92). La partie VII énonce certaines règles fondamentales qui gouvernent le pouvoir judiciaire. On remarquera l'absence de toute référence à la Cour suprême. L'article 101 accorde au parlement fédéral le droit d'instituer une « cour générale d'appel pour le Canada » et, en 1875, Ottawa se prévalut de ce pouvoir pour créer une cour suprême (*Loi sur la Cour suprême du Canada*). Comme cette cour est la plus haute instance judiciaire au pays, la loi qui l'a créée doit certainement être considérée comme une loi de portée constitutionnelle, même si elle ne l'est pas formellement. C'est là un excellent exemple d'une « loi organique » canadienne. La partie VIII établit des dispositions d'ordre financier (revenus, dettes, actifs, etc.) et la partie IX comporte des dispositions diverses, dont l'article 133 sur l'usage du français et de l'anglais.

La partie X, par laquelle le gouvernement fédéral s'engageait à relier sans délai Québec à Halifax par le chemin de fer Intercolonial, devint caduque à l'achèvement des travaux et fut abrogée en 1893. Elle montre bien comment, au Canada, on a pu constitutionnaliser des garanties tout à fait étrangères au domaine constitutionnel. La Partie XI institue deux façons de procéder à l'admission de nouvelles provinces. Les colonies existantes, telles la Colombie-Britannique et l'Île-du-Prince-Édouard, peuvent être admises au Canada en vertu d'une loi du parlement britannique, pourvu que demande en ait été faite à la fois par la colonie en cause et par le gouvernement fédéral. Par ailleurs, ce dernier est autorisé à légiférer de son propre chef pour créer de nouvelles provinces à partir de « la Terre de Rupert », disposition dont il se prévalut en créant les provinces du Manitoba, de la Saskatchewan et de l'Alberta. Dans un cas ou dans l'autre, la loi créant une nouvelle province est une mesure constitutionnelle et peut être dite « loi organique ». C'est pourquoi il a été nécessaire, en 1994, de modifier la Constitution afin de permettre la construction d'un pont destiné à remplacer le service de traversier entre le Nouveau-Brunswick et l'Île-du-Prince-Édouard. Une loi britannique, la *Prince Edward Island Terms of the Union Act*, adoptée en 1871 en vertu de l'article 146 de *LC 1867*, garantissait que le gouvernement fédéral assurerait un accès à l'île par traversier, de sorte qu'Ottawa ne pouvait rompre unilatéralement cet engagement.

### *b) CA 1982*

Durant plus d'un siècle, l'ordre constitutionnel canadien reposa sur la loi constitutionnelle de 1867 et sur les conventions et lois organiques qui l'accompagnaient. Pourtant, un sentiment d'incomplétude ne cessa jamais de se manifester. Des années 1920 jusqu'au début des années 1980, les politiciens canadiens cherchèrent à ajouter un autre élément à cette constitution : un mode de révision constitutionnelle[2].

Il est périodiquement nécessaire de réviser les constitutions, lorsque certaines de leurs dispositions sont devenues caduques (voir ci-haut) ou font problème. Les lois constitutionnelles, par conséquent, comprendront toujours (ou presque toujours) un mode de révision, c'est-à-dire une règle déterminant la manière de procéder aux modifications souhaitées. C'est ainsi que la constitution américaine spécifie qu'une modification peut y être apportée si le texte en est approuvé par les deux tiers de chacune des chambres du Congrès et par un vote majoritaire dans les trois quarts des législatures des États.

*LC 1867* est peut-être la seule loi constitutionnelle de l'histoire à ne comporter aucun mode général de révision. Jusqu'à 1982, l'article 92.1 accordait à chaque province le droit de modifier sa propre constitution interne. Et de 1949 à 1982, l'article 91.1 accordait au parlement fédéral le droit de modifier la plupart des éléments de sa structure interne. Mais on ne trouve nulle part dans cette loi un

2. NdT : Encore utilisée, l'expression « formule d'amendement », traduction littérale de « amending formula », est désormais déconseillée.

quelconque mode de révision concernant des domaines aussi cruciaux que la division des pouvoirs entre le fédéral et les provinces, le judiciaire ou les droits linguistiques. Il ne s'ensuit pas, bien entendu, qu'il était impossible d'amender de telles dispositions. La *loi* ayant été adoptée par le parlement britannique, celui-ci conservait le droit d'en modifier n'importe quel article. C'est ainsi que jusqu'à 1982, le Canada ne pouvait modifier les parties de sa constitution non sujettes aux articles 91.1 et 92.1 qu'en procédant par voie de requête officielle au parlement de Westminster. Cette requête prit la forme d'une résolution du parlement fédéral, mais une pratique s'imposa selon laquelle Ottawa ne requerrait aucun amendement modifiant les pouvoirs des gouvernements provinciaux sans que ceux-ci n'y aient préalablement consenti.

À la longue, cet arrangement finit par ne satisfaire personne. Or, à la suite de notre importante participation à la Première Guerre mondiale et des sacrifices que nous y avions consentis, la Grande-Bretagne et le Canada décidèrent que le temps était venu pour le Canada d'acquérir sa complète indépendance. Cela signifiait, entre autres, que le Canada devait devenir seul dépositaire de sa constitution. Dès les années 1920, la Grande-Bretagne avait invité le Canada à rapatrier cette constitution, mais le Canada en était incapable. Le problème tenait au fait que le gouvernement britannique devait, avant de nous rendre *LC 1867*, y inclure un mode de révision. Malheureusement, les politiciens canadiens ne pouvaient s'entendre sur la teneur de ces dispositions. On organisa bien, au fil des ans, de nombreuses conférences constitutionnelles, mais sans aboutir à un accord.

En soi, le rapatriement ne faisait pas problème ; on trouvait unanimement l'idée excellente. Mais chaque partie entendait utiliser ces négociations pour atteindre d'autres objectifs. À partir des années 1960, le Québec décida de ne donner son accord que si le rapatriement s'accompagnait du transfert de certains domaines de compétence d'Ottawa à Québec. Pierre Trudeau, alors premier ministre du Canada, s'opposa à cette proposition et chercha à lier le rapatriement à son propre projet : l'adoption d'une déclaration des droits constitutionnalisée qui, entre autres choses, protégerait constitutionnellement le régime de bilinguisme qu'il souhaitait instaurer. Le gouvernement du Québec résista farouchement à cette proposition.

Au début des années 1980, Trudeau précipita les choses en annonçant que son gouvernement procéderait unilatéralement au rapatriement si aucune entente avec les provinces n'intervenait rapidement. Deux gouvernements provinciaux l'appuyèrent, mais les huit autres (« la bande des huit ») s'y opposèrent et contestèrent devant les tribunaux la constitutionnalité d'une telle mesure unilatérale. La cause fut entendue par la Cour suprême qui rendit une décision complexe (et non unanime) : en termes de loi constitutionnelle, rien n'empêchait le gouvernement de formuler unilatéralement une requête de rapatriement ; par contre, les modifications proposées par Trudeau diminueraient les pouvoirs des gouvernements provinciaux et l'assentiment préalable des provinces à toute modification les concernant était désormais une convention (Cour suprême du Canada, *Renvoi sur le rapatriement, 1981*). Cette décision eut pour effet de ramener les parties à la table des négociations et de les forcer à une plus grande souplesse : la « bande des huit » ne pouvait plus se montrer aussi intransigeante, sachant qu'Ottawa pouvait légalement procéder unilatéralement en l'absence d'entente ; Ottawa, de son côté, était fortement incité au compromis, car il ne voulait pas être stigmatisé pour avoir violé une convention constitutionnelle.

Ces négociations aboutirent à un compromis qu'appuyèrent tous les gouvernements provinciaux sauf celui du Québec. Sur cette base, le parlement britannique adopta *The Canada Act, 1982* qui créait une deuxième loi constitutionnelle pour le Canada, la *Loi constitutionnelle de 1982*.

*LC 1982* se divise en sept parties. La *Charte canadienne des droits et libertés*, que nous étudierons au chapitre 5, forme la partie I. La partie II propose une déclaration constitutionnelle des droits des peuples autochtones. La partie III constitutionnalise la pratique fédérale des versements de péréquation aux provinces dont les revenus sont inférieurs à la moyenne nationale. Nous revenons sur cette pratique au chapitre 4. Dans la quatrième partie, les gouvernements du Canada, des provinces et des territoires s'engageaient à tenir une conférence sur les préoccupations constitutionnelles des autochtones. Cette conférence eut lieu peu après l'adoption de *LC 1982* et donna lieu à certaines modifications de l'article 35 de la loi. La partie V décrit la nouvelle procédure de modification de la constitution, que nous analysons dans la section suivante. La partie VI modifie l'article 92 de *LC 1867* en renforçant les pouvoirs des gouvernements provinciaux dans les domaines de l'énergie, des forêts et des ressources non renouvelables. C'était là une des exigences de la « bande des huit ». La partie VII comprend diverses dispositions dont nous retiendrons surtout l'article 52 qui donne une définition juridique de la constitution du Canada et affirme sans ambages son statut de « loi suprême ».

Il ne faudrait pas oublier, cependant, que l'article 52 est une disposition d'une loi qui est elle-même une création d'une loi britannique, le *Canada Act, 1982*. La suprématie des lois constitutionnelles du Canada repose donc toujours sur le fait qu'elles sont des lois du parlement de Westminster. Afin de donner à notre ordre constitutionnel une plus grande autonomie, on proposa que le parlement fédéral et chacune des législatures provinciales adoptent, par résolution, la loi constitutionnelle de 1982. Notre constitution, disait-on, ressemblerait davantage à un contrat social au sens où l'entendait Locke. Mais le gouvernement du Québec, qui s'est toujours opposé à l'entente énoncée dans *LC 1982*, refusa d'adopter une telle résolution. La loi constitutionnelle est néanmoins valide au Québec, comme elle l'est dans le reste du Canada, parce que le parlement britannique l'a déclarée telle.

### 2.4 Les modes de révision de la constitution

La partie V de *LC 1982* établit un mode de révision constitutionnelle ou, plus précisément, cinq modes distincts applicables à cinq situations distinctes. Nous les résumons au tableau 2.2.

L'article 44 stipule que le Parlement[3] a compétence exclusive pour modifier les dispositions relatives au pouvoir exécutif fédéral, au

3. En langage constitutionnel, le mot « parlement » décrit le parlement du Canada. Les gouvernements provinciaux n'ont pas de parlement, mais des « assemblées législatives ».

## Les cinq modes de révision

| Article de LC 1982 | Objet de la modification | Mode de révision |
|---|---|---|
| Procédure normale de modification (art. 38-40 ; 42) | • Tous les articles de la constitution non exemptés en vertu des articles 41, 43, 44, 45<br>• Représentation provinciale au sénat<br>• Réforme du sénat<br>• Principe de la représentation proportionnelle à la Chambre des communes<br>• Création de nouvelles provinces<br>• Extension des frontières provinciales dans les territoires | Le Parlement + 7 provinces comprenant 50 % de la population |
| Consentement unanime (art. 41) | • Les charges de reine, de gouverneur général, de lieutenant-gouverneur<br>• L'usage du français ou de l'anglais<br>• La composition de la Cour suprême<br>• La modification des modes de révision | Le Parlement + toutes les provinces |
| Certaines provinces (art. 43) | • Changement du tracé des frontières<br>• Modification des dispositions relatives à l'usage du français et de l'anglais dans une province | Le Parlement + les provinces en cause |
| Modification par le Parlement (art. 44) | • Pouvoir exécutif fédéral, sénat ou Chambre des communes (qui ne tombent pas sous les art. 41-42) | Le Parlement seul |
| Modification par les assemblées législatives (art. 45) | • Modification à la constitution d'une province (qui ne tombe pas sous l'art. 41) | Les gouvernements provinciaux seuls |

Sénat ou la Chambre des communes. Cette disposition est essentiellement la même que celle de l'article 91.1 de *LC 1867*. L'article 45, de même, reprend l'article 92.1 de *LC 1867* en stipulant que les modifications à la constitution d'une province peuvent être adoptées par l'assemblée législative de cette province. L'article 43 énonce un troisième mode de révision. Il stipule que les modifications qui n'affectent que certaines provinces (par exemple un changement du tracé des frontières) ou qui sont relatives, dans une province, aux droits linguistiques constitutionnalisés, ne peuvent être adoptées qu'avec le consentement du gouvernement fédéral et de la province en cause. Cette dernière disposition entend faire en sorte qu'une majorité ne puisse, dans une province donnée, réduire ou abolir unilatéralement les droits linguistiques de la minorité.

Les deux autres modes de révision sont plus complexes. L'article 41 prévoit que dans cinq domaines précis – la Couronne, le droit des provinces à un nombre de députés fédéraux non inférieur à celui de leurs sénateurs, l'utilisation du français et de l'anglais, la composition de la Cour suprême et la modification des modes de révision eux-mêmes – toute modification constitutionnelle doit être approuvée par le parlement fédéral et par les assemblées législatives de toutes les provinces. C'est là une procédure extrêmement rigide, mais on a soutenu que ces domaines étaient à ce point fondamentaux qu'on ne pouvait y apporter quelque modification sans un accord unanime de tous les gouvernements.

Toute disposition de la constitution qui n'est pas sujette aux quatre premiers modes de révision sera amendée en vertu de la « procédure normale » décrite à l'article 38. En vertu de cette procédure, toute modification devra recevoir l'assentiment du parlement fédéral et des assemblées législatives d'au moins deux tiers des provinces (c'est-à dire, 7 sur 10) dont la population confondue représente au moins la moitié de la population du Canada. Cette formule dite 7/50 vise à ce qu'aucune province ne puisse, à elle seule, s'opposer à l'adoption d'un amendement constitutionnel (c'est-à-dire y opposer son **veto**), mais vise aussi à ce qu'aucun amendement ne puisse être adopté sans un vaste appui, y compris celui de l'une au moins des deux provinces les plus populeuses, l'Ontario et le Québec. L'article prévoit aussi qu'une modification ainsi adoptée sera sans effet sur une province qui choisit de s'en dissocier. Si, par exemple, neuf provinces acceptaient de transférer au fédéral la juridiction sur les prisons (domaine de compétence provinciale en vertu de l'article 92.6) mais que le Québec s'y refuse, l'administration des prisons serait de responsabilité fédérale dans les neuf provinces consentantes et de responsabilité provinciale au Québec. L'article 40 donne une intéressante tournure à cet arrangement : si une telle modification touchait à des questions d'éducation ou de culture, le gouvernement fédéral fournirait une juste compensation à la province qui la refuserait. Il serait injuste, en effet, d'imposer aux contribuables d'une province récalcitrante de contribuer aux dépenses faites dans les neuf autres provinces en plus des dépenses consenties dans la sienne.

**2.5 Le réexamen judiciaire de la constitution**

Cette vue d'ensemble de la constitution ne serait pas complète si nous n'y ajoutions un mot sur le réexamen judiciaire.

De par leur nature même, les constitutions doivent régir la totalité d'un régime politique. Les règles constitutionnelles doivent ainsi s'appliquer à un nombre quasi infini de situations. Mais le nombre de règles constitutionnelles ne peut pas être infini. C'est pourquoi les lois constitutionnelles sont obligatoirement rédigées dans des termes très généraux et, par conséquent, apparemment vagues. Une division constitutionnelle des pouvoirs ne peut comprendre une liste de tout ce qui fait l'objet d'un acte législatif : réglementation des émissions nocives des moteurs automobiles, réglementation des rejets industriels, réglementation concernant l'élimination des ordures, etc. Tous ces sujets seront donc regroupés sous l'appellation de « protection de l'environnement ». De même, la *Charte des droits* ne saurait déterminer à l'avance la légalité ou l'illégalité de telle ou telle fouille policière. Elle définit donc nos droits en termes généraux : le droit de ne pas être soumis à des fouilles « déraisonnables ».

Or il est souvent difficile de savoir comment appliquer des règles générales à des cas particuliers. Imaginons une constitution selon laquelle la « protection de l'environnement » serait de compétence fédérale et la « gestion des ressources naturelles » de compétence provinciale. Quel ordre de gouvernement a le pouvoir de réglementer la coupe à blanc des forêts ? La réponse n'est pas évidente et il est probable que, le cas échéant, chaque ordre de gouvernement prétendrait à une compétence exclusive dans ce domaine. Il faut donc se tourner, de toute évidence, vers quelqu'un qui soit autorisé à interpréter la constitution.

Telle est la tâche qui incombe normalement au pouvoir judiciaire. L'expression « réexamen judiciaire » renvoie à la tâche, dévolue aux magistrats, de définir et d'appliquer les termes de la constitution. Les tribunaux détermineront, par exemple, que telle ou telle compétence législative est fédérale ou provinciale, ou que tel type de fouille est permis. Pour ce faire, ils diront ce que signifient, en pratique, des phrases telles que « la paix, l'ordre, ainsi que le bon gouvernement du Canada », ou « chacun a droit à la protection contre les fouilles ou les saisies abusives ». Il est donc essentiel aux étudiants de la politique canadienne de prêter une attention soutenue à la révision judiciaire. On ne comprendra notre régime que si on comprend sa constitution ; on ne comprendra sa constitution que si on comprend l'interprétation qu'en ont donnée les tribunaux.

### 2.6 La politique constitutionnelle contemporaine

Les querelles constitutionnelles ne s'arrêtèrent pas avec l'adoption de *LC 1982*. Le gouvernement du Québec demeurait résolument opposé à l'entente conclue par Ottawa et les neuf autres provinces. Le premier ministre Brian Mulroney entreprit donc, avec les dix premiers ministres provinciaux, des négociations destinées à mener à des modifications constitutionnelles qui satisferaient aux demandes du Québec. Ces négociations aboutirent à l'Accord du lac Meech qui, entre autres dispositions, affirmait que le Québec formait une « société distincte » et lui accordait, ainsi qu'aux autres provinces, un droit de veto sur toute modification constitutionnelle affectant les sujets énumérés dans l'article 42 et qui étaient auparavant soumis à la procédure générale de révision (la « formule » dite 7/50).

Parce que l'accord proposait un changement du mode de révision — un des sujets mentionnés dans l'article 41 de *LC 1982* — il ne pouvait être adopté sans l'assentiment de toutes les assemblées législatives provinciales. De là naquirent les difficultés. Tous les premiers ministres présents aux négociations avaient personnellement souscrit à la teneur du document, mais avant que la résolution d'appui soit adoptée par l'assemblée législative de leur province, certains d'entre eux subirent une défaite électorale. Confrontés à un public de plus en plus hostile à l'accord, les nouveaux gouvernements furent réticents à poursuivre la démarche et, en 1990, l'Accord du lac Meech fut déclaré bel et bien mort.

Deux ans plus tard, Mulroney amorça de nouvelles négociations. L'Accord du lac Meech avait été défait parce que, entre autres raisons, il portait quasi exclusivement sur les demandes du Québec. Les autochtones, les regroupements de femmes et les Canadiens de l'Ouest, pour ne nommer que ceux-là, n'avaient pas voulu entériner un accord constitutionnel qui négligeait leurs propres préoccupations. Les négociations de 1992 aboutirent à une nouvelle proposition, dite Accord de Charlottetown, conçue pour aborder toutes ces préoccupations, en plus de celles du Québec. L'accord retenait les éléments essentiels de Meech : disposition sur la société distincte, même mode de révision constitutionnelle et limitation des nouvelles dépenses fédérales dans des domaines de compétence provinciale. Il y ajoutait un engagement constitutionnel à l'autonomie gouvernementale des autochtones, un nouveau sénat configuré de manière à satisfaire aux exigences de l'Ouest (et peut-être aussi des femmes) quant à une meilleure représentation, et une disposition pancanadienne (dite « clause Canada ») destinée à incarner les principes politiques fondamentaux du régime.

Cet accord étant mis au point, le gouvernement fédéral annonça qu'il ne l'adopterait pas par voie de résolution parlementaire à moins qu'il n'ait reçu, par voie de référendum, l'assentiment d'une majorité d'électeurs dans chacune des provinces. Trop de citoyens, en effet, s'étaient plaints des méthodes « antidémocratiques » qui avaient mené à l'Accord du lac Meech. Même si *LC 1982* confie au Parlement et aux assemblées législatives la responsabilité de modifier la constitution, les Canadiens étaient nombreux à penser qu'on aurait dû les consulter. Fort d'un document qui faisait la part belle à tous, le premier ministre Mulroney céda donc à ceux qui proposaient un référendum. À l'étonnement de plusieurs, les électeurs de six provinces rejetèrent majoritairement l'accord. Il semble que « la part belle faite à tous » ait aussi donné à tous une raison de protester.

Le recours d'Ottawa à un référendum soulève un intéressant problème constitutionnel : les modifications à la constitution devront-elles, désormais, être approuvées par scrutin populaire ? Aux termes de la cinquième partie de la loi constitutionnelle de 1982, laquelle ne mentionne pas une seule fois le mot « référendum », la réponse devrait être non. Mais il est difficile de croire que les Canadiens ne réclameront pas, après Charlottetown, le droit d'intervenir directement dans toute future décision constitutionnelle. Nous assistons peut-être, le cas échéant, à l'émergence d'une nouvelle convention constitutionnelle.

## MOTS CLÉS

Compétence législative
Lois constitutionnelles
Compétence non attribuée
Pouvoir judiciaire
Préambule
Loi organique
Pouvoir exécutif
Constitutionnalisation
Convention constitutionnelle
Rapatrier
Veto

# DEUXIÈME PARTIE

# PRINCIPES FONDAMENTAUX DE LA CONSTITUTION CANADIENNE

# CHAPITRE 3

# LE GOUVERNEMENT RESPONSABLE



Une des premières fonctions d'une constitution, nous le savons, consiste à déterminer qui exercera les pouvoirs législatif, exécutif et judiciaire. Tel sera donc un des premiers sujets abordés dans la Loi constitutionnelle de 1867. Son préambule stipule que le Canada aura « une constitution reposant sur les mêmes principes que celle du Royaume-Uni ». Cette phrase signifie notamment que l'organisation du pouvoir législatif et exécutif doit répondre aux principes que résume l'expression « gouvernement responsable ». Ce chapitre entend expliquer le sens, le mode d'application et la raison de ces principes.

## 3.1 Émergence du gouvernement responsable

Au fil des siècles, le régime britannique a successivement revêtu des formes diverses. Il fut d'abord ce que nous pourrions appeler une monarchie absolue, dans la mesure où la Couronne détenait à la fois les pouvoirs législatif et exécutif. En d'autres termes, le roi ou la reine faisait les lois et les appliquait. Mais la possession d'un tel pouvoir par des monarques non élus (et qui, par conséquent, n'avaient de comptes à rendre à quiconque) mena inévitablement à des abus. Réagissant à ces abus, la noblesse et les gens du commun parvinrent peu à peu à amener la Couronne à céder le pouvoir législatif à leur assemblée, qu'ils appelèrent Parlement.

C'est ainsi que vers le milieu du XVIIIe siècle, Montesquieu pouvait évoquer le régime britannique comme exemple du principe de la **séparation des pouvoirs**. Reprenant un argument de Locke, il prétendit que la meilleure manière d'assurer la liberté et de prévenir les abus du pouvoir politique consistait à faire en sorte que les pouvoirs législatif et exécutif soient dévolus à des personnes ou à des organismes différents. Puisque l'acte tyrannique provenait à la fois du pouvoir législatif et du pouvoir exécutif, remettre ces pouvoirs en des mains différentes en réduirait la possibilité. Pour Montesquieu, la constitution britannique de cette époque, qui accordait l'exécutif à la Couronne et le législatif au Parlement, représentait le modèle même d'un ordre politique libre.

Le principe de la séparation des pouvoirs forma aussi l'assise du régime américain. Les idées de Montesquieu et de Locke étaient familières aux « Pères fondateurs » qui, victimes de la « tyrannie » britannique, accordaient une importance extrême au contrôle du pouvoir politique. Ils optèrent donc pour une constitution qui accordait le pouvoir législatif à une assemblée, le Congrès, et le pouvoir exécutif à un Président. En fait, les Américains donnèrent un sens encore plus étendu au principe de Montesquieu. Non seulement les pouvoirs étaient-ils dévolus à des instances différentes, mais ces instances étant élues démocratiquement allaient rivaliser entre elles pour obtenir la faveur de la population. Cette concurrence, croyait-on, allait réduire d'autant la possibilité d'une collusion entre les deux branches du gouvernement.

Durant les années qui suivirent la conquête du Canada, les colonies qui allaient plus tard devenir l'Amérique du Nord britannique étaient dirigées par des gouverneurs impériaux nommés par la Couronne. Au début du XIXe siècle, elles avaient obtenu le droit d'élire des assemblées législatives habilitées à légiférer en matière de politique intérieure. Le pouvoir exécutif demeurant aux mains des gouverneurs, nos constitutions coloniales reposaient donc sur une sorte de séparation des pouvoirs, tout comme la constitution américaine. Mais la nôtre tenait à des raisons de politique impériale et non aux principes libéraux avancés par Montesquieu et Locke. Or ces constitutions coloniales ne pouvaient fonctionner correctement à cause même de la séparation entre les deux pouvoirs. L'inévitable friction entre le législatif et l'exécutif est tolérable, dans la mesure où ils sont tous deux élus, comme aux États-Unis. Mais lorsque le législatif est le seul pouvoir élu, le conflit devient une lutte pour les droits démocratiques.

L'histoire politique du Haut-Canada en fournit une excellente illustration. Durant les premières années du XIXe siècle, les « réformistes » tentèrent de briser le monopole du « family compact », petite clique de citoyens fortunés qui contrôlaient l'essentiel de la vie politique et économique de la colonie. Devenus majoritaires à l'assemblée législative, les réformistes se heurtèrent à des gouverneurs réticents à mettre en œuvre les réformes adoptées. Ces gouverneurs, en effet, s'étaient donné un Conseil exécutif formé quasi exclusivement de membres du « family compact ». La séparation des pouvoirs équivalait donc, pour les réformistes, à un détournement constitutionnel de l'autonomie démocratique. Le mécontentement grandit et se transforma, en 1837, en rébellions dans le Haut et le Bas-Canada. L'armée britannique écrasa facilement les insurgés, mais le gouvernement britannique avait compris la nécessité de certaines réformes. Il dépêcha donc au Canada un de ses plus éminents représentants, lord Durham, chargé de faire enquête et de recommander les mesures appropriées à la situation. S'ensuivit un *Rapport* célèbre dans lequel Durham recommandait de modifier les constitutions coloniales en remplaçant le principe de la séparation des pouvoirs par celui de « gouvernement responsable ». Le gouvernement responsable a pour caractéristique principale de rendre l'exécutif comptable de ses actes à un corps législatif démocratiquement élu. Plutôt que de choisir ses conseillers selon son bon plaisir, le gouverneur allait dorénavant devoir les choisir parmi les élus de l'assemblée législative. Le régime britannique, qui ne cesse jamais d'évoluer, avait récemment admis ce principe dont les rebelles canadiens de 1837 réclamaient l'application dans les colonies. Le gouvernement britannique accepta les recommandations de Durham et, vers 1867, le principe de la responsabilité gouvernementale était solidement enraciné dans toutes les colonies de l'Amérique du Nord britannique.

### 3.2 Les conventions du gouvernement responsable

Dans les régimes britannique et canadien, le principe du gouvernement responsable rend l'exécutif responsable devant la Chambre des communes. Cette responsabilité signifie d'abord que l'exécutif doit justifier ses actes devant la Chambre. Mais elle n'aurait aucun sens si la Chambre était impuissante devant les actes qu'elle estime inacceptables. Le principe exige donc que les détenteurs du pouvoir exécutif n'exercent ce pouvoir qu'avec l'assentiment de la Chambre. Le pouvoir exécutif est soumis, de la sorte, à un contrôle démocratique véritable.

Le gouvernement responsable ne peut fonctionner sans certaines conventions constitutionnelles. Cinq d'entre elles sont particulièrement importantes. En vertu de la *première convention*, la Couronne, officiellement détentrice du pouvoir exécutif, choisira ses conseillers ou ses ministres parmi les députés du Parlement. Cette règle entend faciliter l'imputabilité de l'exécutif : il est plus facile aux députés d'interroger ou de critiquer des ministres lorsqu'ils sont membres de la Chambre. D'après la *deuxième convention*, la Couronne ne nommera ministres que des députés qui « ont la **confiance** » (c'est-à-dire l'appui) de la majorité des membres de la Chambre. Sans cette règle, le gouvernement responsable ne serait pas nécessairement démocratique, car la Couronne pourrait élever au rang de ministre des députés dont les opinions ne représentent qu'une infime minorité de l'électorat. En vertu de la *troisième convention*, la Couronne n'agira que « sur l'avis de » ses ministres. En d'autres termes, ce sont les ministres eux-mêmes qui exercent le pouvoir exécutif ; leur « avis » à la Couronne est en réalité un ordre et celle-ci n'est en cette matière qu'une façade. En vertu de la *quatrième convention*, les ministres doivent agir en équipe et former ainsi un « ministère », chaque ministre partageant avec tous la responsabilité des actes de chacun d'entre eux. De cette règle, connue sous l'appellation de solidarité ministérielle, dépend le bon fonctionnement de la cinquième règle du gouvernement responsable, qui est aussi la plus importante.

Lorsque la Chambre refuse sa confiance à un ministère (soit par un vote de non-confiance, soit en rejetant une proposition que le ministère estime être une question de confiance), le gouvernement responsable cesse, en un sens, d'exister puisque les actes de l'exécutif ne répondent plus aux vœux de la majorité des représentants du peuple. Afin d'assurer la continuité du pouvoir, le ministère ou la Chambre doivent être remplacés. Par conséquent, stipule la *cinquième convention*, le ministère qui a perdu la confiance de la Chambre doit démissionner ou provoquer de nouvelles élections. La démission ouvre la voie à la formation d'un autre ministère qui aura, lui, la confiance de la Chambre. La tenue d'élections produira l'un ou l'autre de deux résultats. Dans un cas, les électeurs prendront le parti du ministère sortant et reconduiront un nouveau groupe de députés mieux disposés envers lui. (Tel fut le résultat des élections de 1974. Défait en Chambre sur une question de confiance, le ministère Trudeau revint au pouvoir grâce à l'élection d'une vaste majorité de députés qui lui étaient favorables.) Dans l'autre cas, les électeurs prendront le parti de la Chambre et éliront une majorité de députés hostiles au ministère sortant. (En 1980, les électeurs élirent une majorité de députés libéraux hostiles au ministère progressiste-conservateur du premier ministre Clark.) En de telles situations, les premiers ministres n'ont d'autre choix que de démissionner, ce qui amène automatiquement la démission de l'ensemble du ministère.

Par ces cinq conventions, un ordre politique est créé selon lequel les détenteurs du pouvoir exécutif sont complètement responsables devant les représentants élus. (Le tableau 3.1 décrit cette relation mutuelle.) En termes purement légaux, le pouvoir exécutif est confié à la Couronne. Mais les conventions décrites ci-haut modifient profondément la loi de la Constitution. En vertu du principe de la responsabilité gouvernementale, la Couronne doit déléguer ses pouvoirs exécutifs à un ministère composé de membres de la Chambre. Ce ministère (habituellement appelé « cabinet ») doit avoir la confiance de la Chambre des communes (*i.e.* l'appui de la majorité de ses membres) et doit démissionner ou provoquer des élections s'il perd cette confiance. En bref, ces méthodes assurent le type d'imputabilité démocratique que réclamaient les réformistes de 1837.

**Tableau 3.1**

Gouvernement responsable

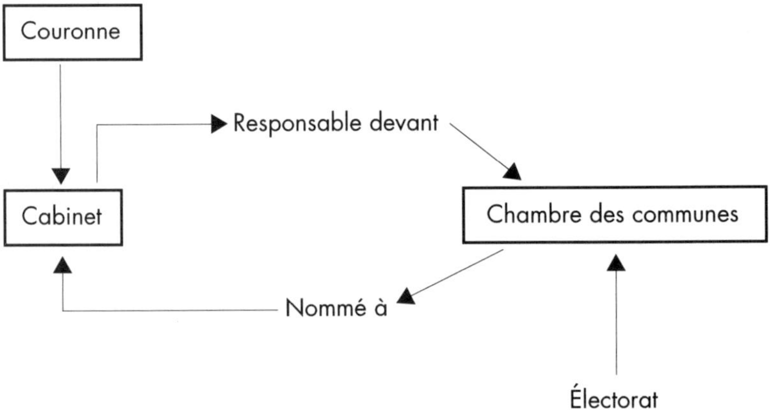


### 3.3 Le gouvernement responsable comme « gouvernement du cabinet »

On pourrait croire, des conventions qui précèdent, que le principe de responsabilité affaiblit le cabinet en le soumettant au contrôle de la Chambre. C'est pourquoi, du reste, on parle souvent du gouvernement responsable comme d'un gouvernement parlementaire. Théoriquement, un tel gouvernement fait de la Chambre des communes (la plus importante du Parlement) l'autorité suprême en matières législative et exécutive. En pratique, cependant, l'introduction de ce principe a eu pour effet de renforcer considérablement le pouvoir du cabinet. Il serait donc plus exact de dire du gouvernement responsable qu'il est un gouvernement du cabinet.

Il faut bien comprendre, en effet, que le principe de responsabilité a entraîné un transfert du pouvoir législatif effectif de la Chambre au cabinet. Nous savons déjà que le cabinet doit être composé de députés qui ont la confiance de la majorité des leurs à la Chambre. Il s'ensuit que le cabinet et ses partisans contrôlent l'activité législative de la Chambre.

Ce contrôle devient particulièrement étroit si les membres de la Chambre se sont formés en partis hautement disciplinés, phénomène qui a cours au Canada depuis la fin du XIX^e siècle. Pour des raisons que nous évoquerons bientôt, les partis politiques canadiens sont en mesure de faire en sorte que la totalité (ou presque) de leurs membres élus voteront conformément aux vœux de leur parti. Cela étant, le cabinet peut presque toujours compter sur un appui automatique de la majorité des députés. Il découle donc naturellement de la responsabilité gouvernementale que le cabinet contrôle le calendrier législatif de la Chambre qui le supervise.

Le cabinet devient donc, dans un tel régime, l'institution politique dominante. Aux termes de la loi constitutionnelle, il ne possède aucun pouvoir. Mais les conventions lui accordent le contrôle des pouvoirs législatif et exécutif. Ainsi, même si la loi constitutionnelle confie les pouvoirs législatif et exécutif à des instances différentes, la responsabilité gouvernementale conduit, en pratique, à une **fusion des pouvoirs** entre les mains du cabinet. En fait, on pourrait définir le gouvernement responsable comme *un régime dans lequel les pouvoirs législatif et exécutif se fondent dans un cabinet qui est responsable à une assemblée de représentants élus du peuple.*

### 3.4 Formation d'un gouvernement

Dire du Canada qu'il est gouverné par un cabinet sous-entend un phénomène fort étonnant : nous n'élisons pas directement notre gouvernement. Les Canadiens disent souvent avoir « élu » le « gouvernement Chrétien » ou le « gouvernement Mulroney », mais en cela ils se trompent. Dans un régime de responsabilité gouvernementale, la population ne tient qu'un rôle indirect dans le choix de son gouvernement.

Le principe de responsabilité gouvernementale, en effet, est parfaitement incompatible avec la notion d'une élection directe de l'exécutif.

En vertu de ce principe, le gouvernement doit être responsable devant la Chambre. Si la population élisait directement le gouvernement, celui-ci devrait aussi être responsable devant la population. Or, dit le proverbe, « nul ne peut servir deux maîtres ». Qu'arriverait-il si la population élisait un gouvernement progressiste-conservateur favorable au libre-échange et une Chambre des communes majoritairement composée de libéraux hostiles à ce libre-échange ? Le gouvernement devrait alors abandonner sa politique (et donc renoncer à être responsable devant la population) ou imposer le libre-échange par décret de l'exécutif (et donc refuser d'être responsable devant la Chambre).

Par conséquent, nous n'élisons pas directement notre gouvernement. Il est plus exact de parler de la « formation » d'un gouvernement. C'est là un processus complexe par lequel la Couronne, le premier ministre et la Chambre des communes collaborent pour assurer aux Canadiens un gouvernement qui jouit de la confiance des représentants du peuple.

Ce processus obéit à quatre règles de base. La *première règle* stipule que la Couronne est responsable du choix du gouvernement. En pratique, cela signifie que la Couronne (c'est-à-dire le gouverneur général) désignera un premier ministre, lequel choisira ensuite les autres membres du gouvernement. Il y a à cela d'excellentes raisons. Tout d'abord, ce rôle convient parfaitement à la Couronne. Pour des raisons évidentes, le gouvernement ne peut se choisir lui-même ; si cela était, tout député pourrait se proclamer chef d'un nouveau gouvernement. Abandonner le choix du gouvernement à la Chambre des communes serait certes réalisable (bien que compliqué), mais ne serait pas conforme à certains aspects de notre régime. Les ministres, en effet, ne sont officiellement que des conseillers de la Couronne. Il faut donc que celle-ci intervienne officiellement dans la nomination de ses propres conseillers.

En vertu de la *deuxième règle*, la Couronne doit désigner au titre de premier ministre la personne qui est la plus susceptible d'avoir la confiance de la Chambre. Cette règle est évidemment nécessaire au bon fonctionnement d'un gouvernement responsable, c'est-à-dire d'un régime dans lequel l'exécutif doit rendre compte de ses actes au législateur. Elle y introduit aussi un élément démocratique, dans la mesure où la personne qui dirige le gouvernement et choisit les ministres est assurée de l'appui de la majorité des représentants de la population. La *troisième règle* stipule que le gouvernement demeure au pouvoir jusqu'à ce que le premier ministre démissionne en son nom. La *quatrième règle* oblige le premier ministre à démissionner si son gouvernement ne recueille plus l'appui de la Chambre des communes et ne peut plus espérer retrouver cet appui dans une Chambre nouvellement élue.

Quelques exemples permettront de comprendre ces règles apparemment compliquées.

Au début de 1993, le gouvernement du Canada était composé de membres du parti progressiste-conservateur et dirigé par le premier ministre Brian Mulroney. Celui-ci ayant décidé de se retirer de la vie politique, le gouverneur général Ramon Hnatyshyn était tenu de désigner un nouveau premier ministre. Le parti conservateur détenant toujours la majorité des sièges en Chambre, la personne la plus susceptible d'avoir la confiance des Communes était Kim Campbell, que les membres de son parti avaient choisie pour remplacer M. Mulroney. Hnatyshyn l'invita donc à devenir premier ministre et à former un nouveau gouvernement. En octobre, des élections eurent lieu. Mme Campbell fut défaite dans son propre comté et son parti ne fit élire que deux candidats. Elle demeurait pourtant premier ministre, car le gouvernement demeure en poste tant que le premier ministre n'a pas démissionné. Mais il était évident que son gouvernement n'aurait pas la confiance de la Chambre nouvellement élue. Conséquemment, Mme Campbell démissionna quelques jours plus tard. Ayant besoin d'un nouveau premier ministre, le gouverneur général invita Jean Chrétien, chef d'un parti qui détenait une majorité de sièges, à former un nouveau gouvernement.

Il faut comprendre que le départ de Mme Campbell fut une démission et non un congédiement. Ainsi que le démontrent les élections de 1972 et de 1957, c'est le premier ministre, non les électeurs, qui décide du sort de son gouvernement. De 1968 à 1972, le parti libéral de Pierre Trudeau détenait plus de la moitié des sièges de la Chambre. En 1972, les électeurs répudièrent Trudeau dont le parti obtint beaucoup moins que la moitié des sièges, deux de plus que le parti progressiste-conservateur qui était son plus proche rival. Or Trudeau estima que l'important groupe parlementaire néo-démocrate (NPD) préférerait un gouvernement libéral à un gouvernement conservateur, ce qui lui assurait un nombre suffisant de voix pour obtenir la confiance de la Chambre. Il décida donc de ne pas démissionner. En 1957, par contre, un autre premier ministre libéral, placé dans une situation identique, préféra démissionner. Au terme des élections tenues cette année-là, les libéraux de Louis Saint-Laurent n'étaient plus majoritaires en Chambre mais détenaient plus de sièges que tout autre parti. Pour Saint-Laurent, cependant, ce résultat traduisait une insatisfaction des électeurs à l'endroit de son gouvernement. Estimant que la Chambre ne lui renouvellerait pas sa confiance, il démissionna. Le gouverneur général invita alors John Diefenbaker à former un nouveau gouvernement.

Ces exemples nous montrent que le processus de formation d'un gouvernement est plus complexe qu'il n'y paraît. Les Canadiens aiment à croire qu'ils ont élu un gouvernement Chrétien ou un gouvernement Trudeau ; en fait, ils n'ont élu que les membres de la Chambre des communes. Puisque aucun ministère ne peut gouverner sans la confiance de la Chambre, le choix des électeurs est habituellement déterminant quant à la formation du gouvernement. Mais il ne l'est pas toujours. Après les élections de 1993, il était évident que Kim Campbell devait démissionner et que Jean Chrétien formerait le gouvernement. Mais lorsque les électeurs ne procurent pas une nette majorité à un parti, comme il advint en 1972 et en 1957, le premier ministre peut décider lui-même de la suite des événements. De plus, si les Canadiens élisaient un jour une Chambre dans laquelle trois ou quatre partis seraient de force égale, il reviendrait au gouverneur général, et à lui seul, de désigner le nouveau premier ministre (en supposant que le précédent ait démissionné). Une telle situation ne s'est jamais produite, mais l'émergence de puissants partis régionaux, tels le Bloc québécois et le Reform Party, la rend moins hypothétique qu'auparavant.

### 3.5 Gouvernement majoritaire et gouvernement minoritaire

Dans un système politique basé sur le principe du gouvernement responsable, on dit du ministère entré en fonction qu'il forme un **gouvernement majoritaire** ou un **gouvernement minoritaire**. L'expression « gouvernement majoritaire » connote une situation selon laquelle le parti qui forme le gouvernement dispose de plus de la moitié des sièges de la Chambre des communes. Les organisations des partis étant capables d'exercer un contrôle étroit sur les votes de leurs membres, un cabinet soutenu par une majorité parlementaire est quasi automatiquement assuré de la confiance de la Chambre. Il ne s'ensuit pas qu'un tel ministère puisse agir à sa guise : le cabinet se refusera à toute mesure à laquelle s'oppose résolument son « caucus » (groupe parlementaire d'un parti), dont les voix sont essentielles au maintien de la confiance de la Chambre. Mais un gouvernement majoritaire soutenu par son caucus peut gouverner comme il l'entend.

L'expression « gouvernement minoritaire » renvoie à une situation selon laquelle aucun parti ne détient la majorité des sièges à la Chambre. Le gouvernement doit alors être formé par un parti qui dispose de moins de la moitié des sièges. C'est ainsi qu'au terme des élections de 1963, la Chambre se composait de 265 députés ainsi répartis : 129 libéraux, 95 progressistes conservateurs, 17 néo-démocrates (NPD) et 24 créditistes (Crédit social). Aucun parti n'était majoritaire. Estimant qu'il n'obtiendrait pas la confiance de la Chambre, le premier ministre Diefenbaker démissionna. Le gouverneur général invita Lester Pearson, chef du parti libéral, à former un gouvernement. Minoritaire, le parti libéral ne pouvait certes exercer de contrôle sur la Chambre. Mais en vertu des règles de la responsabilité gouvernementale, il suffit qu'un gouvernement soit capable d'obtenir et de garder la confiance de la Chambre. Pearson savait pouvoir y parvenir s'il proposait des politiques qui satisferaient les membres d'un des deux plus petits partis (ou auxquelles ils ne s'opposeraient pas). Le calcul était juste : même minoritaire, son gouvernement demeura en fonction durant cinq années.

Au Canada, le gouvernement est habituellement majoritaire, mais les gouvernements minoritaires ne sont pas rares. On en compte sept depuis 1867 et tous n'eurent pas la longévité du ministère Pearson. En 1921, le gouvernement d'Arthur Meighen ne vécut que trois mois à peine avant que la Chambre lui retire sa confiance. En 1979, Joe Clark forma un gouvernement minoritaire progressiste-conservateur, mais déclara qu'il gouvernerait comme s'il était majoritaire. Il entendait par là, contrairement à Pearson, ne pas formuler ses politiques de manière à conserver la confiance de la Chambre. Cette audace lui fut fatale : la confiance lui fut retirée huit mois plus tard, ce qui provoqua de nouvelles élections remportées par les libéraux de nouveau majoritaires. Clark dut démissionner.

On croit généralement, au Canada, que mieux vaut avoir un gouvernement majoritaire. On l'estime supérieur en termes de stabilité, de longévité et de dynamisme. Cette opinion est discutable. L'histoire nous enseigne que les gouvernements minoritaires ne sont pas obligatoirement instables et éphémères. Bien dirigés et dans des circonstances favorables, ils peuvent durer aussi longtemps que les gouvernements majoritaires. Quant au dynamisme relatif de l'un et de l'autre, il vaut la peine de réfléchir aux arguments proposés par le distingué constitutionnaliste Eugene Forsey. Selon lui, un gouvernement issu d'une majorité absolue en Chambre peut parfois se lancer avec enthousiasme dans une mauvaise direction. Inversement, les gouvernements minoritaires sont souvent forcés, afin de conserver la confiance de membres des autres partis, de gouverner avec plus de modération et moins d'arrogance[1]. En somme, cette question est probablement vaine. Mieux vaut reconnaître que l'un et l'autre présentent des avantages et des désavantages, et que les circonstances, les personnalités en cause et la situation politique permettent seules d'en déterminer l'importance relative.

---

1. Eugene Forsey, « The Problem of "Minority" Government in Canada », *The Canadian Journal of Economics and Political Science*, vol. 30, n° 1, février 1964, p. 1-11.

## 3.6 Élections

Dans un système constitutionnel basé sur le principe de la responsabilité gouvernementale, le premier ministre a toute latitude quant au moment et à la date des élections. La dissolution du parlement et le déclenchement des élections relèvent du gouverneur général, mais celui-ci ne prend de telles décisions qu'après avoir reçu l'« avis » du premier ministre, avis auquel il se conforme habituellement[2]. Le choix du premier ministre est soumis à une seule règle : l'article 4(1) de *LC 1982* stipule que l'intervalle qui sépare deux élections ne peut être supérieur à cinq ans. Au Canada et en Grande-Bretagne, le premier ministre déclenche traditionnellement des élections après quatre ans de pouvoir.

On prétend souvent que le Canada devrait, comme les États-Unis, être tenu à des élections à intervalles fixes. La méthode canadienne, soutient-on, procure un avantage indu au parti gouvernemental. Les premiers ministres profitent souvent de leur situation pour ne pas aller devant l'électorat au moment où leur parti est impopulaire ou, inversement, pour s'y présenter lorsque l'opposition est en proie au désarroi. Il est ainsi arrivé à des premiers ministres provinciaux de déclencher des élections après seulement deux ans de pouvoir, à seule fin de profiter de sondages favorables. Mais le recours à la méthode américaine est incompatible avec le principe de la responsabilité gouvernementale, selon lequel le ministère qui est en fonction doit avoir la confiance de la Chambre. Or comme cette confiance peut être retirée n'importe quand, on doit pouvoir tenir des élections à n'importe quel moment car, nous l'avons vu, telle est parfois la seule manière de résoudre un conflit sérieux entre la Chambre et le cabinet.

## 3.7 Gouvernement responsable et séparation des pouvoirs : deux modèles comparés

D'origine britannique, le principe du gouvernement responsable forme désormais l'assise de nombreuses démocraties libérales, sinon de la

2. La section 6.3 de se livre énumère quelques possibles exceptions à cet usage.

plupart d'entre elles. Chacun à sa manière, tous les pays d'Europe de l'Ouest, de même que la plupart des membres du Commonwealth, souscrivent au principe selon lequel l'exécutif doit répondre de ses actes à un corps législatif composé de représentants élus de la population. Dans la plupart des autres démocraties libérales, le modèle constitutionnel américain a prévalu sur le modèle britannique (particulièrement en Amérique latine). Gouvernement responsable et séparation des pouvoirs sont ainsi les deux grands modèles de gouvernement auxquels se conforment les démocraties libérales. Il importe donc d'en comparer les mérites.

Le principe de la séparation des pouvoirs est issu, nous l'avons vu, d'un besoin d'assurer la liberté. Pour Montesquieu et Locke, le fait d'attribuer à des instances différentes le pouvoir législatif et le pouvoir exécutif réduisait la possibilité d'un gouvernement tyrannique. Cette théorie semble avoir été confirmée par la pratique américaine. Dans ce pays, le législatif et l'exécutif sont en état de rivalité plutôt que de collusion et ce, même lorsqu'ils sont occupés par des membres de la même formation politique. Il est donc difficile de les imaginer collaborant à des fins antidémocratiques. Cette rivalité est si forte, du reste, qu'elle engendre parfois de sérieux problèmes. En 1993, par exemple, le gouvernement se trouva paralysé lorsque le président et le Congrès (tous les deux d'allégeance démocrate) ne purent s'entendre sur le budget. On pourrait donc soutenir que cette liberté est acquise au prix de l'inefficacité du gouvernement.

Par contraste, les régimes fondés sur le principe de la responsabilité gouvernementale sont remarquables d'efficacité. En vertu de la fusion des pouvoirs, le même petit groupe exerce à la fois le pouvoir législatif et le pouvoir exécutif. Dans de tels régimes, le gouvernement n'est jamais paralysé comme il le fut aux États-Unis. Lorsqu'un cabinet soutenu par une majorité parlementaire décide d'agir en quelque domaine, rien (ou presque) ne peut y faire obstacle. Lorsque le cabinet Pearson eût décidé d'introduire au Canada l'assurance-maladie universelle, l'adoption et la mise en œuvre de cette politique s'ensuivirent rapidement. Le contraste avec le fonctionnement américain est ici frappant. Même si la plupart des Américains estiment nécessaire d'étendre la protection médicale assurée par l'État, les récentes mesures proposées par le président Clinton furent bloquées par un Congrès partisan de politiques différentes. Résultat : rien n'a été fait et la question n'est plus d'actualité politique.

D'aucuns prétendent pourtant que l'efficacité du gouvernement responsable a pour contrepartie une certaine perte de liberté politique. Le cabinet d'un parti majoritaire étant presque tout-puissant, le gouvernement responsable équivaudrait à une dictature qui durerait quatre années. On en donne pour exemple l'introduction de la TPS, mesure éminemment impopulaire partout au Canada. Et l'on peut affirmer, sans crainte de se tromper, que le principe de la séparation des pouvoirs eût interdit une telle imposition aux États-Unis.

Parler du gouvernement responsable comme d'une dictature est néanmoins exagéré. N'oublions pas, tout d'abord, que tous les gouvernements veulent être réélus. Agir systématiquement et ouvertement à l'encontre de l'opinion publique leur rendrait la tâche impossible, de sorte qu'ils ont tout intérêt à se comporter de manière démocratique. Deuxièmement, leurs activités sont sujettes à l'autorité de la constitution, particulièrement à celle de la *Charte des droits*. Troisièmement, un facteur institutionnel important contrebalance le pouvoir du cabinet : l'opposition parlementaire. La Chambre des communes, à qui le cabinet doit rendre compte, permet à l'opposition d'interroger et de critiquer abondamment le gouvernement, pratique inexistante dans un régime comme celui des États-Unis. On pourrait donc suggérer qu'en vertu de la responsabilité du cabinet devant la Chambre, le gouvernement responsable sauvegarde tout autant la liberté qu'un régime basé sur la séparation des pouvoirs.

## MOTS CLÉS

Gouvernement responsable
Séparation des pouvoirs
Cinq conventions d'un gouvernement responsable
Gouvernement
Confiance
Gouvernement majoritaire
Gouvernement parlementaire
Fusion des pouvoirs
Gouvernement minoritaire
Quatre règles de la formation d'un gouvernement

# CHAPITRE 4

# LE FÉDÉRALISME



## 4.1 Qu'est-ce que le fédéralisme ?

On ne saurait comprendre le fédéralisme sans saisir d'abord ce qui distingue un système **unitaire** d'un système **fédéral** de gouvernement. Le premier, comme son nom l'indique, est un système dans lequel l'autorité souveraine de l'État-nation réside dans une seule entité appelée gouvernement national. Ce gouvernement peut déléguer une partie de cette autorité à des instances de moindre importance, tels des gouvernements de comtés, de cités, de villes ou de régions administratives. Mais lui seul détermine l'étendue de cette délégation ; il donne le pouvoir, mais peut aussi le retirer. Dans un système unitaire, plusieurs gouvernements peuvent donc exister outre le gouvernement national, mais ils n'en sont que les auxiliaires. Le pays n'a qu'un seul gouvernement souverain.

Le fédéralisme est un phénomène relativement récent, inventé en 1787 par les rédacteurs de la *constitution des États-Unis*. Le Canada, l'Australie, l'Inde, la Suisse et l'Allemagne sont des pays qui pratiquent une forme ou l'autre de fédéralisme. France, Grande-Bretagne, Irlande, Suède et Japon sont, à l'inverse, régis par un système unitaire de gouvernement.

Dans un système fédéral, l'autorité souveraine est constitutionnellement partagée entre deux niveaux de gouvernement. Il s'ensuit qu'aucun des deux n'est dépositaire de l'autorité souveraine. Chacun tient son autorité de la constitution, à laquelle ils sont tous deux subordonnés. Au gouvernement national, la constitution accorde compétence sur les questions d'intérêt national ; aux gouvernements des provinces ou des États, elle accorde compétence sur les questions d'intérêt local ou régional. Dans certains cas, les compétences sont partagées entre les deux niveaux de gouvernement. Il est extrêmement important de comprendre que dans un système fédéral, les gouvernements provinciaux ou régionaux ne sont pas redevables de leur existence au gouvernement national, comme ils le sont dans un système unitaire. En système unitaire, l'autorité va du centre à la périphérie ; en système fédéral, elle est constitutionnellement partagée.

Au Canada, nous parlons habituellement de trois niveaux de gouvernement : national, provincial et local. Le gouvernement national porte aussi le nom de gouvernement fédéral, étant le gouvernement de l'ensemble de la fédération. Chaque niveau de gouvernement a compétence sur des questions précises et agit donc dans une foule de domaines différents quoique souvent reliés. Entre les gouvernements fédéral et provinciaux, la relation n'est pas la même qu'entre les gouvernements provinciaux et les gouvernements locaux. Ces derniers relèvent de la compétence des provinces, qui peuvent ainsi les modifier ou les abolir. Mais les gouvernements provinciaux ne sont pas subordonnés au fédéral, pas plus que le fédéral n'est subordonné aux provinces. Ils sont tous deux subordonnés à la constitution.

Cette égalité juridique est explicitée dans la constitution elle-même. *LC 1982* comporte un mode de révision complexe selon lequel le fédéral et les provinces doivent s'entendre sur tout changement à la division des pouvoirs. On peut dire, en ce sens, que le fédéralisme constitue un contrat entre deux niveaux de gouvernement. Aucun des deux ne peut en modifier unilatéralement les termes.

## 4.2 Pourquoi une union fédérale ?

Afin de comprendre pourquoi les Pères de la Confédération ont opté pour une union fédérale, il nous faut revenir à la situation politique de cette époque. L'Amérique du Nord britannique était alors composée de six colonies : la Colombie-Britannique, le Nouveau-Brunswick, la Nouvelle-Écosse, l'Île-du-Prince-Édouard, Terre-Neuve et la Province du Canada (aujourd'hui l'Ontario et le Québec). Elle comprenait aussi un vaste territoire concédé par charte royale à la Compagnie de la Baie d'Hudson. Un gouvernement colonial dirigeait chacune des colonies. Celui de la Province du Canada avait abouti à un fiasco et les divisions entre francophones et anglophones l'avaient complètement paralysé. Les politiciens de cette région cherchaient, quasi désespérément, à le réformer.

La solution la plus logique eût consisté à regrouper toutes les colonies sous un seul gouvernement. Les avantages en eussent été nombreux. Premièrement, le nouveau gouvernement sortirait de l'impasse linguistique en faisant pencher la balance, par le seul jeu démographique, du côté des colons de langue anglaise. Deuxièmement, ce gouvernement du Dominion pourrait coordonner le développement des réseaux ferroviaires, des canaux et des routes. Troisièmement, il protégerait plus efficacement les petites colonies qui redoutaient l'expansion de l'impérialisme américain dans les régions non encore colonisées. Quatrièmement, il allégerait le fardeau financier de la Grande-Bretagne en fournissant des troupes et des administrateurs coloniaux ; les Britanniques estimaient que le temps était venu, pour le Canada, d'assumer ses responsabilités. Finalement, il faciliterait l'expansion vers l'ouest de l'Amérique du Nord. Il était entendu, d'entrée de jeu, que la Colombie-Britannique serait admise dans la confédération. Cette jonction avec la colonie de l'extrême ouest rendrait impossible l'expansion américaine vers le nord.

Les partisans de l'union faisaient face à des obstacles politiques considérables. Les anglophones du centre du Canada préconisaient avec enthousiasme l'« union législative » (système unitaire) plutôt que l'union fédérale. Mais cette solution n'était guère réaliste. Les francophones du Bas-Canada n'auraient jamais accepté un système unitaire dans lequel ils auraient été minoritaires. Il leur fallait leur propre gouvernement provincial, responsable de toute question relative à leur survie. Quant aux colonies des Maritimes, elles n'étaient guère mieux disposées à accepter une union législative. Elles étaient les colonies les plus anciennes, dotées de gouvernements établis depuis longtemps. Devenir une minorité dans un vaste Dominion contrôlé par le centre du Canada ne leur convenait pas. Le Canada se trouva ainsi, dès l'origine, confronté à deux profondes divisions politiques : l'une linguistique, entre Français et Anglais, l'autre géographique, entre le centre et la périphérie.

La création d'une union fédérale résolvait donc, de toute évidence, ce double problème. Les Canadiens, pourtant, y étaient réticents pour de nombreuses raisons. Premièrement, on estimait que le fédéralisme américain avait abouti à un fiasco. Les États-Unis sortaient à peine d'une des pires guerres civiles de l'histoire. Le conflit avait été engagé afin de préserver l'unité du pays et d'y abolir l'esclavage. Mais les États du Sud avaient soutenu que chaque État avait le droit de décider seul d'être esclavagiste ou de ne pas l'être. Fédéralisme et doctrine du « droit des États » étaient ainsi associés à guerre et esclavage. De plus, on prétendait souvent que le fédéralisme était intrinsèquement créateur de désunion et que la faiblesse du gouvernement de Washington avait été une des principales causes de la guerre. Cela étant, on comprend pourquoi les Canadiens se montraient moins qu'enthousiastes à l'idée de créer une fédération.

On estimait aussi qu'en instituant deux niveaux de gouvernement, le fédéralisme serait plus coûteux qu'un gouvernement unitaire. Les colonies avaient à peine les moyens d'entretenir un gouvernement ; comment pourraient-elles en avoir deux ? En outre, ajoutait-on, le fédéralisme instaurerait un régime plus faible. Qui parlerait au nom des Canadiens ? Sous un système unitaire, la population s'exprimerait d'une seule voix. Mais sous un régime fédéral, chaque Canadien serait à la fois citoyen d'un pays et d'une province ; il était facile de prévoir que leur loyauté se partagerait entre l'un et l'autre. Les Pères de la Confédération devaient donc inventer une forme de fédéralisme qui, tout à la fois, minimiserait les présumées carences d'une union fédérale et satisferait les adversaires d'un système unitaire.

### 4.3 La configuration originelle de l'union fédérale

Pour les Pères de la Confédération, les accords arrêtés en 1864, lors de la conférence de Québec, constituaient une solution viable à leurs problèmes. Il s'était alors agi de créer un système fédéral dans lequel le gouvernement national détiendrait les pouvoirs les plus importants. Un bref examen des principaux articles de *LC 1867* fait immédiatement ressortir ce phénomène.

On s'attachera d'abord aux articles qui traitent de la séparation des pouvoirs entre les deux niveaux de gouvernement. Selon sir John A. Macdonald, les Pères de la Confédération avaient accordé au Parlement fédéral « tous les principaux domaines de législation ». Il avait parfaitement raison, comme en témoignent les **articles 91** et **92** qui abordent les compétences législatives respectives d'Ottawa et des provinces.

L'article 91.2 accorde au parlement fédéral la compétence exclusive en matière de « réglementation du trafic et du commerce ». Contrairement à la constitution américaine, qui limite Washington à la réglementation du commerce international et du commerce entre les États (de même qu'avec les « Indiens »), cet article accorde au fédéral une compétence absolue en matière de commerce. On entendait ainsi asseoir sur une base constitutionnelle la maîtrise d'Ottawa sur l'économie. L'article 92.27 accorde à Ottawa « l'autorité législative » exclusive en matière de droit criminel, compétence réservée aux États dans la constitution américaine. En vertu de l'article 91.3, qui lui reconnaît toute compétence en matière de taxation, le fédéral devient le grand financier de la Confédération. Finalement, l'article 91 semble attribuer à Ottawa les compétences non attribuées (pouvoir résiduaire) ; tout ce qui n'est pas « exclusivement assigné » aux provinces relève du pouvoir fédéral de faire des lois pour « la paix, l'ordre et le bon gouvernement du Canada ».

Par comparaison, les pouvoirs des gouvernements provinciaux sont mineurs. Leurs assemblées législatives auront compétence sur « généralement toutes les matières d'une nature purement locale ou privée dans la province » (art. 92.16). On y inclut, entre autres, « les hôpitaux et hospices de charité » (92.7), les travaux de nature locale

(92.10), la propriété et les droits civils (92.13), ainsi que les institutions municipales (92.8). Phénomène significatif, les sources de revenus ne sont qu'au nombre de deux, et fort modestes : la « taxation directe » (92.2), qui n'était guère importante en 1867, et « les licences (*sic*) de boutiques, de cabarets, d'auberges, d'encanteurs (*sic*) et autres licences » (92.9).

La prééminence du gouvernement fédéral se traduit aussi dans d'autres articles. L'article 58, par exemple, stipule qu'« il y aura, pour chaque province, un officier appelé lieutenant-gouverneur, lequel sera nommé par le gouverneur général en conseil par instrument sous le grand sceau du Canada ». On accorde au lieutenant-gouverneur le **droit de report** de la sanction royale d'une loi provinciale (droit de réserve), de manière à en permettre l'examen par le gouvernement fédéral. De plus, en vertu de l'article 56, Ottawa possède un **droit de désaveu** qui lui permet de rendre nulle et non avenue une loi provinciale dont il désapprouve la teneur. Ces deux droits ont pour effet de subordonner, en un sens, les gouvernements provinciaux au gouvernement fédéral. Or comme le fédéralisme repose sur le principe d'une souveraineté égale des deux niveaux de gouvernement, on a pu dire de *LC 1867* qu'elle ne créait pas un système fédéral mais un système **quasi fédéral** dominé par le gouvernement central.

### 4.4 L'évolution du fédéralisme au Canada

Bien que les Pères de la Confédération aient voulu créer une union fédérale hautement **centralisée** et dominée par le gouvernement fédéral, le Canada est aujourd'hui une des fédérations les plus **décentralisées** du monde. Ce paradoxe s'explique par le fait que les systèmes fédéraux, tout comme leurs constitutions, ne sont pas des entités immuables ; ils évoluent au fil du temps, en fonction de divers facteurs.

Nous avons vu, au chapitre 2.5, que la signification des constitutions est souvent donnée par les tribunaux, c'est-à-dire se détermine en fonction de la révision judiciaire. Il peut arriver que certaines dispositions qui semblent instaurer une forme de fédéralisme hautement centralisé soient interprétées comme décentralisatrices, ce qui altère la nature du système fédéral. En outre, il arrive que des compétences constitutionnelles qui semblaient mineures au XIXe siècle deviennent extrêmement importantes au XXe siècle. Ainsi, parce que la médecine était encore relativement primitive en 1867, les Pères de la Confédération n'ont pas estimé importante la compétence constitutionnelle sur les hôpitaux (et, par extension, sur la santé). Aujourd'hui, les soins de santé représentent un des plus importants postes de dépense des gouvernements. Il s'ensuit que les gouvernements provinciaux, de qui relève ce domaine de compétence, sont plus importants qu'ils ne l'étaient en 1867. Il en va ainsi des pouvoirs de taxation. *LC 1867* limite les provinces à la « taxation directe ». Avant l'invention de l'impôt sur le revenu (des particuliers et des entreprises), la taxation directe n'était pas très lucrative. Aujourd'hui, elle ferait pâlir d'envie les premiers ministres provinciaux de 1867.

Le poids relatif des deux niveaux de gouvernements est peut-être fonction, avant tout, des préférences de la population. Certains facteurs de décentralisation amènent parfois le public à souhaiter un renforcement de la présence des provinces : développement économique régional, forte allégeance régionale due à l'absence d'une forte identité canadienne, revendications des nationalistes québécois en faveur d'un puissant *État du Québec*. Par contre, d'autres facteurs peuvent amener le public à préférer un gouvernement central fort : nécessité de normes nationales en matière de soins de santé et de droits de l'Homme, désir de protéger notre économie et notre culture de la domination américaine. Le poids relatif de ces facteurs déterminera, à un moment ou l'autre de l'histoire, la préférence du public pour la centralisation, la décentralisation ou le *statu quo*.

Au Canada, l'interaction de ces divers éléments a donné naissance à des systèmes fédéraux fort différents les uns des autres. On peut, sans simplifier indûment, diviser en quatre périodes l'évolution du fédéralisme canadien.

### *a) Le quasi-fédéralisme (1867-1896)*

L'époque de Macdonald et de la domination du parti conservateur fut marquée par une nette suprématie du gouvernement fédéral. Les relations entre le fédéral et les provinces étaient analogues à celles qu'entretenaient le Royaume-Uni et le Canada. De nombreuses lois provinciales furent reportées ou désavouées ; la plupart des mesures importantes furent l'œuvre d'Ottawa et non des provinces.

*b) Le fédéralisme classique (1896-1914)*

Avec l'élection de Laurier et l'émergence du parti libéral sur la scène nationale, le rapport de forces changea nettement ; Ottawa et les provinces instaurèrent des relations plus égalitaires. D'une part, le parti libéral s'était fait le champion des droits provinciaux en Ontario ; d'autre part, un premier ministre de langue française était plus attentif aux droits du Québec. Durant ces années, les tribunaux rendirent de nombreuses décisions constitutionnelles importantes qui contribuèrent toutes à l'érosion des pouvoirs fédéraux (notamment la disposition relative à « la paix, l'ordre et le bon gouvernement », et l'article 91.2 relatif au commerce) et étendirent la portée des compétences provinciales (dont l'article 92.13 relatif à la propriété et aux droits civils). Dans la cause *Maritime Bank* (1892), notamment, la Cour suprême repoussa la notion selon laquelle les gouvernements provinciaux sont subordonnés au gouvernement fédéral. La constitution, déclara-t-elle, devait dorénavant être interprétée à la lumière des principes du fédéralisme classique, selon lesquels chaque niveau de gouvernement est souverain dans les domaines de compétence exclusive qui lui ont été accordés.

*c) Le fédéralisme d'urgence (1914-1960)*

Le pouvoir fédéral reprit nettement l'ascendant au cours de ces années marquées par deux guerres mondiales et une crise économique internationale. Les guerres appelaient à un leadership incontesté qui ne pouvait être assumé que par un gouvernement national. Quant à la Crise des années 1930, qui toucha toutes les démocraties occidentales, elle fut aussi un facteur de centralisation, dans la mesure où s'imposa l'idée de la responsabilité des gouvernements quant à l'aide sociale. Or la plupart des gouvernements provinciaux étant pratiquement en faillite, Ottawa était seul capable d'assumer les coûts associés à une telle responsabilité.

*d) Le fédéralisme « coopératif » (depuis 1960)*

Durant les années d'après-guerre, les démocraties occidentales ont connu une croissance économique ininterrompue. Les gouvernements provinciaux sont aujourd'hui mieux en mesure de percevoir des revenus et d'exercer le pouvoir dans leurs domaines de compétence. De plus, comme les attentes du public n'ont cessé de croître et que les populations exigent des services de plus en plus nombreux, ces domaines de compétence provinciale ont crû en importance. Les deux niveaux de gouvernement offrent désormais des services dans des domaines qui ne sont pas les leurs, de sorte que le fédéralisme devient de plus en plus un système de « coopération » fédérale-provinciale ; négociation permanente et coordination sont à l'ordre du jour.

On assiste, depuis une trentaine d'années, à des rencontres régulières des premiers ministres ou des ministres qui ont des responsabilités communes. C'est ainsi que la rencontre annuelle des ministres de la santé est devenue une quasi-habitude. Devant la prolifération de telles réunions de responsables exécutifs des deux niveaux de gouvernement, on a pu qualifier notre époque de l'ère du **fédéralisme exécutif**.

À l'époque du fédéralisme classique, les deux niveaux de gouvernement fonctionnaient, pour l'essentiel, indépendamment l'un de l'autre. Le fédéralisme coopératif, par contre, est caractérisé par une interpénétration des compétences de chacun.

### 4.5 Le fédéralisme fiscal

Comment faire en sorte que les gouvernements disposent des moyens financiers d'assumer les responsabilités que leur impose la constitution ? Tel est un des principaux problèmes associés à un système fédéral. Un tel système ne fonctionnera pas en l'absence d'un tel équilibre ; rien ne sert de confier à un gouvernement le soin de fournir des services si les moyens lui manquent pour y parvenir. Domaines de compétence et responsabilités ne sont alors que des mots.

Ce problème hante le fédéralisme canadien depuis ses origines. En un sens, notre système a été conçu de manière à subordonner les provinces à Ottawa. Mais au fil de leur croissance, les provinces se sont trouvées de moins en moins capables de se financer, ce qui a entraîné des tensions très fortes au sein du système fédéral. Afin de réduire ces tensions, les politiciens fédéraux et provinciaux ont tissé une sorte de réseau de relations financières habituellement qualifié de « fédéralisme fiscal ». Nous en distinguons trois modes : le pouvoir fiscal, le pouvoir fédéral de dépenser et la péréquation.

*a) Le pouvoir fiscal (la taxation)*

La loi constitutionnelle de 1867 (*LC 1867*) accordait au fédéral des sources de revenus beaucoup plus importantes qu'aux provinces et lui donnait le pouvoir de dépenser dans des domaines de compétence provinciale. Il était alors entendu que les provinces seraient les parents pauvres du fédéral et que celui-ci, disposant de moyens supérieurs, pourrait intervenir dans leurs domaines de compétence.

En ce qui concerne le pouvoir fiscal, le gouvernement fédéral peut prélever « des deniers par tous modes ou systèmes de taxation » (art. 91.3), cependant que les gouvernements provinciaux n'ont compétence que sur « la taxation directe dans les limites de la province » (art. 92.2). À cette époque, les revenus des gouvernements provenaient essentiellement de taxes indirectes, par opposition aux impôts directs. Un **impôt direct** est une taxe que le contribuable paie directement au gouvernement, par exemple l'impôt sur le revenu. Une **taxe indirecte** est une taxe qui n'est pas perçue directement du contribuable, par exemple les droits de douane ou la taxe d'accise. La taxe est payée par le commerçant qui l'inclut ensuite dans le prix de vente ; ainsi, l'acheteur la paie indirectement par l'intermédiaire du commerçant.

Les compétences en matière de taxation furent donc réparties de manière à favoriser largement le gouvernement fédéral. Jusqu'aux premières années du XX^e^ siècle, les gouvernements provinciaux étaient à la merci presque complète des subventions fédérales. Leurs responsabilités allant croissant, tous les gouvernements se mirent en quête de nouvelles sources de revenus. Le fédéral et les provinces créèrent un impôt sur le revenu. Les deux niveaux de gouvernement ont aussi recouru à la taxe de vente[1]. Il est important de noter que le fédéral a toujours occupé les champs de taxation avant les provinces et s'y est ainsi assuré, historiquement, une position dominante. Politiquement, il est toujours difficile à un gouvernement provincial de hausser l'impôt sur le revenu, alors que les contribuables estiment déjà trop lourd l'impôt fédéral. La taxation représente un des principaux contentieux entre le fédéral et les provinces. Leur occupation conjointe des principaux champs de taxation exige des négociations permanentes sur l'« espace fiscal » ou sur les « points d'impôt ».

*b) Le pouvoir fédéral de dépenser*

En vertu de la division fédérale des pouvoirs, les domaines de compétence sont assez précisément déterminés. Néanmoins, le fédéral occupe aujourd'hui plusieurs domaines de compétence provinciale. Cela tient, entre autres raisons, à ce qu'il a les moyens financiers d'aider les provinces dans des domaines comme l'éducation et la santé. Bien que la santé soit de compétence provinciale, rien n'empêche le fédéral d'instituer et de financer des programmes dans ce domaine. Le **pouvoir fédéral de dépenser** (le pouvoir d'Ottawa de dépenser ses revenus comme il l'entend) a été un facteur déterminant du fonctionnement du système.

En vertu de ce pouvoir, le gouvernement fédéral peut exercer un pouvoir politique énorme dans des domaines qui relèvent juridiquement des provinces. Il financera, par exemple, des programmes dans les domaines de la santé, de l'éducation ou des transports, mais

1. On estimait, en 1867, que la taxe de vente était une taxe indirecte et, par conséquent, ne relevait pas des provinces. En 1943, cependant, les tribunaux déclarèrent, dans la cause *Atlantic Smoke Shops* c. *Conlon*, qu'elle pouvait être une taxe directe, à la condition de considérer le commerçant comme un percepteur du gouvernement. Ce jugement rendit possible l'introduction des taxes de vente provinciales.

il y ajoutera des conditions quant à l'utilisation de ces fonds. Ainsi, sans imposer de contrôle direct dans des domaines de compétence provinciale, il parvient néanmoins à y jouer un rôle politique important. Le meilleur exemple en est le domaine de la santé. Le fédéral transfère aux provinces des milliards de dollars afin qu'elles puissent gérer leurs programmes provinciaux. En échange de cet argent, il exige d'elles le respect de certains principes (tel l'interdiction d'imposer des frais aux usagers). Constitutionnellement, rien n'interdit à une province d'imposer de tels frais, mais il serait difficile de renoncer ainsi à des millions de dollars.

Les dépenses fédérales de ce type étaient connues sous le nom de « **subventions conditionnelles** ». Réagissant à des pressions politiques venues des provinces, particulièrement du Québec, le gouvernement fédéral a peu à peu opté pour un mode de subventions dites **inconditionnelles**. Depuis 1977, l'essentiel des programmes fédéraux d'assistance aux provinces appartient à deux catégories : le Established Program Funding (EPF), qui comprend la santé et l'éducation postsecondaire, et le Canada Assistance Plan (CAP) qui assure l'aide sociale et les services sociaux. En 1991-1992, leur budget combiné s'élevait à quinze milliards de dollars. Ces sommes sont désormais transférées sous forme de subventions inconditionnelles. Les provinces en déterminent elles-mêmes l'utilisation, mais les programmes auxquels elles les consacrent doivent répondre aux normes nationales établies par le gouvernement fédéral.

*c) Paiements de péréquation*

Il revient aussi au gouvernement fédéral de verser des sommes aux provinces qui, en termes économiques, se situent en deçà de la moyenne nationale. Cette responsabilité est issue de la loi constitutionnelle de 1867, qui en a établi le précédent en exigeant du fédéral qu'il subventionne les provinces afin de les aider à assumer les dépenses de leur gouvernement. Au fil du temps, cette responsabilité est devenue une obligation de faire en sorte que les conditions sociales et économiques soient à peu près les mêmes partout au pays et que les disparités régionales ne s'accroissent pas exagérément.

Le fédéral a d'abord tenté d'amoindrir les disparités régionales par des programmes à frais partagés et des subventions. Mais aujourd'hui, il recourt surtout à des **paiements de péréquation** inconditionnels. Créé durant les années 1950, ce mode de financement a été constitutionnalisé dans l'article 36 de la loi constitutionnelle de 1982 (*LC 1982*). Les paiements de péréquation sont un mode de redistribution de l'argent des régions les plus riches aux régions les plus pauvres, afin que tous les citoyens canadiens soient également traités en termes de taxation et de services gouvernementaux.

### 4.6 Le fédéralisme aujourd'hui : les controverses actuelles

Il fut un temps, au Canada, où tout problème politique se résumait à une question : « S'agit-il d'un domaine de compétence provinciale ou fédérale ? » Depuis l'adoption de la *Charte des droits*, la question centrale est devenue : « Y a-t-il violation de la Charte ? » Pourtant, les questions relatives au fédéralisme sont toujours au cœur de notre vie politique. Une brève évocation des problèmes des années 1990 nous permettra de constater qu'elles demeurent encore fondamentales.

Au cours du dernier quart de siècle, aucune question ne nous aura sollicités avec autant d'insistance que celle de la place du Québec dans la confédération. Depuis le début des années 1960, le Canada s'est engagé dans une recherche, apparemment interminable, de solution constitutionnelle à ce problème. La question du Québec a toujours été, au fond, une querelle entre le gouvernement québécois et le gouvernement fédéral à propos des domaines de compétence. À tort ou à raison, la majorité des Québécois estiment que la division des pouvoirs n'accorde pas au gouvernement du Québec un contrôle suffisant sur les domaines essentiels à la survie et au développement de leur « peuple ». Depuis trente ans, cette querelle a été au centre de six conférences constitutionnelles majeures, d'un référendum sur la souveraineté en 1980, de la loi constitutionnelle de 1982, de l'Accord du lac Meech, du référendum sur l'Accord de Charlottetown et d'un second référendum sur la souveraineté en 1995. À toutes ces péripéties, un seul fil conducteur : le Québec peut-il acquérir les pouvoirs qu'il juge nécessaires en demeurant au sein d'une union fédérale ou ne peut-il y arriver qu'en devenant un État souverain ? Souveraineté ou « fédéralisme renouvelé », telle est la question qui se pose aux Canadiens.

Le mécontentement de l'Ouest constitue un second problème, à peine moins pressant que le premier. Le gouvernement fédéral utilise depuis longtemps son « pouvoir de dépenser » pour réduire les disparités régionales et pour influencer les politiques publiques dans des domaines de compétence provinciale. Mais pour l'Alberta et la Colombie-Britannique, de telles intrusions dans des domaines exclusivement réservés aux provinces (et le transfert concomitant des revenus de l'Ouest à l'Est) sont devenues politiquement intolérables. Ces deux provinces sont maintenant animées d'un puissant sentiment de mécontentement et leur amertume à l'endroit du fédéralisme est à peine moins grande que celle du Québec. Ils expriment leurs griefs contre le « Canada central » en exigeant le retrait d'Ottawa des domaines de compétence provinciale et une forte décentralisation du fédéralisme. En d'autres termes, leur vision du fédéralisme n'est guère différente, à certains égards, de celle du Québec.

De nombreux Canadiens ont pourtant d'excellentes raisons de s'opposer obstinément à une plus grande décentralisation. On soutient souvent qu'une forte présence fédérale dans des domaines clés de compétence provinciale est essentielle au respect de normes nationales dans la prestation de services de santé, d'éducation et d'aide sociale. Si Ottawa se retirait de ces domaines, cédant ainsi aux exigences des politiciens régionalistes de l'Alberta, de la Colombie-Britannique et du Québec, la qualité des services ne deviendrait-elle pas fort inégale d'une province à l'autre ? Les citoyens des provinces riches auraient droit à des services de première qualité, tandis que ceux des provinces pauvres devraient se contenter de beaucoup moins. Le Canada, soutiennent les opposants à la décentralisation, serait moins un pays qu'une sorte de courtepointe…

Ces opposants remportèrent leur bataille contre Meech et Charlottetown, deux accords qui auraient imposé des restrictions aux interventions fédérales dans des domaines de compétence provinciale et, quant à Charlottetown, aurait obligé Ottawa à se retirer complètement de certains domaines provinciaux moins importants. Curieusement, cependant, le fédéralisme est plus décentralisé, en 1996, que ne l'auraient permis l'un ou l'autre de ces accords. Cette transformation tient, d'une part, à la quasi-victoire des séparatistes lors du référendum de 1995 sur la souveraineté. Ce désastre évité de justesse a amené nos politiciens nationaux à accorder plus d'importance aux exigences du Québec en matière de décentralisation. Le second facteur de changement (et peut-être le plus important) aura été l'ampleur de la dette et du déficit fédéraux. Le fédéral estime maintenant ne plus avoir les moyens d'intervenir aussi massivement que jadis. Les subventions à la santé, à l'éducation et à l'aide sociale ont été considérablement réduites et il est probable que ces réductions mèneront à un déclin de l'influence fédérale sur les politiques et sur les normes provinciales. La décentralisation semble maintenant inévitable.

Cette nouvelle tendance à la décentralisation suffira-t-elle à satisfaire aux exigences des politiciens et des électeurs du Québec, de l'Alberta et de la Colombie-Britannique ? Ou sera-t-elle à ce point forte qu'elle réduise en lambeaux le tissu de la nation canadienne ? Ces questions nous disent à quel point l'avenir du Canada est largement lié à l'évolution de notre système fédéral. Lorsque nous nous penchons sur le fonctionnement de ce système et sur les manières de le réformer, lorsque nous nous demandons si les Canadiens s'entendront un jour sur les réformes requises, la question fondamentale du fédéralisme se définit clairement : dans quelle mesure les Canadiens croient-ils que devrait exister un gouvernement national puissant, qui dirigerait à partir du centre et serait élu par une majorité nationale ; dans quelle mesure croient-ils que le Canada devrait devenir une confédération de dix provinces largement indépendantes, dont le gouvernement fédéral ne serait que le coordonnateur et non le leader ? Le fédéralisme est un système de double allégeance : chacun de nous est citoyen d'une province et d'un pays, l'une et l'autre dirigés par son propre gouvernement. Il appartient aux Canadiens de déterminer lequel de ces gouvernements est le plus important, et pourquoi.

## MOTS CLÉS

Fédéral et unitaire
Articles 91 et 92
Report
Désaveu
Centralisé
Décentralisé
Impôt direct
Subvention conditionnelle
Quasi fédéral
Fédéralisme classique
Fédéralisme d'urgence
Fédéralisme coopératif
Pouvoir fédéral de dépenser
Paiements de péréquation
Taxe indirecte
Subvention inconditionnelle
Fédéralisme exécutif

# CHAPITRE 5

# LA CHARTE CANADIENNE DES DROITS ET LIBERTÉS



## 5.1 Qu'est-ce qu'une charte des droits ?

En adoptant la loi constitutionnelle de 1982, le Canada s'est doté d'une charte des droits. Cette adoption a profondément transformé notre régime. Mais avant d'en analyser l'impact, une question s'impose : qu'est-ce qu'une charte des droits ?

Revenons d'abord aux principes du régime canadien évoqués au chapitre 1. Puisque nous sommes une démocratie, notre gouvernement est dirigé en vertu de la règle de la majorité. Mais puisque nous sommes une démocratie *libérale*, notre régime est aussi attaché à la protection des droits. Or les démocraties libérales doivent toutes composer avec un problème fondamental : la règle de la majorité ne coïncide pas toujours avec la protection des droits. Les représentants du peuple peuvent adopter, à la majorité, des lois qui violent les droits d'une minorité de la population. C'est ainsi que, la très grande majorité des Canadiens et de leurs députés étant officiellement d'allégeance chrétienne, le Parlement pourrait adopter une loi interdisant de commercer le dimanche. Les non-chrétiens pourraient alors y voir une volonté de les obliger à se plier à des règles chrétiennes, ce qui violerait leur droit à la liberté religieuse.

Une charte des droits vise à empêcher une majorité démocratique d'utiliser son pouvoir politique pour violer des droits, spécialement ceux des minorités[1]. Elle y parvient en inscrivant ces lois dans la constitution (en les constitutionnalisant). Or nous avons vu, au chapitre 2, que *LC 1867* et *LC 1982* sont la loi suprême du régime. Il s'ensuit que toute loi qui va à l'encontre de la constitution est nulle et sans effet. Étant constitutionnalisée, une charte des droits mettra donc les droits hors de portée de la majorité et de ses représentants élus.

L'institution qui impose la conformité à la constitution est le judiciaire. De même que les tribunaux disent de tel ou tel domaine qu'il est de compétence fédérale ou provinciale, de même leur revient-il de dire d'une loi qu'elle viole ou ne viole pas la constitution. L'article 24 (1) de *LC 1982* est clair :

> Toute personne, victime de violation ou de négation des droits et libertés qui lui sont garantis par la présente charte peut s'adresser à un tribunal compétent pour obtenir la réparation que le tribunal estime convenable et juste eu égard aux circonstances.

Comment fonctionne ce mécanisme ? Un exemple nous éclairera. En 1984, dans la cause *Lawson Hunter* c. *Southam*, la Cour suprême rendit un de ses premiers arrêts en vertu de la Charte. La cause portait sur l'interprétation de la *Loi concernant les enquêtes sur les coalitions*

---

1. Il importe de ne pas confondre les chartes constitutionnelles des droits et les **codes des droits de la personne** (*human rights codes*) adoptés dans certaines provinces de tradition anglaise, telles l'Ontario, le Manitoba et le Nouveau-Brunswick. Ces codes relèvent du droit statutaire et protègent les droits *dans la sphère privée*. Ils empêcheraient ainsi un propriétaire de refuser de louer un appartement pour raison de race. De plus, ils ne peuvent contrevenir à aucune disposition de la *Charte canadienne des droits et libertés*, à laquelle ils sont soumis. De son côté, le Québec s'est donné en 1974 une *Charte des droits de la personne* qui touche à la fois aux domaines privé et public. Considérée, dans cette province, comme « semi-constitutionnelle », cette Charte a un *statut prééminent*, c'est-à-dire qu'elle a préséance sur toute loi québécoise et tout acte d'ordre privé. Tout comme les codes des autres provinces, elle est soumise à la *Charte canadienne des droits*, à laquelle elle ne peut déroger que si le gouvernement provincial invoque la **clause dérogatoire**.

(*Combines Investigation Act*). Les coalitions constituent une forme de monopole, pratique que réprouvent les gouvernements car elles mènent normalement à exploiter le consommateur. Cette loi établissait certaines règles relatives aux enquêtes menées par le ministère de la Justice sur les pratiques monopolistiques. Elle stipulait, entre autres, que le ministère pouvait perquisitionner en tout lieu (et y saisir tout matériel) soupçonné de contenir ou de fournir des éléments de preuve pertinents à l'enquête. Seule limite à ce pouvoir, les agents enquêteurs devaient préalablement obtenir une autorisation d'un membre du Bureau des enquêtes sur les pratiques restrictives.

Au début des années 1980, la division des enquêtes (sur les coalitions) du ministère de la Justice s'intéressait aux activités des chaînes de journaux Southam et Thomson, car on les soupçonnait d'avoir secrètement conclu une entente selon laquelle l'une des chaînes monopoliserait le marché de Winnipeg et l'autre celui d'Ottawa. Dans le cadre de cette enquête, un officier de la division des enquêtes, Lawson Hunter, envoya quatre de ses agents mener une perquisition aux bureaux du *Edmonton Journal*, quotidien de la chaîne Southam, et y saisir certains documents. Conformément à la loi, les agents obtinrent d'abord une autorisation de Frank Roseman, officier du Bureau d'enquête sur les pratiques restrictives.

Mécontente de cette intrusion, la chaîne Southam Press poursuivit le ministère de la Justice. Or la perquisition n'avait été entachée d'aucune illégalité ; les agents avaient agi conformément à la loi. Southam ne contestait pas ce fait, mais prétendait que la loi elle-même était inconstitutionnelle. En vertu de l'article 8 de la Charte, « (c)hacun a droit à la protection contre les fouilles, les perquisitions ou les saisies abusives ». Selon Southam, les dispositions de la *Loi concernant les enquêtes sur les coalitions* qui avaient autorisé légalement cette perquisition et cette saisie étaient « abusives ». Si Southam avait raison, cette loi violait la constitution — la loi suprême — et demeurait sans effet. La perquisition était donc illégale et les objets saisis devaient être rendus.

Southam avait-elle raison ? En accueillant cette cause, la Cour suprême devait évidemment décider de l'interprétation des mots « abusif » et « non abusif » appliqués à des lois concernant les perquisitions et les saisies. Elle établit d'abord que l'article 8 avait pour but d'établir un équilibre raisonnable entre le devoir du gouvernement de mener perquisitions et saisies dans le cadre de poursuites criminelles et le droit du public à la vie privée. Afin de maintenir un tel équilibre, poursuivit la Cour, toute loi instaurant des procédures relatives aux perquisitions et aux saisies doit être telle que ces procédures répondent à trois conditions : les enquêteurs doivent obtenir une autorisation préalable ; l'officiel qui leur accorde cette autorisation doit être impartial (c'est-à-dire qu'il ne doit pas appartenir à l'organisme qui conduit la perquisition) ; les probabilités de découvrir des preuves importantes doivent être fortes (en d'autres termes, interdit « d'aller à la pêche »). En vertu de ces critères, la Cour déclara la *Loi concernant les enquêtes sur les coalitions* en violation de l'article 8 de la Charte. La loi se conformait bien au premier critère : une autorisation préalable avait été requise et accordée. Mais celui qui l'avait accordée étant lui-même membre du ministère de la Justice, la loi ne satisfaisait pas au second critère : ce représentant n'était pas impartial. La Cour déclara donc la loi inconstitutionnelle. Le ministère de la Justice n'avait plus droit de garder en sa possession les documents saisis.

### 5.2 L'adoption de la Charte

D'aucuns prétendent que l'adoption de la Charte, en 1982, a signifié l'introduction et même la création d'un nouvel ensemble de droits. Cette proposition est inexacte. Quoiqu'il y paraisse, la Charte ne fut, grosso modo, qu'un mécanisme nouveau destiné à protéger des droits déjà bien établis dans la tradition politique canadienne.

La protection des droits ne dépend pas nécessairement de l'existence d'une charte, comme le démontre l'exemple de la Grande-Bretagne. Ce pays n'a jamais adopté de charte constitutionnalisée, mais certains droits et libertés de nature fondamentale y sont respectés tout autant que dans des pays nantis d'une charte. En certains cas, ces droits ont été codifiés dans des lois organiques, mais la plupart existent en tant que tradition (ou, parfois, de conventions constitutionnelles). Le Parlement britannique peut donc légalement légiférer en violation de ces droits, mais la possible réaction des électeurs et la présence d'une opposition officielle rendent extrêmement difficile la poursuite d'une telle démarche.

Dès sa création, le régime canadien avait adopté l'approche des Britanniques. On estimait que des droits tels la liberté de religion et la liberté de la presse faisaient partie de la tradition démocratique héritée de la Grande-Bretagne[2] et qu'il était possible, et même souhaitable, de faire confiance aux parlementaires quant à leur sauvegarde.

Dans l'ensemble, cette approche a relativement bien fonctionné. Comparé à d'autres pays, le Canada présente un excellent dossier quant aux droits de l'Homme. Mais ce dossier n'est pas sans taches. Les gouvernements provinciaux n'ont pas toujours été aussi soucieux des droits qu'ils auraient dû l'être. Durant les années 1930, le gouvernement Aberhart adopta, en Alberta, des lois qui violaient nettement le droit de parole. Durant les années 1950, le gouvernement Duplessis, au Québec, adopta plusieurs mesures qui violaient les droits de parole et de religion[3]. Dans toutes ces causes, la Cour suprême invalida les lois ainsi promulguées, mais elle en décida ainsi parce que ces lois étaient *ultra vires* : en vertu de la division des pouvoirs (des compétences), déclara-t-elle, le gouvernement fédéral était seul habilité à imposer des limites aux droits de parole et de

2. Certains juges de la Cour suprême ont flirté avec la thèse selon laquelle la phrase « une constitution reposant sur les mêmes principes que celle du Royaume-Uni » (préambule de LC 1867) accordait protection constitutionnelle à tous les droits qui font partie de la tradition constitutionnelle britannique. Voir, entre autres, *Switzman* c. *Elbling* (1957). Cette thèse n'a jamais été partagée par une majorité des juges de cette cour.

3. En Alberta, le gouvernement Aberhart adopta une loi forçant les journaux de la province à publier la réponse du gouvernement à tout article qui le critiquait. Au Québec, le gouvernement Duplessis adopta des lois conçues pour réprimer les idées communistes et restreindre les activités des Témoins de Jéhovah.

religion. On peut se demander, pourtant, si le gouvernement fédéral méritait autant de confiance en cette matière. Au cours de la Seconde Guerre mondiale, Ottawa emprisonna des Canadiens d'origine japonaise, alléguant que leur origine pourrait en faire des menaces à la sécurité nationale. Cette mesure avait reçu l'appui des Canadiens, mais on dut plus tard reconnaître qu'elle constituait une nette violation du droit à la liberté et du droit de ne pas être détenu ou emprisonné arbitrairement. Quant aux droits des peuples autochtones, les deux niveaux de gouvernement présentent des dossiers plutôt médiocres.

Vers la fin des années 1950, de nombreux Canadiens se montraient insatisfaits de notre approche traditionnelle (à la protection des droits). À la même époque, la Cour suprême des États-Unis entreprenait de recourir à la Déclaration américaine des droits pour adopter des mesures audacieuses dans le domaine de l'égalité raciale, déclarant inconstitutionnelles de nombreuses lois discriminatoires. Au Canada, les défenseurs des droits commencèrent à préconiser l'abandon du système britannique et l'adoption d'une charte constitutionnalisée, analogue à celle des États-Unis. Notre système fédéral se prêtait fort bien à une telle mesure : nos interminables querelles à propos de la division des pouvoirs avaient familiarisé les Canadiens avec le fait que les tribunaux pouvaient dicter leur conduite au Parlement et aux assemblées législatives.

En 1960, le gouvernement Diefenbaker s'attaqua au problème en adoptant la **Déclaration canadienne des droits**. Ce document reconnaissait et affirmait l'existence d'un certain nombre de « droits de l'homme et de libertés fondamentales », dont les libertés de religion, de parole, de réunion et d'association, ainsi que le droit de jouissance de la propriété et divers droits d'ordre juridique, tel celui de faire appel à un avocat lors d'une arrestation. Mais ce texte était entaché d'un vice fondamental : il n'était qu'une loi organique, ce qui soulevait deux problèmes. Premièrement, il ne s'appliquait pas aux gouvernements et aux assemblées législatives des provinces puisqu'il était une loi *fédérale*. Deuxièmement, on n'arrivait même pas à déterminer s'il pouvait être invoqué pour invalider une loi fédérale. Les tribunaux, en effet, ne peuvent invalider une loi qu'en appliquant ou en invoquant une loi supérieure. Comme la *Déclaration* n'était qu'une loi parmi d'autres, aucune raison n'existait de lui accorder préséance. Les tribunaux se trouvaient donc devant un dilemme constitutionnel qu'ils ne parvinrent jamais à résoudre. Dans la cause *La Reine* c. *Drybones*, la Cour suprême décida, sur décision partagée, d'invalider au nom de la *Déclaration* un règlement fédéral discriminatoire à l'égard des autochtones. Mais dans les autres causes, elle trouva toujours motif de confirmer la validité des lois fédérales.

Durant les années 1970, les défenseurs des droits de l'Homme préconisèrent l'adoption d'une charte constitutionnalisée qui, par conséquent, s'appliquerait à tous les niveaux de gouvernement et serait juridiquement supérieure à toute autre loi. Pierre Trudeau, alors premier ministre, fut d'autant plus sensible à cette idée qu'il y voyait un instrument efficace pour constitutionnaliser le bilinguisme. Il insista pour que l'Accord constitutionnel de Victoria, en 1971, comprenne une charte qui constitutionnaliserait, outre certaines libertés civiles, les droits des langues française et anglaise.

L'accord de Victoria ne fut jamais adopté, mais la suite des événements était inscrite dans les faits. En moins d'une décennie, Trudeau parvint à provoquer l'adoption d'un document de beaucoup plus grande portée, la *Charte canadienne des droits et libertés*. Elle se décompose en trois éléments. Premièrement, elle constitutionnalise la plupart des droits fondamentaux inscrits dans la *Déclaration canadienne des droits*[4]. Elle garantit des libertés fondamentales telles la liberté de parole et de religion (art. 2), des droits démocratiques fondamentaux, y compris le droit de vote (art. 3 à 5), des droits légaux tels celui de ne pas être soumis à des peines cruelles ou inusitées (art. 7 à 14) et celui de ne pas être traité par la loi de façon discriminatoire (art. 15). Deuxièmement, elle constitutionnalise certains droits linguistiques découlant de la conception, propre à Trudeau, d'un Canada bilingue (art. 16 à 23). Outre ces deux éléments, la *Charte* contient diverses dispositions qui n'existaient pas dans la *Déclaration*. L'article 6 crée un régime de « droits de mobilité », y compris celui de « demeurer au

4. À l'exception du « droit à la jouissance de la propriété », protégé en vertu de l'article 1 de la Déclaration, mais absent de la Charte.

Canada, d'y entrer ou d'en sortir » et de « gagner sa vie dans toute province ». L'article 27 assure une reconnaissance explicite à « l'héritage multiculturel » des Canadiens. Les articles 1 et 33 (que nous analysons plus loin) établissent des principes et des mécanismes qui limitent l'application des droits énoncés dans la Charte.

### 5.3 L'opposition à la Charte

Dès son adoption, la Charte provoqua l'enthousiasme des Canadiens. Plusieurs y virent même l'expression la plus claire et la plus complète des fondements moraux du régime. Mais elle n'en fait pas moins l'objet, depuis lors, d'une forte opposition. Au cours des négociations qui devaient mener à *LC 1982*, le premier ministre du Manitoba, Sterling Lyon, soutint que la notion d'une charte des droits constitutionnalisée constituait un abandon inacceptable du principe de la souveraineté parlementaire. Dans un régime parlementaire, disait-il, les représentants démocratiquement élus de la population doivent être les seuls responsables de l'adoption des politiques publiques. Si la *Charte* était adoptée, le judiciaire pourrait invalider des lois provinciales et fédérales, de sorte que la souveraineté des élus disparaîtrait. Ces critiques n'empêchèrent pas l'adoption de la *Charte*, mais elles ont été reprises par de nombreux constitutionnalistes et l'opposition demeure vive dans certains milieux universitaires.

Le concept de démocratie est au cœur de ce débat. Selon ses critiques, la *Charte* a transféré au (pouvoir) judiciaire (particulièrement à la Cour suprême) une part importante du pouvoir politique. Ce transfert est jugé profondément antidémocratique, car il permet à une institution non élue et non responsable devant la population, c'est-à-dire le judiciaire, d'imposer ses propres politiques dans de multiples domaines, y compris dans des domaines tels l'avortement, l'ouverture des commerces le dimanche ou les demandes d'asile politique.

Les défenseurs de la Charte en admettent volontiers certains effets non démocratiques. Mais, ajoutent-ils, telle est précisément la raison d'être d'un tel document. Le Canada n'est pas qu'une démocratie ; il est une démocratie *libérale*. Le principe de la règle de la majorité doit toujours être contrebalancé par le respect des droits de la minorité. L'épisode des Canadiens d'origine japonaise emprisonnés durant la guerre constitue un exemple éloquent d'une violation démocratique des droits. Il est donc nécessaire de confier au judiciaire le soin de corriger, si besoin est, les excès de la majorité démocratique.

À prime abord, la réplique est impressionnante. Mais, rétorquent les critiques, elle l'est beaucoup moins lorsqu'on examine l'usage qu'ont fait les tribunaux de la *Charte*. Les causes ne portent que rarement, sinon jamais, sur des violations comparables à celles que subirent les citoyens d'ascendance japonaise[5]. La cause typique porte plutôt sur ce que Peter Russell appelle la « périphérie » des droits garantis par la *Charte*, c'est-à-dire cette zone grise où la signification des droits est douteuse et où l'on peut raisonnablement différer d'opinion sur ce qui constitue ou ne constitue pas une violation[6]. Ainsi, les Canadiens conviennent volontiers du fait que le droit « à la protection contre tous traitements ou peines cruels et inusités » (art. 12) découle du principe selon lequel la peine doit être proportionnée au crime. Il serait donc raisonnable, en vertu de cet article, d'invalider une loi qui imposerait une peine minimum de dix ans de prison à un piéton convaincu d'avoir traversé une intersection en diagonale. Mais une loi qui imposerait la peine de mort aux tueurs en série serait-elle inconstitutionnelle ? Sur une telle question, les Canadiens seraient loin d'être unanimes et il n'est pas évident qu'il faille laisser la réponse à neuf juges de la Cour suprême. Leur formation de juristes ne leur confère aucune compétence particulière leur permettant de décider de questions politico-morales telles que la peine de mort. Pourquoi, par conséquent, une infime minorité aurait-elle le droit d'imposer à la majorité ses opinions morales ou politiques ? En présence de cas semblables (qui forment la majorité des causes

5. Même en de tels cas, on doute de l'efficacité de la Charte. Ses critiques rappellent souvent que l'existence d'une Déclaration des droits n'a pas empêché le gouvernement américain de prendre les mêmes mesures, durant la guerre, à l'encontre de ses citoyens d'origine japonaise.

6. Peter Russell, « The Political Purposes of the Canadian Charter of Rights and Freedons », *The Canadian Bar Review*, vol. 61, 1983, p. 43-44.

entendues), Sterling Lyon n'avait-il pas raison d'affirmer que les questions politiques doivent rester l'apanage des représentants élus de la population ?

### 5.4 La clause dérogatoire

Si elles n'empêchèrent pas l'adoption de la *Charte*, les objections de Lyon ne furent pas sans effet. Plusieurs premiers ministres appuyèrent sa position et M. Trudeau ne put faire adopter son document qu'après avoir consenti à une importante concession : l'addition de l'article 33, dit « **clause dérogatoire** ».

En vertu de cet article, le Parlement ou une assemblée législative peuvent adopter une loi et la déclarer valide « nonobstant » (c.-à-d. malgré) les garanties énoncées dans les articles 2 et 7 à 15 de la *Charte*. Une telle déclaration soustrait la loi à toute révision judiciaire pour une durée de cinq ans et est renouvelable indéfiniment, de cinq ans en cinq ans. Le Parlement ou l'assemblée déroge ainsi, en toute légalité, aux dispositions de la *Charte*.

Le débat demeure vigoureux entre partisans et adversaires de cette disposition. Pour les premiers, qui partagent les réserves de Sterling Lyon, l'article 33 permet de combiner, avec souplesse, la révision judiciaire et la suprématie parlementaire : les juges peuvent invalider une loi, mais il est toujours possible au législateur d'avoir le dernier mot s'il estime que le tribunal a erré. Pour ses opposants, par contre, l'article 33 compromet sérieusement l'efficacité de la *Charte* et, par conséquent, réduit la protection des droits au Canada. Brian Mulroney a traduit cette opinion dans une formule lapidaire : à cause de l'article 33, a-t-il dit un jour, « la *Charte* ne vaut pas le papier sur lequel elle est écrite ».

Le propos est exagéré. L'histoire nous enseigne que la clause dérogatoire n'a que fort peu réduit l'efficacité de la *Charte*. On ne l'a invoquée qu'à trois reprises. En 1982, le gouvernement de René Lévesque l'appliqua à l'ensemble de la législation québécoise afin de marquer son opposition à *LC 1982*, loi que le Québec n'a pas encore avalisée. Plusieurs années plus tard, le gouvernement de la Saskatchewan se prévalut de l'article 33 à propos d'une loi du travail. En

1988, la Cour suprême ayant invalidé certains aspects de la loi 101, le gouvernement québécois en adopta une nouvelle version (la loi 178) qu'il protégea ensuite de toute révision judiciaire en invoquant l'article 33.

Les Québécois francophones approuvèrent avec enthousiasme ce recours à la clause dérogatoire, mais de nombreux Canadiens de langue anglaise se scandalisèrent de ce que le gouvernement du Québec puisse ainsi perpétrer ce que la Cour suprême avait déclaré être une violation des droits. Les Canadiens anglais, qui avaient accueilli avec une indifférence quasi totale la dérogation de la Saskatchewan, estimaient maintenant que l'article 33 constituait une sérieuse carence constitutionnelle. Il est devenu, par conséquent, extrêmement difficile de recourir à l'article 33, car les Canadiens (particulièrement de langue anglaise) n'interpréteraient pas cette dérogation comme une affirmation de la suprématie parlementaire, mais comme une violation de leurs droits fondamentaux. Un tel recours sera donc, pour le meilleur ou pour le pire, relativement peu utilisé à court ou moyen terme.

### 5.5 L'article 1

Les Canadiens qui tiennent à l'intégrité et au caractère sacré de la Charte n'ont guère à redouter les effets de l'article 33. Beaucoup plus inquiétant est l'article 1.

La *Charte canadienne des droits et libertés* garantit les droits et libertés qui y sont énoncés. Ils ne peuvent être restreints que par une règle de droit, dans des limites qui soient raisonnables et « dont la justification puisse se démontrer dans le cadre d'une société libre et démocratique ».

Cet article semble contradictoire. Il « garantit » d'abord les droits énoncés par la suite, mais ajoute que la jouissance de ces droits est sujette à toute limitation « dont la justification puisse se démontrer dans le cadre d'une société libre et démocratique ». Cette restriction a pour effet de permettre aux tribunaux d'autoriser des exceptions aux droits garantis par la *Charte* et l'expérience nous enseigne que les tribunaux ne s'en sont pas privés. On pourrait donc définir l'article 1 comme une gigantesque « échappatoire » constitutionnelle.

L'addition d'une telle échappatoire est *a priori* étonnante, mais les rédacteurs de la *Charte* avaient d'excellentes raisons de procéder ainsi. Il est généralement admis qu'aucun droit n'est absolu. Les droits s'opposent les uns aux autres et des décisions doivent être prises quant à leur ordre de préséance. En outre, il importe parfois de limiter l'exercice des droits au nom du bien commun ; cela est vrai de tous les régimes politiques. C'est ainsi que nous considérons légitime, dans une société démocratique, l'adoption d'une loi interdisant le libelle ou la diffamation. Nous ne voudrions pas d'une *Charte* qui permette d'invalider une telle loi au nom de la liberté de parole. Telle est la raison de l'article 1.

Lorsque les tribunaux ont à traiter d'une cause relative à la *Charte*, ils procèdent en deux étapes. Ils doivent d'abord répondre à une première question : la loi ainsi contestée viole-t-elle un des droits garantis par la *Charte* ? Si la réponse est oui, une seconde question s'impose : cette violation est-elle raisonnable au sens où l'entend l'article 1 ? Si la réponse est non, le tribunal déclare la loi inconstitutionnelle. S'il estime que oui, la loi est « sauvée » par cet article, même si elle viole un droit énoncé dans la *Charte*.

En 1986, dans la cause *R.* c. *Oakes*, la Cour suprême a institué une procédure décisionnelle systématique pour traiter de tels cas. Un bref rappel de cette cause permettra de mieux comprendre le sens et la portée de l'article 1.

David Edwin Oakes fut arrêté par des policiers qui le trouvèrent en possession de huit ampoules contenant chacune un gramme d'huile de haschich. En vertu de l'article 8 de la *Loi sur le contrôle des stupéfiants*, tout individu convaincu par un tribunal de possession de stupéfiants doit faire la preuve qu'il ne les possédait pas pour fins de trafic. Si Oakes ne pouvait pas prouver qu'il n'entendait pas faire commerce des substances trouvées en sa possession, il serait trouvé coupable non seulement de possession mais, infraction beaucoup plus grave, de trafic de stupéfiants.

Oakes s'opposa, alléguant qu'il ne lui revenait pas de démontrer son innocence, mais qu'il appartenait plutôt à la Couronne de prouver sa culpabilité. Selon lui, l'article 8 de la *Loi sur le contrôle des stupéfiants* était inconstitutionnel, car il violait l'article 11(d) de la

*Charte* qui lui garantissait « d'être présumé innocent tant qu'il n'est pas trouvé coupable ».

Le tribunal conclut sans peine que l'article 8 violait, en effet, l'article 11(d) de la *Charte*. Mais il lui fallut ensuite considérer la seconde question : ne pouvait-on « sauver » la *Loi sur le contrôle des stupéfiants* en la considérant, en vertu de l'article 1, comme constituant une restriction raisonnable à l'article 11(d) ?

Soucieuse de procéder de manière rationnelle, la Cour institua une procédure générale de réponse aux questions ainsi soulevées. Elle déclara qu'une loi qui viole un droit énoncé dans la *Charte* ne peut échapper à l'inconstitutionnalité que si elle satisfait à deux conditions.

La première concerne l'objectif ou l'intention de la loi. Pour qu'il soit permis de passer outre à un droit énoncé dans la Charte, la loi doit chercher à résoudre un problème « urgent et important ».

La seconde condition concerne la « proportionnalité », c'est-à-dire la pertinence des moyens utilisés pour y arriver. Afin de vérifier cette pertinence, la Cour allait employer trois critères. Premièrement, les moyens utilisés sont-ils rationnels et non arbitraires ? Deuxièmement, ces moyens réduisent-ils autant qu'il est possible les atteintes portées au droit ainsi brimé ? N'y aurait-il pas moyen d'arriver aux mêmes fins sans limiter les droits garantis par la *Charte* ? Troisièmement, le résultat bénéfique ainsi obtenu compense-t-il les effets négatifs (nuisibles) subis par les individus ou les groupes dont les droits ont été écartés ?

Ce cadre de référence établi, la Cour pouvait analyser la thèse de Oakes de manière rationnelle et systématique. L'article 8 de la *Loi sur le contrôle des stupéfiants* satisfaisait à la première condition, conclurent sans peine les juges. Elle visait à permettre au gouvernement d'éliminer le trafic de stupéfiants et répondait donc à un besoin « urgent et important », « suffisamment important pour autoriser à passer outre à un droit protégé par la constitution[7] ». Les juges se montrèrent

7. *La reine* c. *Oakes* (1986), dans Peter Russell, dir., *Federalism and the Charter*, Ottawa, Carleton University Press, 1989, p. 458.

moins indulgents quant à la deuxième condition. S'exprimant au nom de la majorité, le juge en chef Brian Dickson déclara que les moyens de lutte contre les stupéfiants énoncés dans l'article 8 de la *Loi sur le contrôle des stupéfiants* ne satisfaisaient pas au critère de rationalité et d'absence d'arbitraire. Il se pourrait que des citoyens innocents, qui n'avaient pas l'intention de se livrer au trafic, ne soient pas en mesure d'en faire la preuve. De graves erreurs judiciaires pourraient s'ensuivre, dont les accusés subiraient les sérieuses conséquences. La Cour décida que l'article 1 de la *Charte* ne pouvait justifier l'existence de l'article 8 de la loi, lequel fut déclaré inconstitutionnel. Oakes était donc libéré de l'accusation de trafic de stupéfiants.

Si la méthodologie développée par la Cour permit d'innocenter Oakes, elle a souvent permis d'en arriver au résultat inverse. De nombreuses lois qui violaient un droit garanti par la *Charte* ont subi avec succès le « **test de Oakes** » et ont été déclarées valides, en vertu de l'article 1, parce qu'elles restreignaient les droits « dans des limites raisonnables ». C'est ainsi que dans la cause *Irwin Toy*, la Cour suprême a maintenu une loi québécoise qui restreignait la publicité télévisée destinée aux enfants, alléguant que cette loi, qui violait l'article 2b de la *Charte*, constituait une limitation raisonnable en vertu de l'article 1. Utilisant le test de Oakes, le tribunal estima que la protection des enfants contre l'exploitation était importante et que les mesures inscrites dans la loi étaient proportionnées à cet objectif.

### 5.6 L'impact politique de la *Charte*

L'adoption d'une charte des droits constitutionnalisée a profondément modifié la structure du régime canadien. Le changement le plus évident tient au fait que les tribunaux tranchent désormais plusieurs questions qui relevaient auparavant des parlements, des gouvernements et des assemblées législatives. En d'autres termes, la *Charte* a fait des tribunaux des acteurs politiques plus puissants et plus actifs. Les exemples en sont nombreux ; nous nous limiterons à certains des plus célèbres.

En 1988, la Cour suprême rendit ce qui est peut-être son arrêt le plus célèbre, dans la cause *R.* c. *Morgentaler* qui portait sur le difficile sujet de l'avortement. Le Parlement avait adopté ce qu'il estimait être une loi de compromis : l'avortement était un crime aux termes du code criminel, à moins qu'il ne soit pratiqué en milieu hospitalier sur recommandation d'un comité thérapeutique. La loi fut contestée par le Dr Henry Morgentaler, qui réclama le droit de pratiquer des avortements dans ses propres cliniques. Par un vote de 5 contre 2, la Cour déclara que la loi violait l'article 7 de la *Charte* et qu'elle ne pouvait être maintenue en vertu de l'article 1. Phénomène intéressant, la position de la Cour se traduisit par quatre opinions séparées. L'une soutenait que la loi devait être invalidée en raison du fait que l'article 7 rendait inconstitutionnelle toute restriction à l'avortement, sauf peut-être durant les derniers mois de la grossesse. Deux autres déclarèrent aussi la loi inconstitutionnelle, mais uniquement parce qu'elle contenait certains règlements dont la procédure était injuste. La quatrième opinion adoptait la position inverse : le gouvernement avait parfaitement le droit d'empêcher l'avortement et les termes mêmes de la loi ne comportaient aucune injustice procédurale.

Si les juges éprouvèrent quelque difficulté à s'entendre sur la manière d'appliquer la *Charte* à un tel problème, leur conclusion ne souffrit d'aucune ambiguité : la loi fut invalidée et le Dr Morgentaler put poursuivre son travail dans ses cliniques. Notons que cet arrêt de la Cour n'empêcha pas l'introduction d'une nouvelle loi sur l'avortement, puisque la majorité des juges avaient indiqué qu'ils ne s'opposeraient pas à une loi qui propose une « procédure juste ». Le gouvernement Mulroney soumit donc au Parlement un projet de loi qu'il estimait acceptable, mais le projet fut défait au Sénat. La décision de la Cour suprême devint donc le facteur décisif dans l'invalidation de la loi canadienne sur l'avortement.

Nos juges sont intervenus dans plusieurs autres domaines de politiques. En 1988, dans la cause *Québec* c. *Ford*, la Cour suprême invalida les lois québécoises interdisant l'affichage dans une langue autre que le français. Cette décision provoqua une tempête politique qui aboutit à l'adoption de la loi 178 et, diront certains, à la défaite de l'Accord du lac Meech. En 1985, dans la cause *Singh* c. *Le ministre de l'Emploi et de l'Immigration*, la Cour déclara que le Canada devait changer sa politique relative au traitement des demandes d'asile et ce, en dépit du fait que cette politique avait été louangée par les Nations Unies et proposée comme modèle au reste du monde. Le gouvernement fédéral dut introduire de nouveaux règlements, créant ainsi le régime réglementaire le plus ouvert et le plus libéral qui soit au monde en matière de procédures d'immigration.

Tous ces exemples nous montrent comment la *Charte* a provoqué, quant à l'élaboration des politiques, un important transfert de pouvoirs des corps électifs aux juges. Quiconque se penche sur le régime canadien doit donc prêter grande attention au rôle et au fonctionnement du système judiciaire. Certains politologues se demandent même si nous ne devrions pas, au vu du rôle des juges dans la formulation des politiques, modifier la situation du judiciaire dans notre régime. On suggère souvent, par exemple, de changer le mode de nomination à la Cour suprême, de manière à y imposer un contrôle démocratique plus étroit.

D'autres politologues s'interrogent sur les conséquences d'une telle intrusion du judiciaire dans un domaine jusqu'alors réservé aux politiciens, c'est-à-dire l'élaboration de politiques publiques. Selon Michael Mandel, la « judiciarisation de la politique » qui découle de la *Charte* jouera à l'avantage des grandes entreprises plutôt que des citoyens ordinaires[8]. Les premiers à utiliser la *Charte*, note-t-il, ont été les grandes sociétés : Big M Drug Mart a invoqué le droit à la liberté de religion pour obtenir le droit de réaliser des profits le dimanche ; la chaîne Southam Press a invoqué l'article 8 pour empêcher le gouvernement de la poursuivre pour pratiques monopolistiques. Mandel estime que ces premières causes détermineront, à terme, l'impact de la *Charte*, car les contestations en Cour suprême étant très coûteuses, les grandes entreprises peuvent les mener plus facilement.

Pour d'autres politologues, la Charte jouera à l'avantage des groupes d'intérêts plutôt que des grandes entreprises. Selon Rainer Knopff et Ted Morton, de nombreux groupes d'intérêts (notamment les organisations féministes) ont largement utilisé la *Charte* pour obtenir

8. Michael Mandel, *The Charter of Rights and the Legalization of Politics in Canada*, Toronto, Wall and Thompson, 1989.

des gains politiques devant les tribunaux[9]. Certains de ces groupes ont même pu profiter de programmes gouvernementaux qui soutiennent financièrement les procédures de contestation entreprises en vertu de la *Charte*.

L'adoption de la *Charte des droits et libertés* soulève donc un tout nouvel ordre de questions pour quiconque se penche sur le régime canadien.

## MOTS CLÉS

Charte des droits statutaires non constitutionnalisés
Clause dérogatoire
Déclaration canadienne des droits
Test de Oakes
Article 1
Morgentaler

9. Rainer Knopff et Ted Morton, *Charter Politics*, Scarborough, Nelson Canada, 1992.

# TROISIÈME PARTIE

# LES INSTITUTIONS

# CHAPITRE 6

# LA COURONNE ET SES SERVITEURS



Lorsque les Canadiens parlent de ceux qui exercent le pouvoir politique, ils emploient habituellement l'expression « le gouvernement ». Mais c'est là un terme fort imprécis. Pour certains, il évoque une équipe politique particulière, par exemple « le gouvernement Chrétien » ou « le gouvernement Mulroney ». Pour d'autres, le mot « gouvernement » signifie aussi la multitude des fonctionnaires, par exemple la personne qui émet les permis au bureau des véhicules automobiles.

Cette confusion tient au fait que « gouvernement » n'est pas un terme officiel. Notre constitution ne le définit nulle part parce que, à proprement parler, une telle institution n'existe pas dans notre régime. Ce que les Canadiens désignent par « gouvernement » est, en réalité, un ensemble complexe d'institutions indépendantes mais interconnectées : la Couronne, le premier ministre, le cabinet et la fonction publique. Nous entendons, dans ce chapitre, expliquer la nature de ces institutions et leur mode de relations.

## 6.1 La Couronne

Le préambule de *LC 1867* stipulait que le Canada entendait se doter d'une « constitution reposant sur les mêmes principes que celle du Royaume-Uni ». Il s'ensuit qu'au Canada, comme en Grande-

Bretagne, le pouvoir appartient techniquement à la « Couronne » et que le monarque régnant est le chef de l'État. On comprendra mieux ce phénomène en évoquant brièvement la curieuse évolution de la pratique constitutionnelle britannique. Il y a plusieurs siècles, à l'époque de la monarchie sans partage, la Couronne détenait tous les pouvoirs gouvernementaux. Au fil du temps, les monarques cédèrent aux revendications démocratiques de leurs sujets en « déléguant » certains pouvoirs à des individus ou à des organismes. Le pouvoir législatif fut ainsi délégué à une instance connue sous le nom de parlement et qui est aujourd'hui le véritable siège de ce pouvoir. Pourtant, même aujourd'hui, les décisions du parlement n'ont pas force de loi avant d'avoir reçu la sanction royale ; techniquement, le pouvoir législatif appartient donc toujours à la Couronne. Il en va ainsi du pouvoir exécutif.

Dès le XVIIe siècle, les monarques britanniques entreprirent de déléguer le pouvoir exécutif à un premier ministre et à un cabinet qui en sont devenus, de nos jours, les véritables détenteurs. En principe, cependant, ce pouvoir appartient toujours à la Couronne et ceux qui l'exercent sont présumés le faire à titre de serviteurs de Sa Majesté. Leurs décisions exécutives ne constituent que des « avis » donnés à la Couronne et n'ont d'effet qu'après avoir reçu la sanction royale. Le régime britannique est ainsi une **monarchie constitutionnelle**, c'est-à-dire un régime qui est monarchique selon la loi, mais démocratique par convention. À cet égard, la constitution canadienne est tout à fait semblable à la britannique.

L'article 9 de *LC 1867* stipule que : « À la Reine continueront d'être et sont par la présente attribués le gouvernement et le pouvoir exécutifs du Canada. » Bien entendu, la reine n'exercera pas davantage le pouvoir au Canada qu'elle ne l'exerce en Grande-Bretagne. Par convention constitutionnelle, elle délègue son pouvoir exécutif à certains représentants élus de la population, nommément au premier ministre et à son cabinet. En vertu de la loi, cependant, le pouvoir exécutif du gouvernement est un pouvoir de la Couronne. En d'autres termes, toutes les décisions doivent recevoir l'assentiment de la Couronne et être exécutées au nom de la Couronne. Voilà pourquoi on appelle « procureurs de la Couronne » les avocats qui représentent le gouvernement dans les causes criminelles, et pourquoi de telles causes portent des appellations telles *La Reine* c. *Oakes*. La reine Élizabeth n'est pas intervenue personnellement dans ce procès, mais les officiers du ministère de la Justice qui poursuivaient Oakes exerçaient des pouvoirs exécutifs délégués par la reine à ce ministère.

Le même modèle transparaît dans la manière de traiter du pouvoir législatif dans la constitution canadienne. L'article 17 de *LC 1867* établit que le Canada disposera d'un Parlement « qui sera composé de la Reine, d'une chambre haute appelée le Sénat, et de la Chambre des Communes ». La constitution ne décrit pas le rôle de chacun de ces intervenants dans le processus législatif puisque le préambule les a déjà tracés en faisant référence aux principes constitutionnels du Royaume-Uni. En ce qui concerne le pouvoir législatif, le principe veut que la reine demande à « Son » parlement de lui faire parvenir « Ses » projets de loi afin qu'« Elle » puisse les étudier. Ces projets ne deviennent loi que lorsque la Couronne les a sanctionnés et « promulgués ». Une telle sanction est toujours nécessaire, mais il est désormais admis, par convention, que la sanction royale ne doit jamais être refusée, ce qui assure la préséance du principe démocratique.

Un tel système semble extrêmement compliqué. Nous verrons pourtant, à la section 6.3, qu'il tient à des raisons fort sérieuses.

## 6.2 Le gouverneur général

Les pouvoirs, droits et privilèges de la Couronne canadienne résident dans la personne de la reine (ou du roi) du Canada. Notre monarque est, en vertu de la loi, la même personne qui occupe cette fonction au Royaume-Uni, mais il est important de noter qu'elle agit à deux titres différents. On peut dire de la reine Élizabeth qu'elle porte différentes couronnes : britannique, canadienne, australienne, etc. Elle est la reine de plusieurs Dominions. En ce qui nous concerne, elle est la reine du Canada.

Or puisque la reine du Canada est aussi un monarque britannique qui réside en Grande-Bretagne, il lui est impossible d'exercer régulièrement ses fonctions au Canada. L'article 10 de *LC 1867* prévoit donc qu'elle y sera représentée, en permanence, par le gouverneur général[1]. Aux termes des lettres patentes accordées par le roi George VI en 1947, le gouverneur général peut exercer tous les pouvoirs de la couronne au Canada. Il arrive au monarque d'exercer certains de ces pouvoirs lorsqu'il réside au Canada ; en 1957, par exemple, la reine Élizabeth a inauguré la session parlementaire durant le cours de sa visite officielle. Mais les pouvoirs de la Couronne sont désormais exercés, à tous égards[2], par le gouverneur général.

Puisqu'il en est le représentant, le gouverneur général sera choisi par la reine. Il est nommé à ce poste pour une durée qui va de cinq à sept ans. Aux premières années de la confédération, alors que le Canada n'était pas encore complètement détaché de la Grande-Bretagne, le gouverneur général était perçu comme le représentant du gouvernement britannique. Nos premiers gouverneurs généraux furent presque toujours des membres de la noblesse, nommés par le roi ou la reine après recommandation du parlement britannique. Après la Première Guerre mondiale, on demanda aussi l'avis du premier ministre canadien. Ce n'est qu'en 1952, cependant, que la Couronne entreprit de nommer à ce poste des citoyens canadiens. Nos premiers ministres ne recommandèrent d'abord que des personnages apolitiques, tel le diplomate Vincent Massey (1952-1959), ou des chefs militaires de haute réputation, tel Georges Vanier (1959-1967). Plus récemment, on a eu tendance à nommer des personnages politiques. Il y a certes avantage à procéder ainsi : le gouverneur général étant potentiellement responsable de décisions politiques importantes, il est normal d'en confier la fonction à des personnes possédant une certaine expérience dans ce domaine. Par contre, de telles nominations ne sont pas sans comporter des inconvénients. Des quatre derniers gouverneurs généraux, trois — Jeanne Sauvé (1984-1989), Ramon Hnatyshyn (1989-1995) et Roméo Leblanc (1995-1999) — avaient servi à titre de ministres sous le premier ministre qui les a désignés. Le danger est grand que de telles nominations soient perçues comme partisanes ou

1. Dans les provinces, ces fonctions sont exercées par un lieutenant-gouverneur.
2. Hors quelques exceptions mineures. Voir J. R. Mallory, *The Structure of Canadian Government*, Toronto, Gage Publishing, 1984, p. 37-38.

même comme une forme de favoritisme, ce qui porterait atteinte à la dignité et à l'indépendance de la fonction.

### 6.3 Les fonctions du gouverneur général

Représentant de la Couronne, le gouverneur général dispose de pouvoirs très étendus aux termes de la loi constitutionnelle. Ces pouvoirs sont cependant, par convention, exercés par certains représentants élus de la population. Les gouverneurs généraux donnent toujours leur assentiment aux « propositions » législatives ou exécutives qui leur sont présentées, de sorte que leur fonction semble souvent n'être que de façade. Leur charge n'est pourtant pas anodine. Notre régime confie deux fonctions importantes au gouverneur général.

*a) Les pouvoirs de réserve*

La première de ces fonctions tient à l'exercice des **pouvoirs de réserve**. Le gouverneur général doit d'abord faire en sorte, car telle est sa responsabilité première, que Sa Majesté dispose d'un gouvernement qui jouit de la confiance de la Chambre des communes. Cette responsabilité encourt rarement quelque action de sa part, puisqu'il se conforme habituellement aux avis de ses ministres. Il existe cependant quatre situations qui exigent du gouverneur général qu'il passe outre à l'avis de ses ministres ou agisse de son propre chef. En de tels cas, il utilise ses pouvoirs réservés.

Le *premier* de ces pouvoirs est celui de nommer le premier ministre. Nous avons vu, au chapitre 5, que dans un système de gouvernement responsable, les citoyens n'élisent pas un premier ministre mais de simples membres du Parlement. Il est donc essentiel de confier à quelqu'un le pouvoir de nommer un premier ministre. Cette fonction revient au gouverneur général. Or comme n'existent encore ni premier ministre ni ministres pour lui donner leur « avis », il doit agir de son propre chef.

Il est concevable, nous l'avons noté, que des élections produisent une Chambre des communes à ce point fragmentée qu'aucun parti ne possède une majorité et qu'on ne puisse déterminer lequel de ces partis minoritaires sera le plus susceptible d'obtenir la confiance de la Chambre. Le pouvoir du gouverneur général prendrait alors une grande importance. Mais une telle situation ne s'est jamais présentée au Canada. Nos partis politiques de quelque importance sont si peu nombreux que les élections ont toujours dégagé une majorité claire ou une composition minoritaire telle qu'un seul parti pouvait espérer obtenir la confiance de la Chambre. Historiquement, le gouverneur général n'a jamais eu à exercer ce pouvoir discrétionnaire.

Le *deuxième* pouvoir de réserve est celui de destituer un premier ministre qui tente de gouverner sans la confiance de la Chambre. Ce pouvoir n'a jamais été exercé au niveau fédéral ; au niveau provincial, on ne l'a pas utilisé depuis le début du XX^e^ siècle. Mais il existe toujours et il est essentiel au bon fonctionnement du gouvernement responsable. Rien n'empêcherait, sinon, un premier ministre ou un cabinet de s'accrocher au pouvoir en dépit des règles qui les obligent à démissionner ou à provoquer des élections.

Le *troisième* pouvoir de réserve du gouverneur général est le pouvoir d'effectuer des nominations, y compris dans la magistrature et au Sénat. Il exerce normalement ce pouvoir en fonction des avis du premier ministre. Mais il peut lui arriver de ne pas en tenir compte. Une telle situation s'est produite en 1896, après des élections qui avaient dégagé une majorité libérale à la Chambre. Avant de céder le pouvoir à son adversaire (Wilfrid Laurier), le premier ministre conservateur défait, Charles Tupper, voulut profiter de ses derniers jours de pouvoir pour « conseiller » au gouverneur général de nommer quelques éminents conservateurs au Sénat ou à des postes de juges. Le gouverneur général Aberdeen refusa de donner suite à ces « avis », estimant que Tupper n'avait pas la confiance de la Chambre et, partant, n'avait pas le droit de donner de tels conseils.

Le *quatrième* pouvoir de réserve est celui de « dissoudre » le parlement et d'ordonner la tenue de nouvelles élections. Encore ici, les gouverneurs généraux suivent habituellement les avis de leur premier ministre. Mais il est arrivé qu'un gouverneur général refuse. En 1926, le premier ministre Mackenzie King, devant la chute imminente de son gouvernement sur une résolution de censure pour corruption, demanda au gouverneur général, lord Byng, de dissoudre le parlement et d'ordonner la tenue d'élections. Byng refusa et demanda plutôt à Arthur Meighen, leader conservateur, de former un nouveau gouvernement. Cette décision demeure très controversée[3], mais aucun doute n'est permis : ce pouvoir est nécessaire pour refuser la dissolution lorsque des élections ont été tenues depuis peu et lorsqu'un autre premier ministre peut être choisi au sein même de la Chambre.

Ces pouvoirs étant rarement employés, les Canadiens sont fort peu conscients de leur existence et de leur importance. Ils sont pourtant essentiels à notre système de gouvernement responsable. Il est vrai que les premiers ministres tentent rarement de gouverner ou d'effectuer des nominations lorsqu'ils ne jouissent plus de la confiance de la Chambre ; mais si le gouverneur général n'avait pas le pouvoir de les prévenir, de tels abus seraient possiblement plus fréquents. Les pouvoirs de réserve sont nécessaires au bon fonctionnement du gouvernement responsable ; le fait qu'ils soient rarement employés prouve moins leur absence de pertinence que leur efficacité. S'ils n'existaient pas, nous prendrions rapidement conscience de leur importance.

*b) La fonction cérémonielle*

Si l'exercice des pouvoirs de réserve constitue la fonction la plus importante du gouverneur général, la plus fréquente est la fonction cérémonielle. Chef de l'État, il représente la Couronne (et indirectement le peuple canadien) en diverses circonstances. Il doit présider certains événements politiques, telle l'ouverture de la session parlementaire, et représenter le Canada là où une représentation officielle est requise — accueil de dignitaires étrangers, présentation de récompenses et de prix, et même funérailles d'État en pays étrangers.

Cette fonction cérémonielle libère le premier ministre de plusieurs obligations et lui permet ainsi de se consacrer davantage à son propre travail, qui est de gouverner. Mais elle est surtout importante dans la mesure où, symboliquement, le plus haut représentant du

3. Voir J. R. Mallory, *ibid.*, p. 52-55.

régime est un personnage autre que le premier ministre. Selon Frank MacKinnon, la présence de la Couronne renforce la démocratie en empêchant les politiciens de se montrer trop arrogants : la fonction cérémonielle du gouverneur général leur rappelle qu'ils sont des serviteurs de la Couronne (et donc de la population) plutôt que des maîtres politiques[4]. Et puisque le poste de gouverneur général est au-dessus des partis politiques, il représente le Canada dans son entier plutôt que les seuls partisans du parti au pouvoir. Les citoyens y trouvent ainsi un foyer d'appartenance qui échappe aux partis. Ils peuvent être loyaux au régime, représenté par le gouverneur général, sans être tenus d'appuyer les politiciens qui détiennent le pouvoir à un moment donné. La Couronne, conclut MacKinnon, contribue fort utilement à conserver aux politiciens les plus puissants une certaine humilité.

### 6.4 Le cabinet

Nous avons vu, au chapitre 5, que dans un système de gouvernement responsable, le véritable pouvoir résidait dans une entité appelée le « cabinet ». Dans la pratique constitutionnelle (par opposition à la loi constitutionnelle), c'est le cabinet qui exerce le pouvoir exécutif. Il contrôle aussi le pouvoir législatif, particulièrement lorsque le gouvernement est majoritaire. Qu'est-ce donc qu'un cabinet et quel est le fondement constitutionnel de son pouvoir ?

Revenons à la constitution. L'article 11 de *LC 1867* crée une instance appelée **Conseil privé de la Reine pour le Canada**. À ce corps est accordé le droit de « conseiller », le gouverneur général dans l'exercice de ses pouvoirs. À titre de « conseillers », les membres de ce Conseil ne sont que des serviteurs de la Couronne. Mais nous avons vu que leurs « avis », dans un système de gouvernement responsable, équivalent à des ordres. Le Conseil privé est donc un organisme extrêmement important puisqu'il possède tous les pouvoirs accordés par la constitution à la Couronne ou au gouverneur général.

4. F. MacKinnon, *The Crown in Canada*, Calgary, McLelland and Stewart, 1976.

En vertu de l'article 11, ses membres sont nommés par le gouverneur général, mais la convention constitutionnelle stipule que celui-ci ne procédera qu'en fonction des « conseils » de la personne à qui il a demandé d'occuper le poste de premier ministre. Le gouverneur général peut « révoquer » un membre du Conseil privé mais, en pratique, il ne le fait jamais. Il s'ensuit que ce Conseil est constitué de tous ceux qui y ont accédé. Les membres nommés par les anciens premiers ministres Trudeau, Clark et Mulroney en font donc toujours partie.

Or on conçoit mal, dans un régime démocratique, que des conseillers nommés par un gouvernement défait puissent continuer d'exercer le pouvoir. Une convention existe donc en vertu de laquelle le pouvoir de « conseiller » ne sera exercé que par un sous-groupe du Conseil privé, à savoir : ceux qui ont été nommés par le premier ministre en exercice (et jouissent toujours de sa confiance). Ce sous-groupe s'appelle le « cabinet », que nous pouvons désormais définir comme le groupe des conseillers privés qui ont le pouvoir de conseiller la Couronne.

Techniquement, les membres du cabinet sont des conseillers privés[5] de la Couronne, mais on les appelle habituellement « ministres ». La raison en est que la plupart des membres du cabinet s'occupent principalement de « conseiller » la Couronne à propos d'un de ses « ministères ». C'est ainsi que le ministre de l'Énergie se consacrera à élaborer des politiques relatives à ce ministère et verra à ce qu'elles soient mises en œuvre de manière efficace. (Nous y reviendrons plus longuement dans la section 8.)

Mais le cabinet est davantage qu'une simple addition de ministres. Notre système de gouvernement responsable suppose que le cabinet travaille en équipe à élaborer et à mettre en œuvre des politiques d'intérêt public dont il assume la responsabilité. Lorsqu'un ministre souhaite légiférer dans le domaine qu'il dirige, il doit obtenir

5. Ce terme constitutionnel de « Conseil privé » explique pourquoi les décrets du cabinet portent le nom de « **décrets en conseil** » (autrefois : arrêtés en conseil). Ils sont, littéralement, des décrets arrêtés par le « gouverneur en conseil », c'est-à-dire par le gouverneur général agissant en fonction des avis de son conseil privé.

l'assentiment du cabinet avant de proposer son projet de loi à la Chambre. De plus, certaines décisions particulièrement importantes (par exemple le choix de l'entreprise qui construira des frégates pour la marine) seront arrêtées par l'ensemble du cabinet et non par le seul ministre responsable. En vertu de la doctrine de la **solidarité ministérielle**, toute décision du cabinet doit être défendue par tous et chacun des ministres ; un ministre qui n'entend pas défendre une telle décision est tenu, par convention, de démissionner. C'est pourquoi les discussions du cabinet doivent toujours être tenues secrètes ; les ministres, en effet, ne pourraient défendre une décision s'il était connu qu'ils s'y sont opposés au cours des délibérations du cabinet.

Parce que le cabinet est au centre même du pouvoir, il doit absolument être aussi représentatif que possible de l'ensemble du pays. Traditionnellement, il comprendra au moins un membre originaire de chacune des provinces, à l'exception, parfois, de l'Île-du-Prince-Édouard. Les diverses régions du pays y sont normalement représentées au prorata de leur population, sauf lorsque certaines d'entre elles ont élu trop peu de candidats du parti au pouvoir. Les Canadiens français doivent y être correctement représentés. On y comptera aussi une forte représentation des femmes et au moins quelques représentants de groupes ethniques minoritaires. En somme, la formation d'un cabinet doit correspondre à ce que les Canadiens estiment être les nuances politiques du pays en termes de provinces, de régions, d'ethnie ou de genre.

### 6.5 Le système de comités du cabinet

Durant presque un siècle, le cabinet a pu exercer sa fonction en ne se réunissant qu'une fois la semaine (habituellement le vendredi après-midi). Vers les années 1960, cependant, l'expansion de l'État-providence avait considérablement alourdi la tâche du gouvernement. C'est ainsi que le cabinet, composé de douze ministres sous John A. Macdonald, en compta plus de trente à l'époque Trudeau[6]. L'ampleur de la tâche

6. Il en compta jusqu'à 40 sous Mulroney. Le cabinet Chrétien n'est plus composé que de 23 ministres.

et le nombre de participants étaient devenus tels que la classique réunion du cabinet n'était plus un mode décisionnel adéquat à la fonction. C'est pourquoi les premiers ministres Pearson et Trudeau créèrent un système de comités qui révolutionna le mode de fonctionnement du cabinet.

Il appartient à chaque premier ministre d'organiser un tel système comme il l'entend, et depuis l'époque Pearson/Trudeau divers modèles ont été utilisés. Il serait inutile de les décrire en détail, mais nous retiendrons certains traits communs.

Le système consiste essentiellement à répartir le travail du cabinet entre divers groupes plus restreints : les comités du cabinet. On y gagne en efficacité, puisque cinq groupes de six personnes accomplissent davantage, en une heure, qu'un seul groupe de trente individus. On créera ainsi, dans la majorité des cas étudiés, entre cinq et douze comités, chacun se consacrant à un domaine particulier de politique (ex. le développement économique ou les affaires sociales). Le comité étudiera toutes les questions relatives à son domaine et livrera ensuite ses recommandations à l'ensemble du cabinet. Le système sera efficace si le cabinet adopte ces recommandations sans trop de discussions, faute de quoi il referait de nouveau le travail du comité. Tout ministre, cependant, peut soulever des questions relatives aux recommandations d'un comité ; certains parviennent parfois à obliger un comité à étudier le problème plus avant.

Tous les systèmes pratiqués ont comporté un « super comité ». Le comité des Priorités et de la Planification, créé par Trudeau, en serait un exemple typique. Il était composé des présidents de chacun des autres comités, était présidé par le premier ministre lui-même et gardait la responsabilité d'établir dans ses grandes lignes la politique du gouvernement. Les autres comités y soumettaient aussi certaines recommandations avant de les proposer à l'ensemble du cabinet.

### 6.6 Le premier ministre

Les Canadiens savent que le premier ministre est le personnage le plus puissant de notre régime. Mais on ignore généralement d'où il tient ce pouvoir. La constitution, là-dessus, ne nous est guère utile.

La fonction de premier ministre n'est pas mentionnée dans *LC 1867* et n'est évoquée qu'incidemment dans *LC 1982*. Les pouvoirs du premier ministre, par conséquent, sont tous fondés sur des conventions constitutionnelles. La source de son pouvoir est déjà inscrite dans le titre même qu'il porte : il est premier ministre parce qu'il est le premier qu'ait désigné le gouverneur général pour faire partie de ses « conseillers ». C'est ensuite vers lui que se tournera le gouverneur général pour qu'il le « conseille » quant au choix des autres ministres.

Ce droit de conseiller la Couronne est au cœur du pouvoir du premier ministre. Nous savons que dans un système de gouvernement responsable, le cabinet est le centre du pouvoir législatif et exécutif. Les premiers ministres n'ont d'autorité sur aucun ministère particulier (à moins qu'ils ne se réservent un portefeuille)[7]. Mais leur influence est énorme, puisqu'ils déterminent à eux seuls l'appartenance au cabinet. Les ministres qui causent problème à leur premier ministre seront mutés à des portefeuilles moins importants ou tout simplement exclus du cabinet. Inversement, ceux qui appuient ses vues améliorent leurs perspectives de promotion à un portefeuille plus prestigieux. Il s'ensuit que rares sont les ministres qui osent s'opposer à un premier ministre fermement ancré dans ses opinions.

Le premier ministre préside les séances du cabinet et peut ainsi faire la démonstration de ses qualités de leader. Le cabinet devant agir collectivement, ses décisions résultent d'un consensus. Une des plus importantes tâches du premier ministre sera donc de cultiver ce consensus chez les membres de son cabinet. Cela exige une grande habileté : savoir quand reporter une discussion et quand la poursuivre ; quand passer sur des désaccords et quand les laisser s'exprimer ; et, par-dessus tout, quand et comment faire jouer son influence pour trancher un débat particulièrement acrimonieux.

Le premier ministre est aussi le porte-parole du cabinet. C'est là sa seconde tâche en importance. Les ministres sont publiquement responsables de tout ce qui relève de leur ministère. Cependant, si la

---

7. Le fait était fréquent au cours du premier siècle de la confédération. Sir John A. Macdonald, par exemple, fut son propre ministre de la Justice.

question est particulièrement sérieuse, le premier ministre s'occupera lui-même de défendre la position du cabinet devant la population. Il en est spécialement ainsi durant les campagnes électorales, alors que toute l'attention du public est rivée sur le premier ministre et sur les leaders des partis d'opposition.

Outre leur droit de conseiller le gouverneur général quant à la composition du cabinet, les premiers ministres détiennent certains autres pouvoirs, dont les plus importants sont : le droit de conseiller au gouverneur général la dissolution du parlement et la tenue d'élections ; de le conseiller quant à certaines nominations, dont celles de juges et de sénateurs ; le droit d'organiser l'appareil de l'État (y compris le nombre et la composition des ministères, ainsi que la nature du système de comités du cabinet).

Les premiers ministres sont aidés de plusieurs personnes dans l'exercice de leurs fonctions. On y trouve, au premier chef, les membres du **Bureau du premier ministre** (PMO)[8]. À l'origine, ce bureau était un petit secrétariat, responsable de l'ordre du jour du premier ministre, de la correspondance et d'autres fonctions de routine. Sous Trudeau et sous Mulroney, ses fonctions furent considérablement étendues. Il compte aujourd'hui plus de cent employés et s'occupe d'analyser la situation politique et de conseiller le premier ministre en cette matière. Ses membres (dirigés par un secrétaire principal) sont pour la plupart des partisans politiques plutôt que des fonctionnaires de carrière.

À l'inverse, le **Bureau du Conseil privé** ne comprend que des fonctionnaires de carrière non partisans. Il agit comme secrétariat du cabinet et relève, par conséquent, du premier ministre. Il organise les réunions du cabinet et de ses comités. Depuis l'époque Trudeau, il est aussi devenu un organisme conseil, auprès du premier ministre et du cabinet, en matière de programmes et de politiques. Il est dirigé par le greffier du Conseil privé, qui est le premier fonctionnaire au pays.

8. NdT : Les lettres PMO renvoient à l'appellation anglaise Prime Minister's Office. À Ottawa, on l'utilise aussi en français, plutôt que BPM. Et on le prononce à la française.

Le premier ministre est aussi assisté d'un **vice-premier ministre**. Il s'agit d'un membre du cabinet, détenteur d'un portefeuille, qui agit comme premier ministre en second. Historiquement, ce titre n'avait été associé à aucun pouvoir particulier. La fonction n'exigeait que d'occuper provisoirement la place d'un premier ministre absent ou indisposé. Plus récemment, cependant, ce poste a pris une certaine importance. Le premier ministre Mulroney avait choisi de confier à son vice-premier ministre, Don Mazankowski, le soin d'expédier la plupart des affaires courantes, ce qui lui permettait de se consacrer à quelques dossiers particulièrement importants, tels la constitution et le libre-échange. La méthode était efficace, mais il est encore trop tôt pour affirmer qu'elle deviendra un trait permanent de la politique canadienne.

### 6.7 Un gouvernement du premier ministre ?

On prétend parfois que le régime canadien glisse peu à peu d'un « gouvernement du cabinet » à « un gouvernement du premier ministre ». Certes, le poste de premier ministre est devenu de plus en plus synonyme de puissance. À l'ère de la télévision, la personnalité du premier ministre, porte-parole du cabinet, relègue dans l'ombre celle de son cabinet. En outre, le système de comités a pour effet de réduire la force collective de l'ensemble du cabinet. Cette relative faiblesse a été compensée par une plus forte présence du premier ministre aidé du PMO et du Conseil privé.

Cela dit, il ne faut pas oublier le fait que les premiers ministres ne sont pas directement élus par la population. Puisqu'ils tiennent leur poste de la confiance de la Chambre, ils ne peuvent s'aliéner des appuis aussi cruciaux que ceux des membres de leur cabinet. N'oublions pas qu'un cabinet qui rendrait collectivement sa démission obligerait probablement le premier ministre à démissionner. De plus, chaque cabinet fédéral comprend certains ministres qui, parce qu'ils jouissent de solides appuis dans leur parti (ou dans la population), ne se laissent pas facilement intimider par leur premier ministre. Monsieur Chrétien, par exemple, sait pertinemment que son gouvernement serait en sérieuse difficulté si un ministre tel que Paul Martin entrait en dissidence. Ce dernier a donc une influence certaine sur son premier ministre.

Tout compte fait, la « force » d'un premier ministre tient tout autant aux circonstances qu'aux règles de la constitution. Il est invité à former un gouvernement parce qu'il (ou elle) est le chef du parti le plus susceptible d'obtenir la confiance de la Chambre. Son pouvoir sera donc directement fonction du contrôle qu'il peut exercer sur son parti. Ce contrôle tiendra à plusieurs facteurs : le mode de sélection du leader[9], l'unité du parti (un parti divisé affaiblit le premier ministre) et, surtout, la popularité personnelle du premier ministre. Un premier ministre populaire, prêt à mener son parti à la victoire, obtiendra aisément l'appui de son parti. Inversement, un premier ministre impopulaire maintiendra difficilement la discipline dans son parti et dans son cabinet.

### 6.8 La fonction publique

L'article 9 de *LC 1867* confie le pouvoir exécutif à la Couronne. Nous avons vu que la Couronne, dans un gouvernement responsable, exerce ce pouvoir en fonction des « avis » de quelques-uns de ses serviteurs (ses ministres), lesquels sont responsables devant les représentants élus de la population. Mais les tâches associées à l'exercice de ce pouvoir sont trop complexes et trop nombreuses pour être toutes accomplies par si peu d'individus. La Couronne doit pouvoir s'entourer d'autres serviteurs. Ce sont les fonctionnaires[10]. En 1994, ils étaient environ 230 000. Ce sont des professionnels non partisans, choisis au mérite (plutôt que selon leur allégeance politique) par la Commission de la fonction publique.

La fonction publique se divise en deux branches. La plupart des fonctionnaires travaillent dans des **ministères hiérarchiques**, c'est-

9. Voir le chapitre 10.

10. NdT : La tradition anglaise donne l'expression « civil servant » (qui s'oppose à « military servant »). Le mot « servant » (serviteur) sous-entend « serviteur de la Couronne ». La tradition française donne « fonctionnaire », sous-entendu « fonctionnaire de l'État ».

à-dire des ministères qui assurent la prestation de services à la population (ex. Transport, Santé, Affaires étrangères, etc.). Les autres, moins nombreux, sont à l'emploi d'**organismes centraux**, tels le Conseil privé ou le Conseil du Trésor[11]. Ce sont là des organismes consacrés à la coordination des politiques plutôt qu'à la prestation de services. Plusieurs de ces fonctionnaires détiennent un pouvoir relativement important. Les fonctionnaires des douanes, par exemple, peuvent fouiller les automobiles des Canadiens qui reviennent d'un séjour aux États-Unis. Afin de prévenir les abus, il est essentiel de faire en sorte que tous les fonctionnaires soient responsables des actes commis dans l'exercice de leurs fonctions. En vertu des principes du gouvernement responsable, cette responsabilité relève de la doctrine de la **responsabilité ministérielle**.

Selon cette doctrine, un ministre est responsable devant la Chambre de la conduite de tous les fonctionnaires de son ministère. On peut ainsi exiger d'un ministre qu'il enquête sur toute allégation d'incompétence ou d'inconduite au sein de son ministère et qu'il impose les mesures appropriées. Si l'incompétence ou l'inconduite est sérieuse et peut être attribuée à une mauvaise gestion, les enjeux sont plus élevés. Le ministre doit en accepter la responsabilité et, dans les cas les plus graves, démissionner. (Voir tableau 6.1.)

À ce propos, une des plus célèbres controverses survint en 1988, lorsque les journaux publièrent, une journée avant qu'il soit communiqué à la Chambre, le budget préparé par le ministre des Finances, Michael Wilson. La « fuite » d'un budget est une affaire sérieuse, car quiconque prend prématurément connaissance de changements à la fiscalité peut en profiter pour se livrer à diverses opérations financières fort profitables. L'opposition réclama donc la démission immédiate du ministre. Wilson refusa, estimant qu'il ne pouvait être tenu personnellement responsable des actes d'un inconnu qui pouvait avoir agi pour des motifs criminels ou malveillants.

11. Le Conseil du Trésor est un comité spécial du cabinet, créé par une loi, qui passe en revue toutes les dépenses projetées et agit comme employeur officiel de la fonction publique.

**Tableau 6.1**

Responsabilité ministérielle

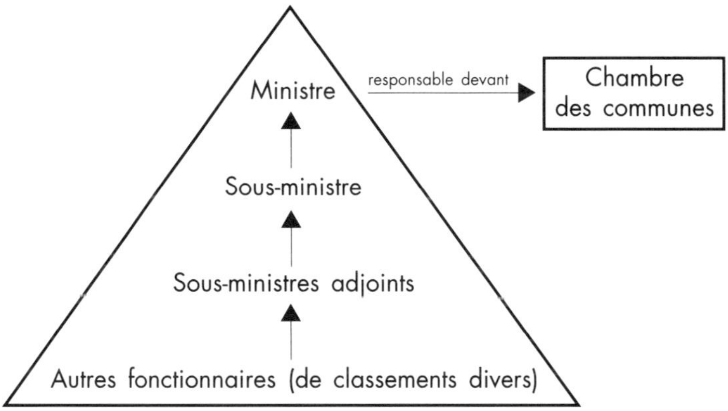


Cette position était raisonnable. Interpréter trop strictement le principe de la responsabilité ministérielle ferait de chaque ministre l'otage de tout fonctionnaire mécontent qui voudrait le voir démissionner. Mais s'il était vrai, comme certains l'ont prétendu, que cette fuite était la conséquence d'une négligence à prendre les précautions nécessaires (c'est-à-dire d'une mauvaise gestion), alors Wilson eût dû démissionner ; il était, à titre de ministre, responsable de la bonne gestion de son ministère.

Selon certains observateurs, il est irréaliste et même simpliste de dire des ministres qu'ils gèrent leur ministère. Dans chaque ministère, les fonctionnaires sont l'objet d'un classement hiérarchique. Au sommet de cette pyramide, on trouve un sous-ministre, fonctionnaire de carrière à la fois expérimenté et techniquement compétent. Dans la plupart des cas, il connaîtra beaucoup mieux que son ministre le fonctionnement du ministère. En théorie, il n'est que le conseiller du ministre ; en pratique, ses connaissances supérieures en font parfois le véritable patron du ministère, particulièrement lorsqu'un sous-ministre compétent et expérimenté travaille sous les ordres d'un ministre faible ou sans expérience.

## MOTS CLÉS

Pouvoirs de réserve
Conseil privé
Solidarité ministérielle
PMO
Bureau du Conseil privé
Décret en conseil
Vice-premier ministre
Responsabilité ministérielle
Ministère hiérarchique
Organisme central
Monarchie constitutionnelle

# CHAPITRE 7

# LE PARLEMENT



Placé sous la rubrique « pouvoir législatif », l'article 17 de *LC 1867* déclare que le Canada aura un « parlement composé de la Reine, d'une chambre haute appelée le Sénat et de la Chambre des communes ». Comme les sénateurs sont tous nommés et que le titre de Reine est héréditaire, la Chambre des communes est la seule institution qui puisse prétendre être démocratique. Par convention constitutionnelle, c'est donc la Chambre qui exerce principalement, sinon exclusivement, les pouvoirs du Parlement. C'est pourquoi l'usage courant emploie indifféremment les expressions « Parlement » ou « Chambre des communes ».

La constitution est peu loquace quant à la structure, à la fonction ou aux pouvoirs du parlement. Mais cette lacune ne nous laisse pas sans indications. Le préambule, qui stipule que le Canada aura une constitution « reposant sur les mêmes principes que celle du Royaume-Uni », établit qu'à moins d'indications contraires, notre parlement sera une version canadienne de celui de Westminster.

Nous avons vu que la constitution britannique est en constante évolution. Il s'ensuit que le rôle du Parlement a, lui aussi, évolué au fil des ans. Avant d'étudier les caractéristiques du parlement canadien, il nous faut d'abord expliquer la fonction de cette institution à l'époque moderne.

## 7.1 Le rôle du Parlement

L'histoire constitutionnelle britannique est celle de l'évolution de la démocratie parlementaire. À l'origine, le Parlement était un organisme qui conseillait la Couronne quant à l'exercice de son pouvoir législatif. On l'appelait « Parlement » parce qu'il était un corps essentiellement délibérant, c'est-à-dire qu'il se consacrait à « parler » de ce qu'il importait d'accomplir au niveau politique. On en vint peu à peu, avec le temps, à considérer les conseils ainsi formulés comme contraignants pour le monarque, de sorte que le Parlement finit par avoir la haute main sur l'activité législative du gouvernement. Les idées démocratiques progressant, les Britanniques adoptèrent le principe du gouvernement responsable, c'est-à-dire l'idée selon laquelle ceux qui exercent le pouvoir exécutif doivent avoir la confiance des représentants du peuple au Parlement. Au début du XIX$^{e}$ siècle, le Parlement vivait ce qu'on a parfois appelé son « âge d'or ». Maître du pouvoir législatif et assuré d'un solide contrôle sur l'exécutif, le Parlement était la plus importante institution de la politique britannique.

Vers la fin du XIX$^{e}$ siècle, cependant, son pouvoir s'étiola. La cause principale en fut l'émergence de partis politiques hautement disciplinés, dont les membres votaient selon les vœux de leurs leaders. À l'époque précédente, celle de l'âge d'or, ce qui était dit ou fait au sein de cette institution acquérait une importance décisive. De grands discours pouvaient faire ou défaire des projets de loi, ou forcer un cabinet à démissionner. Mais dès lors que les parlementaires appartenaient à des partis qui en contrôlaient les votes, le véritable pouvoir passa au cabinet, c'est-à-dire à la direction du parti qui contrôlait la Chambre. Le Parlement perdit son influence dans la mesure où ce qui y était dit n'avait plus guère de conséquence sur ce qui y était accompli. En vertu de la discipline de parti, le cabinet pourrait toujours conserver sa position et faire adopter ses projets de loi.

Telle est la situation qui prévaut au Canada. Dans le régime canadien, c'est le parlement qui adopte les lois et c'est lui qui, officiellement, accorde au cabinet le droit de gouverner. Mais la discipline de parti est telle que le Parlement utilise rarement son pouvoir dans ces domaines. Lorsqu'il adopte un projet de loi, il ne fait généralement que ratifier une décision arrêtée au cabinet. De même n'a-t-il pas grand pouvoir lorsque vient le temps de maintenir ou de défaire un gouvernement. À un cabinet appuyé sur une majorité parlementaire, la confiance de la Chambre est pratiquement assurée. Et lorsque la Chambre refuse sa confiance à un gouvernement minoritaire, elle ne fait habituellement qu'officialiser la décision d'un des partis d'opposition.

On ne pourra donc comprendre le Parlement qu'à la lumière des changements survenus depuis l'instauration de la discipline de parti. S'il demeure un corps législatif et si la Chambre a toujours le pouvoir de faire ou de défaire un gouvernement, la discipline de parti et le transfert des pouvoirs au cabinet ont profondément modifié son rôle. *Le Parlement moderne a pour but premier de rendre le cabinet comptable de ses actes à la population.* Le Parlement fournit un espace où l'opposition peut critiquer le gouvernement et proposer des solutions de rechange constructives. Elle ne peut empêcher le cabinet d'agir comme bon lui semble, puisqu'il contrôle la Chambre, mais les critiques lancées dans un lieu aussi prestigieux peuvent compromettre la réélection du parti au pouvoir. En permettant à l'opposition de scruter et de critiquer les positions du gouvernement, le Parlement joue un rôle essentiel en obligeant le gouvernement à demeurer attentif aux préoccupations des électeurs.

### 7.2 Le calendrier parlementaire

Pour comprendre comment fonctionne le Parlement, il importe d'abord d'en connaître le calendrier.

Le Parlement n'est pas une institution qui fonctionne de façon permanente et ininterrompue. Le calendrier parlementaire divise son travail en blocs bien distincts appelés parlements. Après chaque élection, les candidats élus forment un nouveau parlement. Ces parlements successifs portent le numéro de l'élection qui les a précédés. En 1867, les Canadiens ont élu leur premier parlement. Le trente-cinquième parlement fut élu en 1993 et resta en poste jusqu'à l'élection de 1997.

Chaque parlement se segmente en unités plus petites appelées sessions. La session est l'unité de fonctionnement fondamentale du Parlement. Tout travail législatif entrepris durant une session (ex. l'adoption d'un projet de loi sur le contrôle des armes à feu) doit être complété durant cette session. S'il ne l'est pas et si ceux qui proposent le projet de loi veulent toujours le faire adopter, tout le processus doit être repris depuis le début.

Il revient au gouverneur général de décider, selon l'avis du premier ministre, du commencement d'une session. Il lui appartient aussi, après avis du premier ministre, d'y mettre fin (on parle alors de la **prorogation** de la session). Une session parlementaire n'est donc sujette à aucune durée particulière ; elle se poursuivra tant que le premier ministre ne sera pas satisfait du travail accompli. Historiquement, les sessions ont habituellement duré environ un an. Les élections survenant normalement aux quatre ans, chaque parlement tiendra quatre sessions. Depuis quelques années, cependant, les sessions sont de plus en plus longues. La première session du 32e parlement, au cours de laquelle le gouvernement Trudeau proposa plusieurs mesures controversées (dont la Politique nationale de l'Énergie et le projet de loi constitutionnelle), dura près de quatre ans.

Chaque session commence par la lecture du **Discours du trône** en présence des membres du Sénat et de la Chambre des communes rassemblés au Sénat. Ce discours est lu par le gouverneur général, mais écrit par le personnel du premier ministre. Il trace à grands traits le programme législatif que le gouvernement entend proposer à la Chambre. Ce programme, de même que l'action du gouvernement, fait ensuite, durant quelques jours, l'objet d'un débat en Chambre.

Lorsque le premier ministre décide que le temps est venu de mettre fin non seulement à la session mais au parlement lui-même, il demande au gouverneur général de prononcer la **dissolution** du parlement. La dissolution entraîne automatiquement la tenue d'élections générales qui permettront d'élire un nouveau parlement.

### 7.3 La Chambre des communes : membres et officiers

La Chambre des communes est formée de 301 députés. Chacun d'eux a été élu pour représenter l'électorat d'un territoire appelé **circonscription**. En règle générale, on a créé les circonscriptions en fonction du principe de « représentation par population », de sorte que chaque province dispose en Chambre d'un nombre de « sièges » correspondant approximativement à sa population. Quelques exceptions ont cependant été consenties et institutionnalisées. Certaines des plus petites provinces (notamment l'Î.-P.-E.), de même que les Territoires, sont surreprésentées, cependant que les plus populeuses (dont l'Ontario et la Colombie-Britannique) sont légèrement sous-représentées. Ce rééquilibrage améliore considérablement la représentation des partenaires les moins populeux, mais ne réduit pas sérieusement l'influence des plus grandes provinces.

Les députés se divisent en deux groupes principaux : les « membres du gouvernement », c'est-à-dire les députés qui appartiennent au parti qui a formé le cabinet, et les membres de « l'opposition ». Au sein de l'opposition, une nouvelle distinction surgit : le parti le plus important devient « l'opposition de Sa Majesté » ou, comme on l'appelle communément, « l'opposition officielle ». En vertu des règles parlementaires, l'Opposition officielle a droit à certains privilèges dont ne bénéficient pas les autres partis d'opposition : son chef est nommé au Conseil privé, a un droit de parole privilégié en Chambre et dispose même d'une résidence de fonction (Stornaway). L'octroi de tels privilèges à un politicien qui, pourtant, a été défait lors des élections, indique l'importance du rôle d'une opposition au Parlement. Elle doit voir à ce que le gouvernement rende des comptes à la population, ce qui en fait un élément essentiel.

L'officier le plus important de la Chambre est le **président**. Au début de chaque parlement, la Chambre élit un député qui présidera à ses débats et sera responsable de l'administration du Parlement. La personne ainsi choisie aura été élue sous la bannière d'un parti (habituellement le parti du gouvernement), mais elle devra faire preuve, à titre de président de la plus stricte impartialité. Le président n'intervient jamais dans les débats parlementaires et ne peut voter qu'en cas d'égalité des voix.

La Chambre compte d'autres officiers. Installé à une table qui fait directement face au président, le **Greffier de la Chambre** est responsable des dossiers officiels de la Chambre et, si nécessaire, conseille le président sur des questions de procédure. Le **Sergent d'armes**, qui est habituellement un militaire distingué, est responsable de la sécurité. La Chambre compte aussi un certain nombre de secrétaires qui enregistrent les débats pour les reporter ensuite au **Journal officiel** (en anglais : le **Hansard**).

### 7.4 Le travail de la Chambre des communes

Le travail de la Chambre est complexe et varié, mais on peut en identifier quatre éléments principaux.

L'**adoption des projets de loi** (en anglais : *bill*) constitue le premier et le plus important travail de la Chambre. Tout député peut proposer un projet de loi mais, pour des raisons évoquées plus loin (section 7.6), les **projets de loi des députés** d'initiative parlementaire sont rarement adoptés. L'essentiel de l'activité législative porte sur les **projets de loi du gouvernement**, toujours présentés par un ministre. À la rédaction de ces projets ont habituellement collaboré, à des degrés divers, la fonction publique, le ministre responsable et le cabinet ; ils portent le nom de « projet de loi du gouvernement » parce qu'ils auront normalement reçu l'assentiment du cabinet avant d'être proposés à la Chambre.

La procédure d'étude des projets de loi est complexe, mais cette complexité tient à de fort bonnes raisons. Un projet de loi n'est adopté qu'après avoir « subi » trois « lectures ». Afin de décourager toute adoption précipitée, les règlements stipulent que chacune de ces lectures doit survenir à une journée différente[1]. De plus, afin de

1. La Chambre peut, occasionnellement, suspendre ses règlements si elle estime nécessaire une adoption immédiate.

faciliter une étude ordonnée, chaque « lecture » répond à une exigence précise. La **première lecture** vise à présenter le projet à la Chambre afin de donner aux députés (et à la population) l'occasion de prendre connaissance des dispositions qu'il contient. Quelque temps après, le ministre qui parraine ce projet proposera la **deuxième lecture**, laquelle porte sur l'objectif ou les principes de la loi envisagée. La Chambre peut alors se prononcer sur l'intention globale (l'objectif) du projet, sans se perdre en débats à propos de détails. Cette seconde étape franchie, le projet de loi est transmis à un des comités de la Chambre, qui en étudiera attentivement les diverses dispositions. Survient ensuite l'**étape du rapport**, au cours de laquelle le comité présente à la Chambre les résultats de son étude. Ce rapport comprend habituellement des propositions d'amendements relatifs à certaines dispositions du projet et sur lesquels la Chambre devra voter. Le projet est alors présenté à la Chambre pour approbation finale ; c'est la **troisième lecture**. Ainsi approuvé au terme de trois lectures, il est transmis au Sénat où il suivra un parcours identique. Après avoir franchi les trois lectures au Sénat, il est soumis au gouverneur général qui accordera, pure formalité constitutionnelle, la **sanction royale**. Ce n'est qu'à cette dernière étape que le projet de loi peut être **promulgué**, c'est-à-dire passer de l'état de projet à celui de loi.

L'adoption de **résolutions** constitue le deuxième type de travail de la Chambre. Une résolution diffère d'un projet de loi en ce qu'elle ne fait qu'exprimer l'opinion de la Chambre ; elle ne mène pas à l'adoption d'une nouvelle loi ou d'une nouvelle politique. Quelle en est donc l'utilité ? Les résolutions sont, essentiellement, un moyen de permettre un débat public sur certains thèmes. Désireuse de convaincre la population de l'incurie du gouvernement, l'Opposition pourrait, par exemple, proposer une résolution selon laquelle « la Chambre condamne l'action du gouvernement dans le domaine économique ». Celui-ci, de son côté, pourrait proposer une résolution qui lui permettrait d'évaluer les réactions de l'opinion publique à certaines orientations qu'il songe à adopter.

Le troisième type de travail de la Chambre est l'**examen des dépenses publiques**. Cet examen se déroule en deux temps : avant et après les dépenses. Avant de procéder à une quelconque dépense, un ministère doit présenter ses **prévisions de dépenses** (pour l'année suivante) au comité permanent de la Chambre qui a compétence en ce domaine. Ce processus permet aux députés d'examiner minutieusement les dépenses que prévoit le gouvernement et dont aucune ne peut être effectuée sans que la Chambre n'y ait d'abord consenti. Elles font aussi l'objet d'un examen approfondi au terme de l'exercice financier. Le comité des comptes publics de la Chambre, habituellement présidé par un député de l'opposition, scrute les livres de chaque ministère afin de s'assurer qu'on a utilisé sagement les fonds publics. Le comité reçoit l'aide d'un officier de la Chambre, le **vérificateur général**.

La quatrième fonction majeure de la Chambre consiste à recueillir des renseignements. Pour que le gouvernement demeure responsable, les députés doivent avoir accès à toute information pertinente. En vertu des procédures de la Chambre, ils peuvent soumettre, par écrit, questions ou demandes de renseignements. Le gouvernement transmet au greffier ses réponses. Les députés peuvent aussi interroger le gouvernement durant la « période des questions ». Comme peuvent en témoigner la plupart des Canadiens, il est rare que ces questions soient posées de bonne foi. Les membres de l'opposition s'efforcent moins d'obtenir réponse que d'embarrasser le gouvernement ; les « questions » ne sont souvent que des discours déguisés. Les ministres y « répondent » dans le même style, négligeant la question et en profitant pour attaquer l'opposition.

Cette manière d'agir, cette approche partisane et cette attitude théâtrale déplaisent à de nombreux Canadiens. On a certes raison de critiquer ces excès, mais la « période des questions » demeure le moment privilégié pour critiquer les politiques du gouvernement ; les médias ne s'y trompent pas, qui y trouvent la source de la plupart de leurs nouvelles parlementaires. La période des questions demeure un facteur essentiel de l'imputabilité du gouvernement.

### 7.5 Les règles de procédure de la Chambre des communes

Deux types de règlements gouvernent les activités de la Chambre. Premièrement, le Parlement a codifié, sous le nom de Règlements de la Chambre des communes, certaines règles de base relatives à sa manière de fonctionner et à la conduite des débats. Il est toujours loisible à la Chambre de modifier ces règlements par un vote à la majorité simple ; de nombreux changements ont ainsi été effectués au fil des ans. Deuxièmement, la Chambre observe de nombreuses règles qui proviennent de la tradition parlementaire britannique (et parfois canadienne). Ces règles sont assimilables à une convention : elles ne sont pas gravées dans le marbre, mais tous les observent, car elles ont depuis longtemps prouvé leur utilité.

Pour qui les observe de l'extérieur, plusieurs de ces règlements semblent bizarres, sinon farfelus. Cependant, ils se révèlent aussi utiles que rationnels. La Chambre des communes est conçue comme un lieu de conflits. Chacun à sa manière, la plupart des règlements visent à faciliter et à ordonner la relation conflictuelle entre gouvernement et opposition. La disposition physique elle-même favorise ce phénomène : gouvernement et opposition se font face comme les lignes offensive et défensive lors d'un match de football. En même temps, les règlements sont tels que les deux partis conservent une certaine civilité : les remarques s'adressent toujours au président plutôt qu'à l'adversaire ; afin d'éviter tout désaccord proprement personnel, on parle de l'adversaire comme de « l'honorable député de X... » plutôt que comme « Jo Bleau ».

Les règlements relatifs à la durée comptent parmi les plus importants. À la Chambre, le temps est une denrée précieuse, car il en faut beaucoup au gouvernement pour faire adopter son programme législatif. Or même si l'opposition, inférieure en nombre, ne peut bloquer les mesures gouvernementales, elle peut paralyser la Chambre et retarder les échéances du gouvernement. Certaines règles existent donc qui visent à maintenir un équilibre raisonnable entre les besoins du gouvernement et ceux de l'opposition. Les interventions sont limitées à vingt minutes et un député ne peut prendre la parole qu'une seule fois sur une motion. On estime qu'en accordant, sur chaque motion, vingt minutes à chaque député, l'opposition peut jouer son rôle sans retarder indéfiniment l'adoption d'un projet de loi. Un règlement interne existe aussi, appelé règlement de **clôture**, qui permet au gouvernement de mettre fin au débat s'il estime que l'opposition prend trop de temps. Ce règlement semble bien priver l'opposition du temps auquel elle a droit, mais n'oublions pas qu'il équivaut à la suppression de droit de parole. Lorsqu'on l'a adopté, on présumait qu'un gouvernement ne l'invoquerait que dans des cas limites, car la population y verrait une mesure antidémocratique. Tout au long du siècle, on ne l'a employé que rarement et toujours au détriment de la popularité du gouvernement. Plus récemment, cependant, le désintérêt de la population à l'endroit des activités parlementaires a encouragé les gouvernements à y recourir avec moins de discernement.

### 7.6 Le simple député

On distingue souvent, chez les députés, ceux qui occupent les banquettes avant de ceux qui occupent les banquettes arrière. Du côté du gouvernement, la première rangée est occupée par les membres du cabinet ; du côté de l'opposition officielle, par les membres du « cabinet fantôme », c'est-à-dire les députés chargés de critiquer un ministre en particulier. Ce sont ces députés de première ligne qui, de part et d'autre, monopolisent l'essentiel des responsabilités, du pouvoir et de la publicité. Par contraste, les « backbenchers » (les députés d'arrière-ban) sont confinés à un relatif anonymat. On les considère souvent, du reste, comme des « robots » qui n'ont rien d'autre à faire que de voter quand leurs chefs le leur ordonnent.

On aurait grand tort, pourtant, de les croire sans influence. Le Parlement leur offre trois occasions de manifester leurs préoccupations. Ils peuvent, premièrement, s'exprimer lors de la réunion hebdomadaire du caucus. Lorsque la Chambre siège, chaque mercredi matin est consacré à la réunion des caucus, c'est-à-dire des députés de chaque parti (et des sénateurs s'ils le désirent). Ces réunions se tiennent à huis clos, de sorte que les députés peuvent parler en toute franchise, sans pour autant mettre en péril l'unité du parti. Les simples députés y disposent alors d'une grande influence. Leur pouvoir est beaucoup moins grand lors des réunions du caucus du gouvernement, généralement utilisées par les membres du cabinet pour informer les députés des décisions déjà arrêtées. Mais le cabinet n'en dépend pas moins de la confiance de la Chambre et toute opposition concertée de ses simples députés l'obligera à « revoir sa copie ».

Les simples députés peuvent aussi se faire valoir dans les comités de la Chambre, dont les plus importants sont les « comités permanents » consacrés à des domaines précis de politique publique. Les membres de ces comités, pour la plupart de simples députés, peuvent ainsi acquérir une certaine compétence dans tel ou tel domaine. Les comités de la Chambre ont pour mission d'étudier, article par article, les projets de loi qui ont subi une deuxième lecture, ainsi que les prévisions budgétaires des ministères. Ils peuvent aussi conduire des études ou des enquêtes relatives au domaine qui relève de leurs attributions ; c'est ainsi que le comité sur la politique sociale a tenu, à travers le pays, des audiences sur les « propositions Axworthy » concernant la réforme du filet de sécurité sociale. Ces comités sont dotés de budgets importants et, bien qu'ils soient composés de membres de tous les partis, la discipline de parti y est beaucoup moins astreignante qu'elle ne l'est à la Chambre. Ses membres peuvent ainsi exercer une certaine influence sur le travail du Parlement.

Les simples députés peuvent aussi, en dernier lieu, proposer des **projets de loi d'initiative parlementaire** (ou : projets de loi de députés). Tout membre de la Chambre peut introduire un projet de loi en première lecture, à la condition que ce projet n'exige pas le débours de fonds publics. Les règlements n'accordent que fort peu de temps à l'étude de tels projets, lesquels sont rarement adoptés. Mais ils permettent aux simples députés de faire connaître leurs idées et il arrive souvent que le gouvernement les reprenne à son compte et les propose ultérieurement sous forme de projet de loi du gouvernement.

## 7.7 La réforme de la Chambre des communes

Les Canadiens se plaignent souvent de ce que leurs députés ne les représentent pas efficacement. C'est là un de leurs principaux sujets de mécontentement à l'endroit du gouvernement. On dit des députés qu'ils sont trop soumis et qu'ils représentent mieux leur parti que leurs électeurs. Ce type de critiques a provoqué plusieurs tentatives de réforme des règlements et de la structure de la Chambre des communes. On a tenté d'accroître le pouvoir des simples députés dans trois domaines : la structure des comités, les projets de loi d'initiative parlementaire et les votes « libres ».

Il faut d'abord comprendre que la composition des comités est proportionnelle à celle de la Chambre. Un parti majoritaire en Chambre le sera aussi dans chaque comité. Cette proportionnalité permet au parti gouvernemental d'avoir la haute main sur les travaux en cours. Mais les députés acquièrent ainsi la réputation de prendre les intérêts de leur parti plutôt que celui de leurs électeurs lorsqu'ils étudient un projet de loi.

On a proposé d'accroître le pouvoir et l'indépendance des membres des comités législatifs, accroissant du même coup le pouvoir et l'indépendance des simples députés qui les composent. En augmentant leurs fonds et leur personnel de recherche, on leur permettrait de proposer des solutions de rechange cohérentes aux projets de gouvernement, de sorte que la Chambre assurerait plus efficacement l'imputabilité du gouvernement.

Souvent évoquée, la seconde réforme offrirait aux simples députés des occasions plus nombreuses d'introduire des projets de loi. Le temps consacré à ces débats serait plus considérable, de sorte que les simples députés pourraient traiter de problèmes qui touchent leurs électeurs. Leur pouvoir en serait ainsi accru.

On a aussi, en dernier lieu, proposé de permettre plus fréquemment aux députés de voter contre leur propre parti. Cette liberté serait acquise en assouplissant la règle relativement rigide qui gouverne la question de confiance. On pourrait ainsi exiger de chaque motion de non-confiance qu'elle soit explicite. Le rejet d'un projet de loi du gouvernement n'équivaudrait plus à une motion de non-confiance. Si l'on transformait ainsi une convention en un règlement officiel, les simples députés pourraient voter contre leur parti sans craindre d'entraîner la chute du gouvernement.

*A priori*, ces réformes sont à la fois raisonnables et réalisables. Mais chacune entraînerait aussi des effets secondaires susceptibles de rendre le remède pire que le mal. Ainsi, la discussion des projets de loi des députés diminuerait d'autant la durée des débats consacrés aux projets de loi du gouvernement. Rien n'indique qu'on puisse se permettre une telle réduction. Quant à l'assouplissement de la règle relative à la confiance, il permettrait certes aux députés du gouvernement de voter contre leur parti, mais il est peu probable que l'opposition en fasse autant. Nous assisterions donc au spectacle d'un gouvernement divisé et d'une opposition parfaitement unifiée, recette éprouvée d'un gouvernement faible.

Tout compte fait, le parlementarisme actuel comporte probablement plus d'avantages que d'inconvénients. Son efficacité tient largement au fait qu'il est un gouvernement du cabinet plutôt que le gouvernement de 301 députés. Les responsables des lois et des politiques publiques y sont clairement identifiés : le premier ministre, le cabinet et le parti au pouvoir, qui devront rendre des comptes à la population lors de la prochaine élection. Le parlementarisme n'est certes pas sans défauts, mais nul ne devrait en sous-estimer les qualités.

### 7.8 Le Sénat

Le Sénat doit être, en principe, une Chambre du « second regard » sur les projets de loi qui émanent de la Chambre des communes. On espérait ainsi, lors de sa création, que sa vision des projets de loi diffère de celle des Communes sous deux aspects. Premièrement, les Pères de la Confédération craignaient qu'une Chambre des communes démocratiquement élue ne respecte pas le droit de propriété ; la majorité pauvre, croyaient-ils, pourrait utiliser son pouvoir pour déposséder la minorité riche. On entendait donc du Sénat qu'il protège le droit de propriété. C'est ainsi que l'article 23 de *LC 1867* stipule qu'un sénateur doit posséder des biens dont la valeur n'est pas inférieure à 4000 $, somme plutôt modeste aujourd'hui mais dont bien peu de Canadiens pouvaient faire état en 1867.

Deuxièmement, le Sénat devait accorder une attention particulière aux régions du pays les moins populeuses. Alors que la composition de la Chambre des communes correspondait à la population des diverses provinces (ce qui faisait de l'Ontario et du Québec les provinces numériquement dominantes), celle du Sénat était fondée sur l'égalité des régions. *LC 1867* accordait 24 sièges à chacune des trois régions du Canada de cette époque : l'Ontario, le Québec et les Maritimes. L'entrée d'autres provinces dans la confédération allait obliger à quelques écarts, mais la représentation sénatoriale demeure, pour l'essentiel, fondée sur ce principe d'égalité régionale[2].

Juridiquement, le Sénat dispose des mêmes pouvoirs que la Chambre des communes, à quelques nuances près[3]. En pratique, cependant, il ne fait presque jamais usage de tous ses pouvoirs. La raison en est simple : les sénateurs ne sont pas des élus. L'article 24 de *LC 1867* stipule que les sénateurs seront « mandés » par le gouverneur général, ce qui signifie, en pratique, qu'ils sont nommés par le premier ministre. Dès l'origine de la Confédération, il fut entendu que le sénat céderait le pas à une Chambre des communes composée d'élus. Au fil de l'histoire, son prestige a régulièrement décliné. Ce déclin tient, en partie, au fait que les Canadiens affichent des opinions de plus en plus démocratiques et tolèrent de moins en moins la présence d'officiels non élus ; mais il résulte aussi du fait que trop de nominations

2. Le Sénat compte maintenant 104 sièges. L'Ontario et le Québec en ont chacune 24, de même que l'Ouest (6 par province). Les Maritimes en comptent toujours 24, mais la Nouvelle-Écosse et le Nouveau-Brunswick en ont respectivement cédé 2 à l'Île-du-Prince-Édouard lorsque celle-ci est entrée dans la confédération en 1873. Terre-Neuve dispose de 6 sièges depuis son adhésion en 1949. Tel est le principal écart du principe de représentation régionale. Chacun des Territoires est représenté par 1 sénateur.

3. Cette proposition souffre deux exceptions. L'article 53 de *LC 1867* stipule que tout projet de loi ayant pour but la perception ou la dépense de fonds publics doit émaner de la Chambre des communes. L'article 47 (1) de *LC 1982* stipule que le Sénat ne possède qu'un veto suspensif sur tout amendement constitutionnel proposé par la Chambre des communes.

n'ont été qu'une faveur accordée pour services rendus au parti du premier ministre. On pourrait donc dire que, dès les années 1950, il était admis, par convention constitutionnelle, que le Sénat ne devait pas s'opposer à un projet de loi adopté par la Chambre des communes.

Depuis quelques années, cependant, le Sénat a fait preuve d'une combativité qui ne lui ressemble guère. Lorsque les conservateurs accédèrent au pouvoir, en 1984, les libéraux avaient gouverné durant seize ans, de sorte que la plupart des sénateurs avaient été des membres en règle du parti libéral et disposaient d'une confortable majorité. Lorsque la Chambre des communes, dominée par les conservateurs, adopta un projet de loi qui mettait en vigueur le Traité de libre-échange canado-américain, le Sénat refusa son accord. Ce faisant, il força les conservateurs à déclencher des élections, ce qui donnait à l'électorat l'occasion d'exprimer son opinion sur ce sujet. Peu après leur nouvelle victoire, les conservateurs proposèrent à la Chambre un projet de loi créant la très controversée TPS. Le projet adopté, le Sénat menaça derechef de lui refuser son accord. Le premier ministre Mulroney répliqua en invoquant l'article 26 de *LC 1867*, qui accorde au gouvernement le droit de nommer quatre ou huit nouveaux sénateurs (un ou deux par région) s'il devient nécessaire de dénouer une impasse entre les deux Chambres du Parlement. Mulroney nomma donc huit nouveaux sénateurs, tous d'allégeance conservatrice, ce qui fut suffisant pour que la Chambre haute adopte le projet de loi du gouvernement.

Ce double épisode illustre assez bien le fonctionnement des conventions constitutionnelles. Nous avons vu, au chapitre 2, que le respect des conventions est fonction de la réaction du public. À ces deux occasions, les sénateurs libéraux présumèrent que l'opinion publique pencherait en leur faveur. Ils soutinrent que leur action était conforme à l'esprit, sinon à la lettre, de la convention, puisque la subordination du Sénat à la Chambre des communes avait pour but de faire en sorte que le pouvoir soit exercé de manière démocratique ; or, selon les sondages d'opinion, la majorité des électeurs souhaitaient la tenue d'une élection sur le thème du libre-échange et ne voulaient pas de la TPS. Valable ou non, cet argument sauva la mise. Une convention n'est maintenue que si les électeurs punissent ceux qui la violent. En 1993, cependant, les électeurs accordèrent aux libéraux une forte majorité.

### 7.9 La réforme du Sénat

Les Canadiens sont mécontents du Sénat depuis des lustres. La « réforme du Sénat » est donc un thème perpétuel du discours politique.

Pour une importante partie de la population, la seule réforme possible est l'abolition. Les sénateurs ne font rien d'utile, ou presque, et l'institution n'est que gaspillage de fonds publics. C'est là une vision simpliste mais néanmoins fort populaire. Selon d'autres abolitionnistes, plus avertis, les sénateurs exercent une réelle influence législative, mais cette influence est néfaste. Le Sénat, en effet, a été conçu pour représenter les intérêts des propriétaires. Or, même si la majorité des Canadiens pourrait aujourd'hui satisfaire aux conditions financières requises pour accéder au Sénat (posséder des biens valant au moins 4000 $), ce corps politique ne représente toujours pas la majorité en termes socio-économiques ; plusieurs sénateurs (sinon la plupart) sont très liés à l'élite financière du pays. Selon Colin Campbell, le Sénat a tenu le rôle de « lobby » de la grande entreprise, retravaillant la législation au profit des banques et autres grandes sociétés[4]. En raison de ce rapport étroit entre Sénat et monde de l'entreprise, le NPD a toujours défendu la thèse de l'abolition.

La plupart des partisans du Sénat, en revanche, préfèrent le conserver mais entendent le restructurer de manière à accroître la représentation des régions les moins populeuses. À cet égard, la thèse la mieux connue est celle qui propose de le transformer en Sénat « **triple E** » : élu, efficace et égal. Pour les tenants de cette thèse, qui s'inspirent du Sénat américain, le corps législatif du gouvernement national devrait être, dans une union fédérale, composé de deux Chambres : une Chambre basée sur le principe de la représentation

4. Colin Campbell, *The Canadian Senate : A Lobby from Within*, Toronto, Macmillan, 1978.

par population, et une autre Chambre, dotée des mêmes pouvoirs (« efficace »), basée sur le principe de l'*égalité* des États ou des provinces. Or on ne rendra le Sénat *efficace* que si ses membre sont *élus*, ce qui leur assurera la même légitimité démocratique que celle des députés aux Communes.

D'autres partisans estiment qu'on ne devrait pratiquement rien changer au Sénat. Selon eux, un Sénat « triple E » pourrait paralyser le Parlement si chacune des deux Chambres était dominée par un parti politique différent. Ils rejettent aussi l'abolition, affirmant que le Sénat est plus utile qu'il n'y paraît : il corrige les erreurs ou les oublis qui se glissent dans les lois adoptées aux Communes ; il permet de nommer des ministres lorsqu'une province n'a élu aucun candidat du gouvernement[5] ; il permet fort commodément à un premier ministre d'accorder une « promotion » à un ministre dont il veut se départir. Les défenseurs du *statu quo* rappellent que le Sénat ne coûte à chaque Canadien qu'un dollar par an et que, par conséquent, mieux vaudrait y apporter quelques retouches que l'abolir à tout jamais[6].

5. Après l'élection de 1979, qui le laissait sans forte représentation du Québec, le premier ministre Clark fit appel au Sénat pour corriger cette lacune. Le premier ministre Trudeau en fit autant après l'élection de 1980, aucun candidat libéral n'ayant été élu à l'ouest de Winnipeg.

6. Darcy Wudel, « A Job Description for Senators », *Policy Options*, vol. 7, avril 1986 ; J. Lemco et P. Regenstreif, « Let the Senate Be », *Policy Options*, vol. 6, n° 4, mai 1985.

## MOTS CLÉS

Prorogation
Projets de loi des députés
Dissolution projet de loi du gouvernement
Discours du trône
Première lecture
Circonscription
Deuxième lecture
Président de la Chambre
Troisième lecture
Greffier de la Chambre
Sanction royale
Sergent d'armes
Promulgation
Journal des débats
Prévisions de dépenses
Vérificateur général
Triple E
Clôture
Projets de loi
Étape du rapport
Résolution
Examen des dépenses publiques

# CHAPITRE 8

# LE JUDICIAIRE



## 8.1 Le rôle du judiciaire

Quiconque étudie la constitution notera d'abord l'arrivée tardive de « la judicature » dans la loi constitutionnelle de 1867. Les sections traitant des pouvoirs législatif et exécutif y occupent les premières places, mais le pouvoir judiciaire n'y est décrit qu'à la section VII. Sans doute convenait-il d'établir d'abord les dispositions qui gouvernent le fédéralisme, puisque le système judiciaire comporte une dimension fédérale. Mais il faut aussi y voir le fait que les Pères de la Confédération accordaient beaucoup moins d'importance au pouvoir judiciaire qu'aux pouvoirs législatif et exécutif.

Une telle opinion serait aujourd'hui insoutenable ; le judiciaire a largement débordé les limites qu'il connaissait à l'époque. En 1867, la plupart des observateurs lui auraient attribué deux tâches fondamentales : trancher les litiges en droit privé et entendre les causes en droit public. Aujourd'hui, les juges s'engagent régulièrement dans deux autres activités : la direction de commissions royales d'enquête et le réexamen judiciaire de la constitution. Cette dernière fonction a donné au pouvoir judiciaire une importance que ne pouvaient même imaginer les Pères de la Confédération.

*a) Trancher les litiges en droit privé*

Selon John Locke, les êtres humains ont besoin de se donner quelqu'un qui puisse trancher leurs litiges avec autorité et impartialité ; telle serait la cause première de l'existence des régimes politiques. Philosophe libéral, Locke croyait à l'existence de principes de justice universels et éternels, qu'il appelait lois naturelles, et il pensait que tous les êtres humains pouvaient en principe en comprendre la validité. Mais il doutait de leur aptitude à toujours les respecter. Il doutait aussi de leur capacité à les appliquer et à les sanctionner impartialement. À l'état de nature, les hommes seraient inévitablement entraînés dans une spirale d'injustices et de vengeances. Les êtres raisonnables sont donc disposés à renoncer à leur état naturel de liberté pour se soumettre à un régime politique qui pourra résoudre leurs querelles avant qu'elles ne deviennent violentes.

À cette fin, le régime adoptera des lois qui régiront les différends privés les plus communs et créera des tribunaux qui les règleront en fonction des principes énoncés dans ces lois. Le régime autorisera, et même incitera, les individus à recourir à des mécanismes privés pour régler leurs litiges. Les mécanismes les plus usuels sont la négociation, la médiation (présence d'une tierce partie afin de faciliter la négociation) et l'arbitrage (accord des parties en litige sur l'imposition d'un règlement par une tierce partie). Mais l'efficacité de ces mécanismes tient largement à ce que les parties en litige savent que tout conflit non résolu sera porté devant un tribunal qui tranchera définitivement.

À l'époque de la confédération, on estima nécessaire de confier aux provinces la responsabilité du « droit privé », c'est-à-dire du droit qui régit des domaines comme la propriété, les contrats, les dommages. L'article 92.13 confie donc « la propriété et les droits civils » à la compétence exclusive des assemblées législatives. On agit ainsi parce que le Québec ne vivait pas sous le même système juridique que celui des provinces anglaises (Ontario, Nouvelle-Écosse et Nouveau-Brunswick).

Au Québec, le droit privé est régi par le code civil, recueil de toutes les règles relatives à la propriété et aux droits civils. Ce mode juridique, aujourd'hui pratiqué dans la plupart des pays du monde, avait été introduit au Québec à l'époque de la colonisation française et, en 1774, le gouvernement britannique avait officiellement autorisé les « Canadiens » à le conserver. Les autres colonies avait plutôt repris, de la tradition britannique, le système de la « common law ». En vertu du principe de la common law (ou loi commune), les lois dérivent de la coutume et des décisions de justice, par opposition à des lois adoptées par des corps législatifs. En Angleterre, vers la fin du Moyen Âge, des juges nommés par le roi entreprirent de prendre la haute main sur ce qui avait été jusqu'alors un système de justice extrêmement bigarré. Afin d'imposer unité et cohérence à ce système, ils adoptèrent l'habitude de décider des causes relatives à la propriété ou aux contrats en se basant sur les **précédents**, c'est-à-dire sur les décisions judiciaires antérieures portant sur le même point de droit. En l'absence de précédent, les juges pouvaient rendre leurs arrêts de la manière qui soit la plus compatible avec les principes jurisprudentiels existant. En vertu du principe ***stare decisis*** (« s'en tenir aux choses décidées »), cependant, ils étaient tenus de respecter tout précédent établi par les juges d'un tribunal supérieur. En se conformant à ces règles de base, les juges anglais réussirent, au fil du temps, à développer un système de droit privé « commun » à l'ensemble du pays.

*b) Jugement des causes en droit public*

Les juges disposent aussi d'une grande autorité en matière de « droit public ». En quoi le droit public diffère-t-il du droit privé ? Le droit privé régit les rapports entre deux ou plusieurs parties privées (individus ou personnes morales), alors que le droit public traite des conflits entre parties privées et gouvernement. La manière même d'inscrire les causes reflète cette différence : en droit privé, on inscrira la cause sous le nom des parties, par exemple *Laprise* c. *Desrosiers* ; en droit public, une des parties sera la reine ou un des organismes de la Couronne, par exemple *Fortmann* c. *La Reine*, ou *Ford c. Procureur général du Québec.*

Le droit public compte deux domaines principaux : le droit criminel et le droit administratif. L'article 91.27 de *LC 1867* stipule que le droit criminel relève de la compétence exclusive du Parlement (c'est-à-dire d'Ottawa). La source première de ce droit est le Code criminel du Canada qui interdit divers actes définis comme criminels, dont, entre autres, voies de fait, agression sexuelle, fraude, meurtre et propos haineux. Outre qu'il offre une définition juridique de ces crimes, le Code établit pour chacun d'eux un éventail de sanctions appropriées. Dans la plupart des cas, cependant, une grande latitude est laissée aux magistrats, seuls habilités à imposer les sentences. Il s'agit là d'une forme non négligeable de pouvoir politique.

Le terme « droit administratif » renvoie à toute loi non sanctionnée par des peines relevant du droit criminel. Le droit administratif traite donc d'une multitude de domaines relevant des deux niveaux de gouvernement, des infractions au code de la route (de compétence provinciale) aux prestations de retraite (de compétence fédérale). L'abondance des causes relevant de ce domaine juridique est telle qu'on confie aujourd'hui une grande part du fardeau à des tribunaux administratifs (ex. la Commission de santé et de sécurité au travail – CSST). Mais les juges entendent de nombreuses causes de droit administratif et auront souvent le pouvoir de renverser les décisions des tribunaux administratifs.

*c) Commissions d'enquête judiciaire*

Depuis quelques décennies, les gouvernements demandent de plus en plus fréquemment à des juges de diriger des commissions royales d'enquête sur des domaines de politique publique ou sur de présumées fautes commises dans le secteur public. Durant les années 1980, des juges ont ainsi enquêté, entre autres, sur le décès de plusieurs bébés à l'hôpital pour enfants malades de Toronto, sur un présumé racisme au sein du système judiciaire de la Nouvelle-Écosse, sur des activités illégales de la GRC et sur le régime d'assurance-maladie du Canada. Plus récemment, le juge Horace Krever a mené une enquête sur le rôle de la Croix-Rouge dans l'affaire du sang contaminé au VIH. En règle générale, les gouvernements attachent une grande importance aux recommandations des commissions qu'ils ont créées. Les juges qui les dirigent peuvent ainsi exercer une grande influence sur certaines politiques d'intérêt public.

Les gouvernements ne sont pas tenus de confier à des juges la direction de ces commissions. Plusieurs d'entre elles, du reste, ont été dirigées par des personnages qui n'appartenaient pas à la magistrature. Mais le fréquent recours au judiciaire tient à deux raisons. Premièrement, les juges sont habitués, de par leur profession, d'organiser des audiences au cours desquelles les parties seront entendues selon des règles de procédure équitables. La seconde raison est peut-être la plus importante : les juges ont une réputation d'impartialité. Mais selon Peter Russell, éminent analyste du domaine judiciaire canadien, les gouvernements devraient s'interdire, à cause même de cette impartialité, de confier aux juges de telles fonctions :

> La participation des juges à ces commissions mènera obligatoirement à la politisation du judiciaire et atténuera probablement l'aura d'impartialité [...] qui a mené les gouvernements à leur confier ces commissions. S'il n'en résultait qu'une diminution du nombre des commissions royales ou de leurs commissaires, le dommage ne serait pas bien grand ; il existe d'autres manières de faire enquête sur les fautes du gouvernement ou sur les politiques publiques. Beaucoup plus grave est le danger qui menace l'appareil judiciaire et sa capacité d'accomplir sa fonction essentielle, qui est de juger[1].

*d) Réexamen judiciaire de la constitution*

Nous avons vu, au chapitre 2, que les termes de la constitution exigent d'être interprétés et que la tâche en revient aux tribunaux. Cette fonction de réexamen, nous ont aussi appris les chapitres 4 et 5, accorde au judiciaire un très grand pouvoir. Les juges décident maintenant d'importantes questions de principe ou de politique publique : quelle est la portée des pouvoirs du gouvernement fédéral ? Est-il permis à un niveau de gouvernement de restreindre la pratique de

1. Peter Russell, *The Judiciary in Canada : The Third Branch of Government*, Toronto, McGraw-Hill Ryerson, 1987, p. 13.

l'avortement ? Les lois interdisant le commerce du dimanche sont-elles acceptables ? La réponse à de telles questions appartient désormais aux tribunaux plutôt qu'aux instances législatives.

Notons cependant que le judiciaire ne prend jamais l'initiative en de telles matières. Le réexamen de la constitution est provoqué le plus souvent, par l'impossibilité de régler des causes de droit public ou privé sans un arrêt sur la signification d'un point ou l'autre de la constitution. La cause *Big M Drug Mart* c. *La Reine* (1985) en serait un exemple classique. Cette entreprise était accusée d'avoir enfreint une loi fédérale interdisant de faire commerce le dimanche. Elle ne nia pas les faits, mais soutint que la *Loi sur le jour du Seigneur* (Lord's Day Act) contrevenait à l'article 2 (a) de la *Charte des droits*, qui garantit la liberté de religion. Il revint donc aux tribunaux (dont, en l'occurrence, la Cour suprême) de rendre un arrêt concernant l'article 2 (a) de la *Charte*. Le droit à la liberté de religion rend-il inconstitutionnelle l'interdiction de faire commerce le dimanche ? Si oui, Big M Drug Mart n'était pas coupable. Si non, l'entreprise était sujette aux peines prescrites par la loi.

Il arrive aussi que le réexamen de la constitution soit mené en vertu de la **procédure de renvoi**. Lorsque le gouvernement fédéral créa la Cour suprême, il stipula que la Cour pouvait être appelée à donner son opinion sur la constitutionnalité de décisions ou de lois que lui « renverrait » le gouverneur en conseil. À l'origine, le gouvernement entendait utiliser cette procédure de renvoi pour l'aider à décider du désaveu de lois provinciales. Peu à peu, cependant, le renvoi se transforma en un moyen d'obtenir rapidement une décision sur la constitutionnalité d'un projet de loi. (La procédure normale de contestation privée et d'appels peut parfois s'étendre sur dix ans.) C'est ainsi que durant les années 1930, le gouvernement Bennett put renvoyer à la Cour un programme de lois sociales (connu sous le nom de « New Deal ») et apprendre rapidement que la plupart des lois ainsi projetées étaient *ultra vires* (au-delà des compétences du gouvernement fédéral). Les gouvernements provinciaux comprirent très tôt l'intérêt de cette procédure et l'introduisirent dans leurs propres tribunaux. Aujourd'hui, l'essentiel de ce réexamen découle de l'audition de causes plutôt que de renvois, mais le renvoi a entraîné certains des arrêts les plus importants et les plus intéressants, dont, par exemple, le *Renvoi concernant le rapatriement* (évoqué précédemment à la p. 44) et, plus récemment, le *Renvoi relatif à la sécession du Québec.*

## 8.2 Les principes fondamentaux

Trois principes fondamentaux gouvernent le judiciaire au Canada : impartialité, indépendance et égalité devant la loi. Ils proviennent tous trois de la tradition britannique et l'on pourrait même soutenir, avec quelque raison, qu'ils étaient implicites dans le préambule de *LC 1867* qui prévoyait, pour le Canada, « une constitution reposant sur les mêmes principes que celle du Royaume-Uni ». Nous verrons, cependant, qu'ils sont aussi constitutionnalisés dans d'autres articles.

### *a) Impartialité*

L'article 11 (d) de la *Charte des droits et libertés* garantit à toute personne inculpée au Canada le droit à un procès « équitable » devant un « tribunal impartial ». Il n'y a rien là d'étonnant, puisque l'exigence d'impartialité est implicite dans le concept même de jugement.

La signification de ce principe est relativement simple : les juges doivent être libres de tout préjugé, favorable ou défavorable, envers les parties qui comparaissent devant eux. Sans doute l'impartialité absolue est-elle impossible à l'être humain ; mais notre régime présume que les juges seront raisonnablement impartiaux et, pour l'essentiel, leur abandonne le soin de se discipliner eux-mêmes à cet égard. Cela dit, cependant, on a prévu trois dispositions qui incitent fortement à l'impartialité.

En vertu de la première disposition, les parties ont le droit d'en appeler de la décision d'un juge en s'adressant à un tribunal supérieur. Ce droit d'appel encourage doublement à l'impartialité : premièrement, les juges ont tout intérêt à se montrer équitables et objectifs, sachant que leurs décisions seront scrutées par un tribunal supérieur ; deuxièmement, les parties qui ont été victimes de préjugés peuvent être entendues une seconde fois. Notons, cependant, que ce droit d'appel n'est pas sans limites. Tout d'abord, il n'est pas automatique. En règle générale, on doit solliciter du tribunal d'appel la permission d'en appeler, permission qui ne sera accordée que si ce tribunal entretient des doutes sérieux sur la décision du tribunal inférieur. De plus, tous les aspects d'une cause ne sont pas admissibles à un appel. Lorsque les juges rendent une décision, en effet, ils procèdent en deux étapes distinctes : ils doivent d'abord établir les faits (ce qui s'est vraiment passé), et décider ensuite de ce que stipule la loi dans des cas semblables. Les tribunaux accorderont la permission d'en appeler si le juge semble avoir erré quant à l'interprétation de la loi ou s'il a peut-être commis des erreurs de procédure, mais n'accueilleront pas, en principe, d'appel d'une décision relative aux faits.

Le second facteur qui tend à favoriser l'impartialité du tribunal tient à la nature « conflictuelle » du processus judiciaire. Dans plusieurs pays, les juges tiennent un rôle actif : ils enquêtent eux-mêmes sur les faits et appliquent ensuite la loi au meilleur de leur connaissance. Une telle manière de procéder ne convient pas à notre régime, fondé sur la méfiance envers le pouvoir de l'État et sur la primauté de la liberté et de la responsabilité de l'individu. Les juges canadiens, tout comme leurs homologues britanniques, tiennent donc un rôle beaucoup plus passif. Plutôt qu'inquisiteurs, ils sont les arbitres entre deux parties adverses à qui ils laissent le soin d'établir les faits et de présenter leurs arguments. Ils rendront ainsi une décision basée sur les faits et les arguments tels que présentés par les adversaires. Cette procédure réduit considérablement la capacité des juges à imposer leurs opinions aux parties en litige.

La doctrine de neutralité politique constitue le troisième facteur d'impartialité des magistrats. Selon cette doctrine, elle aussi d'origine britannique, les juges doivent observer le silence en matière politique. Ils ne peuvent appartenir à un parti, ne peuvent s'exprimer sur des sujets politiques et ne doivent manifester publiquement aucune opinion en cette matière. Il est facile d'en comprendre la raison. Les juges seront souvent appelés à rendre des décisions d'importance politique. S'ils se sont commis publiquement à propos d'un sujet précis (par exemple l'avortement), il convaincront difficilement la population de leur impartialité advenant l'audition, devant eux, d'une cause relative à ce sujet. De plus, souligne Peter Russell, si les juges entrent dans l'arène politique et s'attaquent à des politiciens, ces derniers ne tarderont pas à répliquer. Une telle occurrence ne pourrait que miner l'autorité et l'indépendance de la magistrature[2].

Un incident survenu en 1981 illustre fort bien cette doctrine de la neutralité politique. Le juge Thomas Berger, membre de la Cour suprême de Colombie-Britannique, critiqua publiquement l'accord qui devait mener à *LC 1982* parce que ce document ne contenait aucun droit de veto pour le Québec et omettait de constitutionnaliser certains droits des autochtones. Un comité du Conseil canadien de la magistrature fit enquête et expliqua, dans son rapport, en quoi les propos du juge Berger risquaient de jeter des doutes dans l'esprit du public quant à l'impartialité des juges :

> Tout indique que certains peuples autochtones sont insatisfaits de l'article 35 de la Charte canadienne des droits et libertés. Si le juge Berger devait être appelé à interpréter cet article, par exemple le sens du mot « existant » dans la phrase « les droits existants des peuples autochtones » le public aurait-il désormais confiance dans son impartialité ? Après que le juge Berger se fût prononcé publiquement sur la nécessité de conserver au Québec son droit de veto, ses compères du Québec ont été appelés à établir l'existence de ce droit[3].

Le comité estima que les propos du juge Berger ne justifiaient pas sa destitution, mais jugea bon de recommander qu'il soit blâmé. L'intéressé rejeta ces conclusions mais démissionna un an plus tard.

On prétend souvent que la magistrature n'est pas vraiment impartiale car elle tend, dans l'ensemble, à se montrer d'orientation modérée et même conservatrice. Pour Stephen Brooks, par exemple, les juges ne se font jamais « critiques radicaux de la société ». Ils « se préoccupent rarement de la distribution du pouvoir dans la société » et sont généralement « insensibles aux inégalités structurelles qui existent dans la société et dans l'économie ». Divers facteurs, selon

2. *Ibid.*, p. 88-89.
3. Cité dans F. L. Morton, *Law, Politics, and the Judicial Process in Canada*, Calgary, University of Calgary Press, 1990, p. 111.

lui, concourent à cette situation. Ainsi, les juges proviennent habituellement d'un échelon ou l'autre de la classe moyenne. En outre, ils sont nommés par les gouvernements, lesquels ne tiennent généralement pas à se donner des magistrats politiquement radicaux. Et surtout, ajoute-t-il, la loi elle-même est farcie de postulats intrinsèquement conservateurs, tels l'« individualisme » et les droits de propriété. Il s'ensuit que quiconque a acquis une formation juridique a intériorisé un parti pris pour le conservatisme politique[4].

Il est certes important de comprendre les implications politiques des décisions des juges et il est sans doute possible de soutenir, comme Brooks, que le pouvoir judiciaire favorise, en un sens, le conservatisme politique. Mais il serait injuste d'en conclure à un manque d'impartialité des magistrats. Dans le régime canadien, les juges ont pour première tâche d'appliquer la loi, non de la faire. Lorsqu'il leur arrive de « faire la loi » en donnant une signification précise à un langage juridique imprécis, il est tout à fait raisonnable d'attendre d'eux qu'ils interprètent la loi à la lumière des principes fondamentaux du régime existant. Les Canadiens peuvent légitimement chercher à modifier ce régime en insistant auprès des politiciens pour qu'ils y apportent des changements, mais il ne serait pas conforme aux principes du gouvernement responsable d'attendre des juges qu'ils se fassent les agents de changements politiques radicaux.

*b) Indépendance*

Outre la garantie d'un procès devant un tribunal « impartial », l'article 11 (d) de la *Charte* assure la présence d'un tribunal « indépendant ». Les deux termes n'ont pas la même signification. Strictement parlant, le principe de l'indépendance judiciaire est un sous-ensemble du principe d'impartialité.

Lorsque nous disons du judiciaire qu'il doit être indépendant, nous entendons qu'il doit l'être de l'exécutif. La raison en est simple : dans de nombreuses causes, sinon dans la plupart, l'exécutif sera partie au

4. Stephen Brooks, *Canadian Democracy : An Introduction*, Toronto, McClelland et Stewart, 1993, p. 196-197.

litige. *Big M Drug Mart* c. *La Reine* est, en réalité, un litige entre Big M et le Procureur général de l'Alberta, membre de l'exécutif de cette province. Conformément aux exigences de sa fonction, ce procureur poursuit une personne morale présumée avoir enfreint une loi fédérale. Le judiciaire pourrait difficilement être impartial s'il était sujet au contrôle d'un exécutif qui est aussi plaideur. Afin que soit respecté ce principe de l'indépendance du judiciaire, certaines conditions doivent être respectées.

En 1985, dans la cause *Valente* c. *La Reine*, la Cour suprême a précisé ces conditions. Premièrement, les juges doivent bénéficier d'une parfaite sécurité d'emploi. En d'autres termes, il doit être interdit à l'exécutif de congédier un juge pour la simple raison qu'il est insatisfait de ses décisions. Deuxièmement, le salaire des juges doit être établi par la loi ; si la magistrature n'est pas financièrement indépendante de l'exécutif, en effet, ce dernier pourrait tenter d'influencer les juges en modulant leur salaire. Troisième et dernière condition, les juges doivent être maîtres absolus de l'administration de leur tribunal dans la mesure où elle influe sur le processus décisionnel (par exemple, le calendrier des causes).

Évaluée à ces critères, la magistrature canadienne est strictement indépendante. L'article 99 de *LC 1867* garantit aux juges des tribunaux supérieurs la sécurité d'emploi jusqu'à l'âge de 75 ans, « durant bonne conduite ». C'est là une manière traditionnelle de dire que les juges ne peuvent être démis de leur fonction que pour cause d'incapacité mentale ou physique, ou parce qu'ils ont agi de manière à donner mauvaise réputation à l'administration de la justice (ex. en se livrant au blanchiment d'argent ou en conduisant en état d'ébriété). En d'autres termes, on ne peut démettre un magistrat parce que ses décisions déplaisent à l'exécutif ou même parce qu'il a commis des erreurs. Les juges des autres tribunaux canadiens sont protégés par les mêmes dispositions incluses dans les lois qui ont institué ces tribunaux.

L'article 100 de *LC 1867* constitutionnalise, pour les juges des tribunaux supérieurs, le principe d'une rémunération établie par la loi, les protégeant ainsi de toute manipulation par l'exécutif. Les juges des autres instances bénéficient de la même protection pour les raisons évoquées ci-haut.

La troisième condition énoncée par la Cour suprême ne fait l'objet d'aucune garantie constitutionnelle. Dans la plupart des cas, cependant, les juges canadiens disposent d'un pouvoir administratif important dans l'exercice de leur fonction.

Un incident célèbre, « l'affaire des juges », illustre l'importance qu'accordent les Canadiens à l'indépendance de la justice. En mars 1976, le juge en chef de la Cour supérieure du Québec, Jules Deschênes, écrivit au ministre fédéral de la Justice pour se plaindre de ce que des ministres du cabinet Trudeau avaient, à trois différentes reprises, contacté des magistrats à propos de causes en instance de jugement. Aucun des ministres ne démissionna, mais le premier ministre Trudeau fit savoir qu'une telle conduite ne serait plus tolérée. Deux ans plus tard, le ministre du Travail, John Munro, dut démissionner lorsqu'on eût appris qu'il avait contacté un juge pour discuter du prononcé de la sentence à l'encontre d'un de ses électeurs. Dix ans plus tard, Jean Charest dut quitter le cabinet Mulroney pour avoir téléphoné à un juge au nom d'un citoyen de son comté.

*c) Égalité devant la loi*

L'égalité de chacun devant la loi est le troisième principe du régime judiciaire canadien. Constitutionnalisé dans la *Charte des droits et libertés* (article 15.1), il est aussi implicite dans son préambule qui stipule que « le Canada est fondé sur des principes qui reconnaissent la [...] primauté du droit ». Or l'égalité de tous devant la loi est un des principes constitutifs de la primauté du droit.

En dépit de l'engagement des tribunaux à respecter cette égalité, des problèmes surgissent du fait que les procédures juridiques sont souvent fort coûteuses pour les parties. Les gouvernements provinciaux ont mis au point des programmes d'aide juridique à l'intention des inculpés qui n'ont pas les moyens de rémunérer un avocat. Mais dans le domaine des causes civiles, cette aide est plutôt aléatoire. Il s'ensuit que des citoyens qui auraient droit à certains recours aux termes de la loi sont forcés d'interrompre les procédures par manque de fonds. De plus, ceux-là mêmes qui peuvent rémunérer leur avocat n'obtiennent pas toujours pleine et entière justice. Dans un système judiciaire qui repose presque exclusivement sur une procédure conflictuelle de présentation des faits et des arguments, avoir ou n'avoir pas gain de cause peut tenir à la qualité de son avocat. Il arrive souvent que cette qualité soit proportionnelle à la somme consentie au titre d'honoraires. Non parce que les avocats les plus « coûteux » sont toujours les meilleurs, mais parce que la partie la plus riche est en mesure d'assumer des frais considérables de recherche juridique et peut épuiser financièrement ses adversaires en recourant à des querelles de procédure et à des appels qui n'en finissent plus.

### 8.3 Les tribunaux canadiens

Il semblerait, à première vue, que le Canada affiche un étonnant assemblage de tribunaux, dont certains sont affublés des noms les plus bizarres. Mais ce système répond à une logique certaine, que l'on comprendra mieux à partir de quelques principes fondamentaux.

Premièrement, les tribunaux sont structurés de manière hiérarchique. Certains sont définis comme supérieurs à d'autres et ils se répartissent ainsi, de degré en degré, jusqu'à un tribunal qui est dit « suprême ». Plusieurs raisons motivent une telle structure. L'une tient à la division de l'activité judiciaire en procès (première audition de la cause) et en appels (réexamen de la cause). La simple logique nous dit que si la cour d'appel doit avoir le pouvoir de renverser une décision d'un tribunal de première instance, elle doit avoir un statut supérieur à celui-ci. Si, en outre, une des parties entend faire appel de cette seconde décision, un tribunal doit exister qui soit lui-même supérieur à la cour d'appel. Et puisque ce processus doit bien prendre fin quelque part, un tribunal doit exister qui soit « suprême ».

Cette hiérarchie des tribunaux tient aussi à ce que certains sujets de litige sont intrinsèquement plus importants que d'autres. Une cause de meurtre, par exemple, où le prévenu est susceptible d'une peine sévère, est plus importante qu'une cause de stationnement illégal qui n'entraînera qu'une amende. Il est donc logique de diviser un système en tribunaux « supérieurs », où siégeront les juges les plus compétents, et en tribunaux « inférieurs » où la rigueur des procédures variera en fonction de la nature des causes.

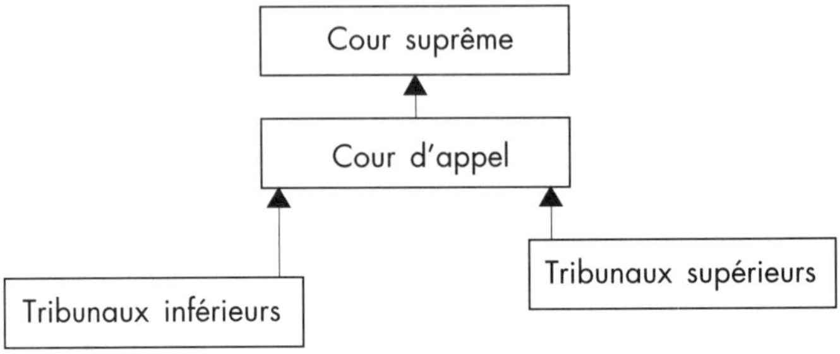


**Tableau 8.1**

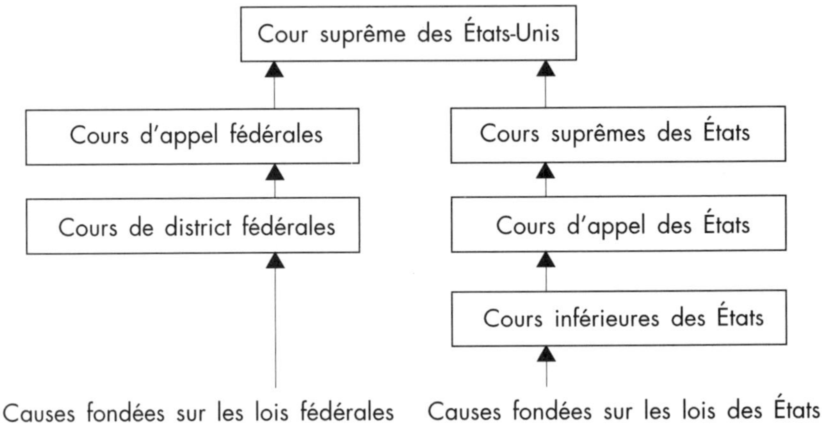


**Tableau 8.2**

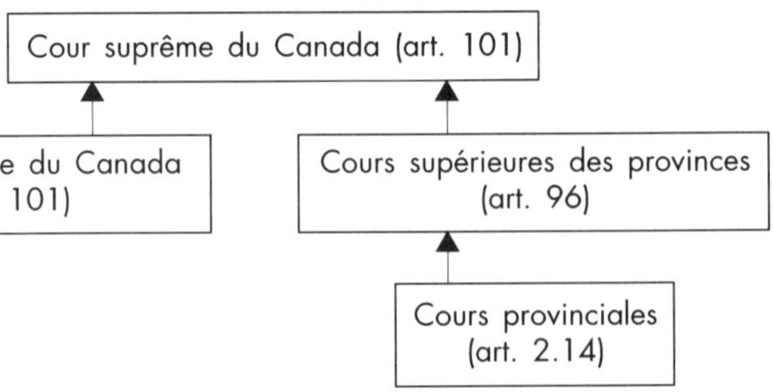


**Tableau 8.3**

Le tableau 8.1 propose une hiérarchie hypothétique de ce type. Nous y trouvons des tribunaux « inférieurs », occupés à des causes de stationnement ou de petites créances, des tribunaux « supérieurs » qui entendent les causes de meurtre ou de voies de fait, une Cour d'appel qui entend les appels des deux précédentes et une Cour suprême qui accueille les appels des décisions de la Cour d'appel.

L'agencement de nos tribunaux tient à un second principe, le fédéralisme. Le système esquissé au tableau 8.1 conviendrait parfaitement à un régime politique unitaire, tel la Grande-Bretagne. Dans un régime fédéral, par contre, l'agencement devient plus complexe puisqu'il faut y intégrer les besoins de deux niveaux de gouvernement. Nous avons vu, au chapitre 4, que les États-Unis ont été le premier modèle de fédéralisme. En planifiant leur régime judiciaire, les Américains ont cru bon de le faire « double ». Deux réseaux de tribunaux existent en parallèle : le réseau fédéral qui traite des causes inscrites en vertu des lois fédérales et un réseau distinct pour chaque État, responsable des causes relatives aux lois de cet État. Ces deux régimes parallèles se rejoignent en un seul point : la Cour suprême des États-Unis, qui accueille les appels de l'un et de l'autre. Le tableau 8.2 schématise le « double » système américain.

Il n'est pas étonnant que les Américains aient opté pour un double système, car leur régime politique était conçu comme une fédération fortement décentralisée, composée d'États dont les gouvernements disposaient d'une grande mesure d'indépendance. Aux yeux des Pères de la Confédération, cependant, les Américains avaient commis une grave erreur en accordant un tel pouvoir aux gouvernements des États. C'est pourquoi, le temps venu de créer un système judiciaire pour le Canada, ils cherchèrent à combiner la diversité d'une fédération à l'uniformité d'un régime unique et centralisé. Il en résulta ce que Peter Russell a appelé un **système judiciaire intégré**, c'est-à-dire un système unique confié à la garde conjointe de deux niveaux de gouvernement[5]. On en trouvera le schéma au tableau 8.3. Plus complexe que sa contrepartie américaine, ce système est facilement compréhensible à la lumière des règles fondamentales établies dans la constitution.

5. P. Russell, *op. cit.*, chap. 3.

L'article 92.14 de *LC 1867* stipule que « dans chaque province, la législature pourra exclusivement faire des lois » relatives à « l'administration de la justice dans la province, y compris la création, le maintien et l'organisation de tribunaux de justice pour la province, ayant juridiction civile et criminelle [...]. » En d'autres termes, les gouvernements provinciaux ont le pouvoir de créer et d'administrer tous les tribunaux qu'ils estiment nécessaires au bon fonctionnement d'un système judiciaire, depuis les **tribunaux inférieurs** (souvent nommés « cours provinciales ») jusqu'aux **tribunaux supérieurs**.

Pourquoi avoir confié l'administration de la justice aux gouvernements provinciaux ? La réponse saute aux yeux. La notion même de fédéralisme implique l'abandon aux pouvoirs locaux (c'est-à-dire « provinciaux ») de tout domaine dont ils peuvent traiter plus efficacement. L'administration de la justice en est un, et pour plusieurs raisons. La première tient à la différence entre le régime de droit civil du Québec et le régime de common law pratiqué dans les autres provinces, chacun entraînant des modulations différentes du système judiciaire. Deuxièmement, des données aussi banales que la dimension territoriale pourraient entraîner l'adoption de systèmes différents selon les provinces ; c'est ainsi que la création de « cours de district » permettrait de desservir l'ensemble du territoire dans les provinces les plus vastes, mais ne conviendrait pas à une petite province. Quoi qu'il en soit, les colonies qui formèrent le Canada en 1867 possédaient déjà leur propre système judiciaire, parfaitement adapté aux besoins locaux, de sorte qu'aucune raison n'existait de les remplacer.

En revanche, il importait de changer les règles de nomination des juges. Si le fédéralisme implique de confier les affaires locales aux pouvoirs locaux, il exige aussi de gérer au niveau national les domaines d'intérêt national. Pour les Pères de la Confédération, le droit criminel était d'intérêt national (à l'inverse des Américains, qui l'avaient abandonné aux gouvernements locaux). Or il eût été inutile d'imposer un régime de droit criminel commun à l'ensemble du Canada si on en avait abandonné l'application à des juges relevant des provinces. Les juges, en effet, disposent d'une grande latitude quant au prononcé des sentences, de sorte que les mêmes crimes eussent pu entraîner des peines fort différentes d'une province à l'autre. Afin d'assurer une certaine homogénéité dans ce domaine, l'article 96 de *LC 1867* stipule qu'il appartiendra au gouvernement fédéral de nommer les juges de tous les tribunaux *supérieurs* (qui traiteraient des aspects les plus importants relatifs au code criminel). En outre, l'article 100 stipule que les salaires de ces juges « seront fixés et payés par le parlement du Canada ». Ainsi, alors que les tribunaux inférieurs sont sous contrôle provincial exclusif, le réseau des tribunaux supérieurs relève de compétences partagées : les provinces créent et maintiennent les tribunaux en fonction des besoins locaux, mais Ottawa nomme et rémunère les juges afin d'assurer l'uniformité des décisions de justice. On qualifie souvent ces deux types de tribunaux de tribunaux selon l'**article 92** (inférieurs) ou de **tribunaux selon l'article 96** (supérieurs).

La constitution permet aussi la création de tribunaux fédéraux présidés par des juges nommés par le fédéral. L'**article 101** de LC 1867 autorise le Parlement à « créer, maintenir et organiser une Cour générale d'appel pour le Canada, et établir des tribunaux additionnels pour la meilleure administration des lois du Canada ». Le Parlement a fait usage de ce double pouvoir. En 1875, il a créé la Cour de l'Échiquier à des fins de « meilleure administration des lois » ; restructurée en 1970, cette cour est depuis lors prénommée Cour fédérale du Canada. Elle traite de litiges relatifs à certaines lois fédérales (ex. le droit maritime ou le droit d'auteur) et entend les appels interjetés par les organismes fédéraux de réglementation et les tribunaux administratifs.

Le Parlement a aussi institué, en 1875, la Cour suprême du Canada. Ce tribunal est autorisé à entendre les appels des décisions des cours d'appel provinciales et de la Cour fédérale du Canada. Entre 1867 et 1875, cependant, le Canada ne fut pas sans tribunal de dernière instance. Les Pères de la Confédération avaient estimé que le plus haut tribunal britannique, le Comité judiciaire du Conseil Privé (**CJCP**), pouvait en tenir lieu. La création de la Cour suprême ne mit pas un terme immédiat à cette pratique du recours à Londres : les décisions des cours provinciales d'appel pouvaient toujours être portées en appel au CJCP. En d'autres termes, notre Cour suprême n'était pas vraiment « suprême ». On dira volontiers qu'elle était suprême *au* Canada, mais ne l'était pas *pour le* Canada. Cette situation quasi coloniale ne prit fin qu'après la Deuxième Guerre mondiale. En 1949, le Parlement abolit le droit d'appel au CJCP, avec l'accord de ce dernier. La Cour suprême, dès lors, méritait vraiment son nom.

### 8.4 La Cour suprême

La Cour suprême est aujourd'hui composée de neuf juges, tous nommés par le premier ministre du Canada. Aux termes de la *Loi concernant la Cour suprême*, trois de ces juges doivent provenir du Québec, afin que ce tribunal soit également compétent en matière de droit civil québécois. Traditionnellement, au moins un juge provient du Canada Atlantique et au moins deux doivent être originaires de l'Ouest. L'Ontario « fournit » normalement trois juges, bien qu'il soit arrivé qu'elle n'en ait que deux.

La Cour entend environ cent causes par année. Dans certains cas, le droit d'être entendu est automatique (ex. lorsque, dans une cause criminelle, une cour d'appel a renversé la décision de la cour de première instance). Pour l'essentiel, cependant, la Cour suprême contrôle maintenant son propre rôle. Quiconque désire y obtenir audience doit d'abord en convaincre la majorité des membres d'un comité formé de trois juges. La Cour accueillera cette requête s'il y a apparence d'erreur sérieuse dans la décision du tribunal inférieur ou si la cause soulève un problème juridique ou constitutionnel important qui exige d'être réglé par le plus haut tribunal.

Afin d'éviter toute impasse, les juges qui entendent une cause sont toujours en nombre impair. Ils ne sont parfois que cinq et, dans les causes exceptionnellement importantes, neuf. La plupart du temps, cependant, ils sont sept. Les arguments entendus, ils se retirent pour délibérer. Aux États-Unis, les juges les plus anciens prennent la parole les premiers, lors de ces délibérations ; au Canada, c'est l'inverse : les plus récemment nommés s'expriment les premiers, suivis des plus anciens. On entend ainsi éviter que les plus jeunes ne soient indûment influencés par leurs aînés. Dans la majorité des cas, la décision est unanime et l'un des juges est désigné pour rédiger une « décision » qui en explique la nature et les motifs. Lorsque la Cour n'est pas unanime, un des juges rédigera l'**opinion majoritaire** et un autre l'**opinion minoritaire,** communément appelée une **dissidence**. Il arrive parfois qu'une décision soit unanime mais repose sur des motifs différents. Le cas échéant, on rédigera une opinion majoritaire, mais des juges pourront rédiger leur propre **opinion concurrente**.

Phénomène étonnant, la Cour suprême ne tient pas son existence d'une loi constitutionnelle mais d'une loi organique, la *Loi concernant la Cour suprême (1875)* Le mode de révision décrit à l'article 41 (de *LC 1982*) prévoit que « la composition de la Cour suprême du Canada » ne peut être modifiée sans le consentement du Parlement et des assemblées législatives des dix provinces. Mais si l'on excepte cette disposition, la structure, le fonctionnement et peut-être l'existence même de ce tribunal dépendent de la volonté du Parlement fédéral. On a soutenu que l'existence d'une institution aussi importante devrait être constitutionnalisée, et tel est bien ce qu'auraient réalisé les Accords du lac Meech et de Charlottetown. Mais ces accords ont échoué et la Cour suprême demeure la création d'une loi organique.

### 8.5 La politisation du judiciaire

On a voulu la magistrature canadienne à la fois professionnelle et apolitique. Nos juges ne sont pas élus ; l'exécutif les choisit dans les rangs des avocats et des spécialistes des sciences juridiques. En outre, les principes d'indépendance et d'impartialité du judiciaire ont contribué à tenir les juges à l'écart des débats partisans.

Jusqu'à tout récemment, le seul mouvement prônant la réforme du judiciaire visait à le rendre encore moins politisé qu'il ne l'est déjà. Les réformateurs s'attaquaient essentiellement à la nature partisane du mode de nomination. Le parti politique dominant, en effet, a toujours eu tendance à élever à la magistrature un nombre exagéré de ses partisans. Cette tendance est moins prononcée qu'elle ne l'était il y a un demi-siècle, mais elle demeure néanmoins relativement prononcée. Sans parvenir à faire disparaître ce caractère partisan, les réformateurs en ont néanmoins réduit les abus les plus graves. En règle générale, les ministres de la Justice, responsables de ces nominations, en soumettent désormais les candidatures à un comité d'experts. Ces derniers « disqualifieront » quiconque leur paraît inapte à occuper la fonction de juge et le ministre passera très rarement outre à un tel verdict.

Plus récemment, cependant, le mouvement de réforme a bifurqué vers la direction opposée. Dans plusieurs cas, soulignent les observateurs, et particulièrement en matière de réexamen de la constitution, les juges rendent des arrêts dont les conséquences politiques sont importantes. De plus, ces décisions semblent souvent motivées par des considérations politiques plutôt que juridiques (comme nous l'avons vu au chapitre 5). Pourquoi, dès lors, devrait-on permettre à des juges non élus (et pour la plupart inconnus du public) d'exercer, par des décisions souvent irrévocables, un tel pouvoir politique sur le Canada ? D'où la nécessité de réformes du régime judiciaire actuel.

Tous conviennent désormais, par exemple, que les gouvernements provinciaux devraient pouvoir intervenir dans le processus de nomination des juges de la Cour suprême. En vertu des articles 91 et 92 de *LC 1867*, en effet, ces juges doivent rendre des arrêts concernant la répartition des compétences fédérales et provinciales. On présumait, autrefois, que ces juges étaient des professionnels non partisans qui agiraient en ces matières en toute impartialité, même s'ils devaient leur poste au gouvernement fédéral. Aujourd'hui, cependant, on reconnaît la nature intrinsèquement politique, plutôt que strictement juridique, de ces causes. Il devient donc nécessaire de modifier un régime selon lequel une des parties en litige — en l'occurrence le fédéral — détient un contrôle exclusif sur la nomination des juges dont le verdict en ces matières sera sans appel. C'est pourquoi les Accords du lac Meech et de Charlottetown prévoyaient, en toute logique, de partager avec les provinces le pouvoir de nomination des juges de la Cour suprême. En vertu d'un tel partage, chaque niveau de gouvernement pourrait s'opposer à la nomination d'un candidat dont il n'accepterait pas la conception du fédéralisme.

C'est cependant l'adoption de la *Charte des droits et libertés* qui a mené aux plus fortes revendications en faveur de la politisation du judiciaire. Dans les causes basées sur la *Charte*, les juges sont appelés à répondre à des questions comme : le Canada devrait-il adopter des lois contre l'euthanasie ? Le commerce devrait-il être autorisé le dimanche ? Le gouvernement devrait-il permettre des essais de missiles Cruise ? Comme il n'existe à ces questions que des réponses politiques, on soutient maintenant, en certains milieux, que les juges devraient devenir politiquement imputables. La meilleure manière d'y parvenir serait de rendre la magistrature élective, mais cette option compte peu de partisans, car une telle mesure diminuerait l'indépendance des juges, désormais redevables à leurs électeurs, et les ferait donc moins impartiaux. On propose plutôt de copier le modèle américain, c'est-à-dire de soumettre les candidatures à la Cour suprême à l'examen du pouvoir législatif. Théoriquement, cette mesure permettrait à la population de connaître à l'avance les opinions politiques des juges et de rejeter les candidatures jugées indésirables.

Ces propositions soulèvent plusieurs problèmes. Premièrement, rien n'assure que les parlementaires parviendraient à découvrir les opinions politiques des candidats. L'expérience américaine enseigne que les candidats sont réticents à répondre avec précision à des questions hypothétiques, sachant que de telles réponses compromettront leur capacité à traiter impartialement de causes particulières. Ils se montrent donc extrêmement évasifs devant leurs « examinateurs ». Il faut bien voir, en outre, comment le système américain fonctionnerait dans un contexte canadien essentiellement différent. Aux États-Unis, le régime des partis est extrêmement souple : des Démocrates voteront fréquemment en faveur d'un projet soumis par les Républicains, et vice-versa. Au Canada, par contre, où la discipline de parti est rigoureuse, les députés votent presque toujours en fonction de la ligne du parti. Ne s'ensuivrait-il pas un examen partisan des candidatures à la Cour suprême, la majorité votant en faveur et l'opposition s'y opposant automatiquement ? À quoi, dès lors, servirait ce processus ? Et l'on doit aussi se demander si, le cas échéant, les juges eux-mêmes ne deviendraient pas partisans. Car si le Parlement avait entériné leurs opinions politiques en acceptant leur candidature, pourquoi se gêneraient-ils pour imposer, par leurs décisions, ces opinions à l'ensemble des Canadiens ?

## MOTS CLÉS

Précédents
CJCP
Tribunaux issus de l'article 96
Indépendance judiciaire
Dissidence
Tribunaux inférieurs
Système judiciaire intégré
Opinion majoritaire
Tribunaux selon l'article 101
*Stare decisis*
Procédure de renvoi
Tribunaux selon l'article 92
Impartialité
Opinion concurrente
Tribunaux supérieurs

# QUATRIÈME PARTIE

# PARTICIPATION

# CHAPITRE 9

# ÉLECTIONS



## 9.1 Les élections et la représentation

Nous avons vu, au premier chapitre, que le régime canadien n'est pas une démocratie directe mais une démocratie représentative. Il s'ensuit que les élections en constituent le mécanisme démocratique central. L'article 3 de *LC 1982* constitutionnalise en ces termes le plus important de nos droits démocratiques :

« Tout citoyen canadien a le droit de vote et est éligible aux élections législatives fédérales ou provinciales. »

Pour comprendre la signification de ces droits, il importe de les considérer à la lumière des principes fondamentaux du gouvernement responsable. Dans un tel système, le régime tient sa légitimité démocratique du fait que les détenteurs de l'autorité politique sont responsables devant les citoyens électeurs. En ce qui concerne les députés, cette responsabilité est directe, dans la mesure où ils doivent être périodiquement réélus par la population, sous peine de perdre leur poste. Quant au premier ministre et aux membres du cabinet (qui sont aussi des députés), ils sont responsables de manière indirecte, dans la mesure où il leur faut conserver la confiance de la Chambre (dont les membres sont directement responsables). Le régime repose donc sur un processus électoral en vertu duquel les décideurs politiques représenteront, dans une certaine mesure, la volonté ou les intérêts de l'électorat.

Mais en quoi les politiciens représentent-ils leurs électeurs ? Que signifie précisément ce mot de « représentation » ? Ces questions méritent examen ; y répondre nous permettra de comprendre la logique qui commande notre système électoral. La théorie de la démocratie admet au moins trois concepts majeurs de représentation. Selon le premier, les représentant élus sont des **délégués**, c'est-à-dire les porte-parole de la majorité qui les a élus et dont ils transmettent fidèlement les opinions. On peut aussi, deuxièmement, considérer les représentants élus comme des **fiduciaires**, c'est-à-dire des personnes à qui nous confions les responsabilités du gouvernement. Dans cette perspective, nous élisons nos représentants pour leur force de caractère et pour leur jugement, les laissant ensuite libres de voter à leur guise sur telle ou telle mesure. Un troisième concept de représentation met l'accent sur le rôle du représentant en tant que **membre d'un parti**. Selon cette acception, nos représentants doivent d'abord appuyer les politiques préconisées par leur parti. De toute évidence, ces trois concepts sont relativement incompatibles les uns avec les autres. Sur une mesure donnée, il est probable qu'un député ne votera pas en tant que membre d'un parti comme il aurait voté à titre de porte-parole de ses électeurs. Agissant comme fiduciaire et donc tenu de voter selon sa conscience, il aurait peut-être opté pour une troisième solution.

Auquel de ces modèles nous conformons-nous au Canada ? Aucune réponse officielle n'existe là-dessus. La constitution est silencieuse à ce sujet, ce qui explique peut-être la confusion des Canadiens. Certains vous diront qu'ils votent pour le parti (ou pour son chef), d'autres prétendent voter en fonction des qualités du candidat de leur circonscription. Néanmoins, la logique du gouvernement responsable nous permet quelques déductions générales quant au mode de représentation de nos députés.

Nous savons qu'un gouvernement responsable équivaut, en pratique, au gouvernement d'un cabinet responsable devant la Chambre des communes. Puisque ce cabinet n'est pas élu directement, il devient important d'élire une Chambre de composition telle que le lien le plus étroit possible s'établisse entre les électeurs et le cabinet. Il s'ensuit que notre mode de représentation doit être, pour l'essentiel, de type partisan. L'idée d'une représentation partisane fonde la notion de **mandat**. On suppose, en effet, que si les électeurs élisent leurs députés en fonction de leur allégeance partisane, le parti majoritaire en conclura logiquement que la population a approuvé, dans ses grandes lignes, la politique qu'il a défendue durant la campagne électorale. Ce parti peut dès lors prétendre détenir un « mandat démocratique » l'autorisant à mettre en œuvre cette politique. Si nos députés étaient élus à titre de délégués ou de fiduciaires, un tel mandat n'existerait pas. Le lien entre électorat et gouvernement serait rompu et le gouvernement serait moins responsable que nous ne le souhaitons[1].

Il ne faut cependant pas en conclure que les deux autres modes de représentation n'existent pas au Canada. N'oublions pas, en effet, que les députés peuvent s'exprimer librement lors des réunions du caucus de leur parti. Les électeurs attendent donc de leurs députés qu'ils le fassent alors selon leur conscience (modèle du fiduciaire) ou en fonction des intérêts de leurs électeurs (modèle du délégué). Mais personne ne devrait en attendre, le caucus ayant tranché, qu'ils votent en Chambre contre leur parti.

Autre problème soulevé par la question de la représentation : qui nous représente ? Selon la théorie dite du microcosme, les corps législatifs ne sont vraiment représentatifs *que si* l'assemblée est un microcosme de l'ensemble de la société. Si, par exemple, les femmes constituent 51 % de la population, 51 % des députés devraient être des femmes. L'assemblée devrait, de même, refléter avec exactitude la diversité ethnique de la société. Cette théorie n'a jamais été absente du régime canadien. C'est ainsi qu'on attend du premier ministre qu'il compose son cabinet en fonction de la diversité du pays, non seulement en termes géographiques mais aussi quant à la religion, l'ethnie, la langue et le sexe (voir chapitre 6). La théorie, en outre,

1. Nous laissions entendre, au premier chapitre, que les Pères de la Confédération n'auraient pas tenu à ce qu'un lien si étroit existe entre le gouvernement et ses électeurs. Il est évident que la mentalité a considérablement évolué depuis lors. Les Canadiens croient toujours aux vertus de la responsabilité indirecte du gouvernement, mais entendent donner un sens plus concret à cette responsabilité devant l'électorat.

s'impose de plus en plus quant aux nominations à la Cour suprême. On a récemment évoqué l'hypothèse d'une réforme du système électoral selon lequel le Parlement refléterait mieux la composition sociale. Au cours des négociations qui ont précédé l'Accord de Charlottetown, il fut proposé de réserver à des femmes la moitié des sièges d'un Sénat élu.

La théorie du microcosme n'est cependant pas sans soulever de nombreuses interrogations. Premièrement, qui décidera des caractéristiques sociales qui méritent d'être transposées au niveau politique ? Comment identifier les groupes qui méritent, ou ne méritent pas, une représentation spéciale ? Deuxièmement, à quoi ressemblerait un système capable d'admettre une représentation de toutes ces caractéristiques ? L'équilibre des sexes serait certes de réalisation facile : il suffirait d'élire un homme et une femme dans chaque circonscription électorale. Mais comment procéder pour accueillir les autres groupes ? Tout cela appelle, finalement, réponse à une question de philosophie politique : est-il vrai que les intérêts de groupes divers ne peuvent être défendus, ou représentés, que par des membres de ces groupes ?

### 9.2. Le système électoral

Les institutions politiques ne sont pas neutres. Elles influent sur le fonctionnement de l'activité politique. Les institutions électorales, en particulier, contribuent largement à déterminer les gagnants et les perdants, la force des partis politiques et le type de parti susceptible de réussir. Il importe donc de comprendre le système électoral canadien et ses effets sur notre vie politique (section 9.3).

Un système électoral repose sur trois facteurs principaux. Premièrement, les districts électoraux. Le pays sera-t-il découpé en districts électoraux ou les citoyens voteront-ils tous d'un seul tenant lors d'un scrutin national ? Deuxièmement, le nombre de députés. Quel en est le nombre idéal dans un corps législatif ? S'ils sont trop peu, la population n'y sera pas adéquatement représentée ; trop nombreux, l'organisme souffrira de dysfonctionnement. (On imagine mal une Chambre des communes composée de dix mille députés !) Il faut aussi déterminer le nombre de députés par district : un seul, deux ou plusieurs ? (On pourrait, par exemple, décider que chaque circonscription serait représentée par un homme et par une femme, ou par des députés de plusieurs partis.) Troisièmement, le mode d'élection. Quelle structure aura le vote ? Le gagnant est-il celui qui a obtenu le plus de voix (la **pluralité**) ou doit-il avoir obtenu la majorité des voix ? L'électeur ne choisit-il qu'un candidat ou peut-il en choisir plusieurs par ordre de préférence ?

Le préambule de *LC 1867* stipule que le Canada aura « une constitution reposant sur les mêmes principes que celle du Royaume-Uni ».

Notre système électoral tombe sous l'empire de cette disposition. Tout comme la Grande-Bretagne, le Canada a adopté ce qu'on appelle un système uninominal à la pluralité des voix (**UPV**). En vertu de ce système, le pays est divisé en districts électoraux (communément appelés **circonscriptions**) dont chacun est représenté par un député. Ce député est élu à la pluralité plutôt qu'à la majorité des voix, c'est-à-dire qu'il lui suffit d'obtenir plus de voix que n'importe quel de ses adversaires. Il arrivera donc qu'il sera élu avec moins de 50 % du vote exprimé dans sa circonscription. C'est pourquoi le système est souvent assimilé à une « course à obstacles » : il n'y a qu'un gagnant, tous les autres sont des perdants.

L'article 37 de *LC 1867* détermine le nombre de députés de chaque province, ce qui nous donne automatiquement le nombre de circonscriptions. Mais les articles 51 et 52 autorisent à « procéder à la révision » de ce nombre « à l'issue de chaque recensement décennal ». On trouvera, au tableau 9.1, la distribution actuelle des sièges à la Chambre des communes.

Afin de respecter le principe de « une personne, un vote », les circonscriptions électorales canadiennes sont toutes, grosso modo, de même poids démographique. Lors de la dernière redistribution des sièges, la circonscription moyenne comptait environ 80 000 électeurs. Mais il est impossible, et même peu souhaitable, de les vouloir toutes exactement de même population, car une telle égalité démographique se traduirait pas une forte inégalité territoriale. Une circonscription de 90 000 électeurs occupe un petit espace dans une ville

**Tableau 9.1**

**Distribution des sièges à la Chambre des Communes**

| | | | | | |
|---|---|---|---|---|---|
| Atlantique | IPE-4 | NE-11 | NB-10 | TN-7 | 32 |
| Centre | ONT-103 | QUÉ-75 | | | 178 |
| Ouest | MAN-14 | SASK-14 | ALB-26 | CB-34 | 88 |
| Nord | TNO-2 | YUKON-1 | | | 3 |
| | | | | | 301 |

comme Montréal, mais engloberait le quart de la partie nord de la Saskatchewan. Un seul député ne pourrait représenter efficacement les électeurs d'un tel territoire.

Pour que les circonscriptions demeurent de dimensions raisonnables, on en crée souvent de population moindre, particulièrement dans les régions éloignées. De tels écarts à la norme sont aussi prescrits par l'article 51A de *LC 1867*. Cet article, inséré pour protéger les plus petites provinces, stipule qu'« une province doit toujours avoir droit à un nombre de membres dans la Chambre des communes non inférieur au nombre de sénateurs représentant cette province ». Cet article garantit à l'Île-du-Prince-Édouard le droit à quatre députés, même si elle n'en mériterait que deux en termes de démographie. Il en va ainsi du Nouveau-Brunswick, dont la démographie ne justifierait aujourd'hui que huit députés, mais qui doit toujours en élire dix.

### 9.3 La pluralité et ses conséquences

L'emploi d'un système uninominal à la pluralité des voix a d'énormes conséquences sur la vie politique au Canada. Il segmente le scrutin en 301 élections distinctes et n'accorde de siège qu'au candidat qui a recueilli le plus grand nombre de voix dans chacune de ces élections. Il en résulte habituellement un écart important entre la distribution des votes et celle des sièges.

Prenons l'exemple d'une élection tripartite (au cours de laquelle trois partis se feraient la lutte). Supposons qu'au soir du scrutin, le parti A obtient 34 % des votes au Canada, le parti B 33 % et le parti C 33 %. Ce serait là une des élections les plus chaudement contestées de notre histoire. Mais qu'arriverait-il si ce résultat était constant à travers tout le pays, c'est-à-dire se reproduisait dans toutes les circonscriptions ? En vertu de notre mode de scrutin, le parti A obtiendrait la totalité des 301 sièges, ayant remporté toutes les circonscriptions au score de 34-33-33, et les deux autres partis n'auraient rien ! Ainsi, un parti peut théoriquement obtenir 100 % des sièges, même si 66 % de la population a voté pour un autre parti. On pourrait, dès lors, parler du gaspillage de 66 % des votes.

Il s'agit là d'un cas limite, mais notre histoire politique n'est pas exempte de situations analogues. Au terme de l'élection provinciale de 1987, le parti libéral du Nouveau-Brunswick, dirigé par Frank McKenna, obtint quelque 60 % du vote populaire. Mais comme ce vote se répéta dans presque toutes les circonscriptions, le parti libéral rafla la totalité des 58 sièges à l'assemblée législative. Les partis progressiste-conservateur et néo-démocrate, qui avaient obtenu 40 % des voix, n'en obtinrent aucun.

Cette élection de 1987 souligne avec force un trait qui caractérise, à un moindre degré, toutes les élections canadiennes. Notre mode électoral favorise systématiquement le parti national le plus populaire. Ce parti obtiendra presque toujours, grâce au système UPV, un pourcentage de sièges supérieur au pourcentage de voix obtenues. L'histoire nous montre que depuis la Première Guerre mondiale, le parti vainqueur obtient généralement quelque 45 % du vote. Mais en vertu de notre système, ce 45 % se traduit régulièrement par 60 % et même 70 % des sièges. Le phénomène est important, car il signifie que nos gouvernements majoritaires ont été des créations du système électoral. Depuis 1914, le Canada a connu 24 élections ; le parti vainqueur n'a obtenu qu'à 3 reprises (1940, 1958 et 1984) plus de 50 % des votes, mais 16 de ces élections ont néanmoins produit un gouvernement majoritaire.

L'impact de ce système n'est pas ressenti que par le parti le plus populaire. Celui-ci en profite, bien entendu, au détriment des autres partis. Mais le système accorde à ces partis un traitement fort inégal, car il favorise les petits partis régionaux et défavorise les partis nationaux moins populaires. La raison en est simple : en vertu du système, le vote accordé à un parti n'a aucune valeur si ce parti ne termine pas la course en tête. Il s'ensuit que les partis de moindre importance n'obtiendront des sièges que si leurs appuis sont concentrés dans certaines circonscriptions ou certaines régions ; si ces appuis sont répartis dans l'ensemble du pays, leurs chances sont minces de faire élire des candidats. L'élection de 1993 illustre parfaitement ce phénomène. Le Bloc québécois (BQ) n'obtint que 14 % du vote populaire au Canada, mais comme ce vote était entièrement concentré au Québec, 54 de ses candidats furent élus (soit 18 % des sièges de la Chambre des communes). À l'inverses, les progressistes-conservateurs, dont les appuis étaient répartis dans l'ensemble du Canada, recueillirent 16 % du vote populaire, mais n'obtinrent que 2 sièges !

Notre système électoral ne fait pas que renforcer les partis régionaux ; il accentue aussi les forces et les faiblesses des partis nationaux. En vertu du système UPV, certaines régions sont systématiquement sous-représentées au sein du caucus de chaque parti. En 1980, par exemple, plus de 20 % des Canadiens de l'Ouest votèrent pour des candidats libéraux. Mais comme ceux-ci furent généralement devancés par un conservateur ou un néo-démocrate, le parti libéral n'obtint que deux sièges dans cette région du pays. Il devenait difficile, dès lors, de faire en sorte que l'Ouest soit adéquatement représenté dans le nouveau cabinet Trudeau. Durant les années 1970 et les premières années 1980, les progressistes conservateurs connurent le même sort au Québec : un pourcentage « honorable » du vote mais peu ou pas de sièges.

Cette régionalisation des groupes parlementaires n'a pas cessé. Lors des dernières élections. Dans chaque cas, le parti qui a dominé la région a obtenu une proportion de sièges incomparablement supérieure à sa proportion du vote populaire. Notre système a ainsi transformé un fort appui populaire en un quasi-monopole des sièges.

En bref, le scrutin uninominal à un tour UPV (notre mode de scrutin) entraîne quatre conséquences majeures sur notre vie politique. Premièrement, il crée des gouvernements majoritaires en accordant au parti national vainqueur davantage de sièges qu'il ne le « mérite ». Deuxièmement, il pénalise les plus petits partis nationaux (particulièrement les partis non centristes, tel le NPD) en les limitant à un nombre de sièges inférieur à leur pourcentage du vote populaire. Troisièmement, il encourage le régionalisme en favorisant la croissance de partis attachés aux intérêts et aux préoccupations d'une région. Quatrièmement, il encourage aussi le régionalisme en accentuant les forces et les faiblesses régionales des partis nationaux.

### 9.4 La représentation proportionnelle

Préoccupés par ces conséquences, certains observateurs ont proposé une solution de rechange : la **représentation proportionnelle** (RP), mode de scrutin pratiqué par plusieurs démocraties libérales. Il peut revêtir plusieurs formes, dont certaines fort compliquées. La forme habituellement évoquée à propos du Canada est celle de la **liste de parti**.

En vertu de ce système, chaque parti propose une liste de ses candidats, classés par ordre d'importance. Les circonscriptions sont abolies, de sorte que les 301 élections sont remplacées par un unique scrutin national au cours duquel la population vote pour les partis plutôt que pour des candidats. Chaque parti obtient le nombre de sièges correspondant au pourcentage du vote qu'il a recueilli. S'il a reçu 20 % du vote populaire, il a droit à 20 % des sièges à la Chambre, soit 60 sièges sur 301. Ces sièges seraient attribués aux 60 premiers candidats portés sur la liste du parti.

Pour ses partisans, un tel système est plus équitable que celui que nous pratiquons actuellement. Le nombre de sièges obtenu par un parti traduit avec exactitude les choix de l'électorat. La « liste de parti » ne crée aucune distorsion puisqu'elle ne favorise ou ne défavorise aucun type de parti. On la dit plus équitable, car elle élimine le phénomène des « votes gaspillés » ; chaque vote, en effet, se reflète dans la composition de la Chambre.

De plus, ajoutent les tenants de ce système, chaque groupe parlementaire acquiert ainsi une représentation plus diversifiée. Nous avons vu, en effet, que le système actuel tend à accentuer les forces et les faiblesses régionales des partis. La liste de parti résout ce problème. Libre de composer sa liste comme il l'entend, chaque parti peut ainsi faire en sorte que chaque région soit adéquatement représentée à son caucus. Il peut aussi dresser une liste qui assure une représentation juste à des groupes traditionnellement sous-représentés, par exemple les femmes.

Mais ce système n'est pas sans inconvénients. On l'accuse généralement de mener à l'instabilité politique. L'électorat canadien, nous le savons, accorde rarement la majorité de ses voix à un seul parti. C'est plutôt notre système électoral qui transforme en majorité de sièges à la Chambre une simple pluralité des voix à travers le pays. En limitant le nombre de sièges au pourcentage de voix obtenues, on ferait du gouvernement majoritaire un phénomène rarissime. Gouvernements minoritaires ou gouvernements de coalition deviendraient la norme.

On estime, en outre, qu'un tel système favoriserait l'entrée en Chambre de petits partis aux vues étroites et de partis idéologiquement marginaux habituellement exclus du Parlement (notre système n'accordant de siège qu'au vainqueur dans chaque circonscription). En système de liste de parti, des groupements tel le parti anti-avortement ou le parti pour les droits des animaux (sans oublier le parti Rhinocéros) pourraient ainsi recueillir un nombre suffisant de votes pour mériter un siège ou deux au Parlement. On pourrait dès lors se retrouver dans la situation où un gouvernement minoritaire devrait, pour ne pas perdre la confiance de la Chambre, conclure des ententes avec l'un ou l'autre de ces groupuscules. Un tel parti acquerrait alors un contrôle indu sur le gouvernement.

La proportionnelle par liste de parti soulève un troisième problème : les circonscriptions seraient privées de député « local ». Une liste bien structurée pourrait certes assurer une représentation adéquate à chaque région, mais rien ne garantirait la présence d'un député dans chaque circonscription. La liste de l'Ontario, par exemple, serait probablement dominée par des candidats de Toronto.

Au Nouveau-Brunswick, on retrouverait peut-être deux députés issus de Moncton, trois de St. John et aucun du reste de la province. En outre, le lien qui existe entre député et électeurs serait considérablement plus faible qu'il ne l'est aujourd'hui ; les députés, en effet, ne devraient pas leur poste à l'appui de leurs électeurs mais à l'organisation du parti qui, à Ottawa, aurait placé leur nom en bonne place sur la liste. Les Canadiens seraient ainsi privés de « leur » député qui, à Ottawa, entend leurs doléances et se préoccupe de leurs problèmes.

### 9.5 Le scrutin

Aux termes de la constitution, c'est le gouverneur général qui dissout le parlement et déclenche des élections ; mais en pratique, il n'y procède qu'après l'« avis » du premier ministre. Si le gouvernement est minoritaire, la Chambre peut imposer une élection à tout moment, en lui refusant sa confiance. Un tel vote obligerait le premier ministre à démissionner ou, plus probablement, à « conseiller » la dissolution au gouverneur général. Si le gouvernement est majoritaire, situation plus fréquente, le premier ministre est libre de décider du moment des élections, compte tenu de certaines contraintes. L'article 4(1) de *LC 1982* stipule que « le mandat maximal de la Chambre des communes [...] est de cinq ans ». Mais un gouvernement demeure rarement au pouvoir durant cinq ans, car on s'attend généralement, au Canada, à ce qu'il se représente devant l'électorat durant la quatrième année de son mandat. Un premier ministre qui attendrait cinq années avant de déclencher des élections donnerait l'impression de craindre le verdict de la population. Par contre, les premiers ministres sont souvent tentés, face à un regain de popularité de leur parti ou à la faiblesse de l'opposition, de provoquer une élection avant l'échéance des quatre années.

Le gouverneur général ayant dissout le parlement, des **élections générales** s'ensuivent immédiatement. (Des « élections générales » sont des élections tenues dans l'ensemble du pays. Une **élection partielle** est une élection tenue dans une circonscription afin de remplacer, durant le mandat du gouvernement, un député décédé ou démissionnaire.) Les élections générales sont conduites sous la direction d'un fonctionnaire (politiquement neutre) appelé **Directeur général des élections**. Celui-ci nomme un **directeur du scrutin** dans chacune des 301 circonscriptions du pays, lesquelles sont divisées en unités plus petites appelées **bureaux de vote** et accueillent quelque 250 électeurs. Le directeur du scrutin de chaque circonscription nommera un adjoint et un ou deux greffiers qui superviseront les activités dans chaque bureau de vote.

Le directeur du scrutin nomme aussi, à chaque bureau de vote, deux recenseurs qui ont pour tâche de dresser la liste des électeurs. En vertu de la loi canadienne, tout citoyen âgé d'au moins dix-huit ans a droit de vote. (À l'exception du Directeur général des élections, qui ne peut voter. Les directeurs du scrutin peuvent voter, mais uniquement en cas d'égalité des voix.) La liste électorale préliminaire doit être complétée 26 jours avant le scrutin. Quiconque en a été exclus dispose de dix jours pour y être inscrit.

Pour que leur nom figure sur le bulletin de vote, les candidats doivent présenter au directeur du scrutin un bulletin de présentation officiel signé par cent électeurs dûment autorisés à voter dans la circonscription. (Les candidats peuvent ne pas résider dans la circonscription où ils se présentent ; mais cette non-résidence constitue souvent un handicap.) Ils doivent aussi déposer, au bureau du directeur du scrutin, une somme de 1000 $ qui sera remise à chaque candidat qui aura obtenu au moins 15 % des voix. Ces deux exigences visent à décourager les candidatures farfelues.

Afin de minimiser l'influence de l'argent sur les élections, les lois canadiennes limitent les sommes qu'est autorisé à dépenser un candidat. Elles prévoient aussi le versement de subventions aux candidats qui ont obtenu au moins 15 % des voix. Ces subventions ne suffisent pas à absorber toutes les dépenses encourues lors d'une campagne électorale ; le candidat doit obtenir des fonds de son parti, solliciter des contributions locales et, fréquemment, utiliser ses propres économies. Mais l'octroi de subventions, doublé des limites imposées aux dépenses, réduit l'influence que la fortune personnelle d'un candidat (ou celle de ses partisans) pourrait exercer sur le résultat de l'élection.

Les messages publicitaires payés par une tierce partie constituent un problème plus compliqué. L'élection de 1988 en fournit un exemple frappant. On croit généralement que la victoire du parti progressiste-conservateur, partisan du libre-échange, fut largement due à une campagne publicitaire massive orchestrée en sa faveur par la « grande entreprise ». Le Parlement a tenté d'imposer des limites à des manœuvres de ce type, estimant qu'elles privilégient la richesse et vont ainsi à l'encontre du principe démocratique « une personne – un vote ». Nos tribunaux ont cependant invalidé les lois ainsi projetées, au motif qu'elles violaient l'article 2 de la *Charte.*

En règle générale, les élections ont lieu un lundi. Les bureaux de vote sont ouverts de 8h à 19h dans chaque fuseau horaire. Afin que les électeurs de l'Ouest ne soient pas influencés par les résultats (déjà connus) dans l'Est du pays, nos lois interdisent de diffuser tout résultat dans une région dont les bureaux de vote sont encore ouverts. Le perfectionnement des technologies de communication rend cependant ces lois de plus en plus difficiles d'application.

Chaque parti peut déléguer au bureau de vote deux représentants nommés scrutateurs qui, durant toute la journée, observeront le déroulement des opérations et renseigneront leur candidat sur l'allure du scrutin. À 19h, le bureau est fermé et les votes sont comptés par le directeur adjoint en présence des scrutateurs. Le directeur adjoint appose ensuite des scellés sur la boîte de scrutin qu'il fait ensuite parvenir au directeur du scrutin pour fins du comptage officiel qui a lieu au cours des jours suivants. Mais le décompte officieux est immédiatement communiqué au directeur du scrutin qui en fait part aux représentants des médias. Les résultats officieux sont ainsi connus en quelque trente minutes.

## MOTS CLÉS

Délégué
Pluralité
Mandat
Greffiers
Elections générales
Recenseurs
Bureau de vote
Circonscription
Représentation proportionnelle
Membre du parti
Fiduciaire
Scrutin uninominal à la pluralité des voix (UPV)
Liste de parti
Directeur général des élections
Directeur du scrutin
Élection partielle

# CHAPITRE 10

# LES PARTIS POLITIQUES



## 10.1 Les partis politiques dans le régime canadien

Un parti politique est une association publique de personnes qui partagent certaines idées politiques et qui ont pour objectif de mettre ces idées en pratique en faisant élire certains de leurs membres à des postes publics.

Il est évident, fût-ce pour l'observateur le moins attentif, que la vie politique canadienne est dominée par les partis. Tous les parlements ont été divisés en fonction des lignes de parti. À l'exception d'un bref intermède au cours de la Première Guerre mondiale, les cabinets ont tous été composés de membres du parti dominant[1]. On notera, cependant, que la constitution n'oblige pas à un tel fonctionnement. Les lois constitutionnelles de 1867 et de 1982 ne font nulle mention des partis. De même ne peut-on dire qu'il s'agit là d'une convention constitutionnelle, car les conventions sont des règles

1. La « crise de la conscription » de 1917 mena à la formation d'un « gouvernement d'union » formé de tous les députés conservateurs et des députés libéraux favorables à la conscription. Les libéraux opposés à cette mesure demeurèrent dans l'opposition.

et nulle règle n'oblige nos députés à être membres d'un parti. En vérité, cette présence dominante est une simple affaire de circonstances. Nous avons des partis parce qu'ils sont utiles (voir section suivante) et parce qu'aucune loi ne l'interdit. Leur rôle se comparerait volontiers à celui d'un instructeur de hockey. Aucun règlement n'oblige les équipes de la Ligue nationale de hockey à se donner un instructeur. Théoriquement, toute équipe pourrait s'en passer. Mais comme elles estiment toutes cette fonction fort utile, aucune ne s'en prive.

Certes, les partisans estimeront parfois que leur équipe jouerait mieux sans cet individu. Et il nous arrive, de même, d'entendre certains se plaindre de ce que les partis constituent un obstacle à une vie politique raisonnable et démocratique. On accuse le « système des partis » de limiter nos choix et d'étouffer le débat. On lui reproche de définir la délibération politique en termes partisans plutôt qu'en termes de bien commun. Pourtant, en dépit de toutes ces déceptions, les Canadiens n'utilisent presque jamais leur droit d'élire un candidat « indépendant », libre de toute affiliation partisane. Ce phénomène vaut qu'on s'y arrête.

Le député solitaire n'exerce guère de pouvoir à la Chambre des communes. Il peut représenter les intérêts de ses électeurs, certes, mais ne peut compter sur aucune organisation partisane assez puissante pour imposer, ou même infléchir, un projet de loi. Notre député « indépendant » exprimera peut-être de nobles idées, mais n'accomplira pas grand-chose au sein d'une institution articulée sur la discipline de parti. Il ne serait efficace que dans une Chambre qui aurait banni l'appartenance à un parti, mais une telle interdiction contreviendrait au droit à la liberté d'association garanti par l'article 2d de la *Charte*.

Tout compte fait, l'existence des partis politiques témoigne d'un régime démocratique en excellente santé. À l'inverse, les régimes autoritaires et les totalitarismes entreprennent d'abord de déclarer hors-la-loi les partis d'opposition et de construire un État tout-puissant appuyé sur un parti unique. Selon Frank Underhill :

> Au sein d'un État, la liberté se mesure à la capacité de transmettre paisiblement le pouvoir d'un parti politique à un autre. La « loyale opposition de Sa Majesté » est tout aussi importante à un régime libre que le « gouvernement de Sa Majesté »[2].

Dans une démocratie libérale, la politique axée sur les partis est efficace parce que ces partis font l'unanimité sur un point : ils ont tous droit à l'existence, aussi différents soient-ils, et la victoire électorale confère un droit légitime de gouverner jusqu'à la prochaine élection. Les partis font « partie » du régime. Il s'ensuit que la « politique des partis » n'est pas révolutionnaire : elle fonctionne parce que chaque parti se conforme aux principes fondamentaux du régime[3]

## 10.2 Les fonctions des partis politiques

Dans leurs efforts pour conquérir le pouvoir, les partis exercent cinq fonctions importantes. Premièrement, ils recrutent des membres et, parfois, des candidats. Cette fonction de recrutement est cruciale. Les démocraties modernes, en effet, sont constamment menacées par l'apathie et le désintérêt des citoyens. Ce que Tocqueville appelait « individualisme » — indifférence aux affaires publiques et retrait dans le cercle fermé de la famille, des amis et du travail — présente manifestement des dangers. La démocratie, qui est le gouvernement du peuple, est en péril lorsque le peuple perd goût à la politique. Les partis nous fournissent des leaders au terme de congrès nationaux, des candidats par des assemblées d'investiture dans chaque circonscription, ainsi que la multitude des travailleurs requis lors de chaque campagne électorale.

Deuxièmement, les partis recueillent des fonds pour fins d'organisation et de campagnes électorales. Cette sollicitation est surtout d'ordre privé et soumise aux lois concernant le financement électoral. Mais si les partis ne recueillaient pas ainsi l'essentiel des sommes

2. Frank Underhill, *Canadian Political Parties*, Ottawa, The Canadian Historical Association Booklets, n° 8, 1964, p. 3.

3. Voir Giovanni Sartori, *Parties and Party Systems*, vol.1, Cambridge, Cambridge University Press, 1976.

requises lors d'un scrutin, le coût des campagnes électorales serait entièrement assumé par les contribuables.

Troisièmement, les partis identifient, représentent et équilibrent les divers intérêts des Canadiens. Ce processus, souvent qualifié de **conciliation des intérêts**, est essentiel au bon fonctionnement d'une démocratie libérale. Il est rare que les électeurs canadiens n'aient qu'un unique intérêt. La plupart du temps, une mesure favorable à un segment de la population en défavorisera un autre. Les transferts fiscaux, par exemple, profitent aux provinces pauvres mais privent de revenus les provinces les plus prospères ; les entreprises de Winnipeg, de même, rivalisent avec celles de Montréal pour l'obtention de contrats fédéraux. En l'absence de partis politiques, les députés voteraient en fonction des seuls intérêts de leur région. Les régions les plus puissantes, l'Ontario et le Québec, seraient maîtresses du jeu et en composeraient les règles à leur avantage. Si des partis politiques ne procédaient pas à cette conciliation des intérêts, notre régime serait beaucoup moins équitable envers les Canadiens.

En s'efforçant ainsi de concilier ces divers intérêts en un tout national, les partis élaborent et influencent les politiques de l'État, ce qui constitue leur quatrième fonction. Les congrès d'orientation sont généralement le lieu de telles conciliations. De nombreux délégués de la base se réunissent alors pour débattre des questions d'actualité et pour concevoir ou revoir, à la lumière de ces débats, les politiques du parti.

Cinquièmement, les partis font œuvre d'éducation politique. L'adhésion à un parti permet à un citoyen de se porter candidat à diverses fonctions au sein de ce parti et d'apprendre ainsi à tenir un rôle public. Les partis discutent de politiques publiques, d'idées et organisent des congrès d'orientation. Cette fonction éducative s'étend à l'ensemble des citoyens, qui profitent de la couverture médiatique et de la publicité accordées aux politiques du parti. Cette fonction éducative connaît son apogée au moment des élections, alors que les partis s'efforcent de persuader les électeurs de la justesse de leur programme. Il n'est qu'à imaginer ce que seraient des élections sans partis politiques, pour comprendre le rôle essentiel qu'ils tiennent dans la société.

## 10.3 Partis et idéologie

Les partis reposent habituellement sur un ensemble relativement peu structuré de principes politiques, qu'on qualifie communément d'**idéologie**. Ces principes forment le cadre conceptuel d'idées sur les raisons d'être du gouvernement, sur son mode d'organisation et sur la manière de mettre en œuvre les politiques publiques.

Certains estimeront cette définition trop « idéaliste ». Ils préfèrent voir les partis comme des organisations de personnes qui ont pour objectif premier de conquérir le pouvoir afin de servir ensuite leurs propres intérêts. Nous n'en disconvenons pas. Les personnes qui « entrent en politique » sont rarement des saints, ce en quoi ils ne sont guère différents de quiconque, et l'attrait des bénéfices et des honneurs associés à la vie publique est inséparable de la politique. En d'autres termes, les partis politiques démocratiques sont **pragmatiques**. Ils sont des organisations conçues pour remporter des élections et consentent souvent à compromettre (sinon à concevoir) leurs principes de manière à mieux arriver à leurs fins[4].

Il serait donc plus juste de dire des partis politiques, dans les démocraties libérales, qu'ils s'efforcent de concilier l'idéal et le pratique. Ils doivent se montrer modérés, c'est-à-dire cheminer à égale distance d'un idéalisme impuissant et de la poursuite cynique du seul pouvoir. Rien ne sert de défendre des idéaux qui ne séduisent qu'une poignée d'électeurs. Inversement, la population répudiera rapidement un parti ou un politicien réputé sans principes, qu'elle qualifiera d'opportuniste et de cynique. Nos préférences vont, semble-t-il, à des politiciens à la fois pragmatiques et attachés à leurs principes politiques. En d'autres termes, nous exigeons de nos partis qu'ils gèrent sans cesse la tension entre théorie et pratique, entre grands principes et politiques réalisables.

4. Certains partis existent aussi qui refusent tout compromis quant à des idées politiques bien définies. Mais lorsque ces partis ne détiennent pas le pouvoir, ils y renoncent souvent au nom d'une certaine pureté idéologique. S'ils y ont accédé, ils préservent souvent cette pureté en refusant à l'avance tout débat ou toute dissidence.

La plupart des questions idéologiques se résument à une opposition entre *statu quo* et changement. Dans tout débat, l'une et l'autre option comptent leurs partisans. Pour les uns, mieux vaut poursuivre dans les voies déjà tracées, pour les autres le changement peut seul améliorer la situation. En bref, tout débat politique compte ses « conservateurs » et ses « progressistes ».

Deux facteurs expliquent cette dichotomie. Premièrement, il est d'observation quasi universelle que l'on retrouve, dans tout groupe humain, certains participants de tendance plus conservatrice que les autres. Certaines personnes privilégient la prudence et la circonspection, alors que d'autres, plus audacieux, acceptent volontiers les risques. En d'autres termes, la politique partisane s'enracine dans les dispositions naturelles de l'être humain. Deuxièmement, il arrive souvent que certains ont un intérêt direct au *statu quo* et que d'autres tireraient profit du changement. On imagine mal, par exemple, des athlètes professionnels favorables à une loi qui plafonnerait leur salaire au niveau de celui d'un chef de police.

Dans les années qui suivirent la Confédération, le fédéralisme constitua le principal contentieux idéologique. Les conservateurs, alors au pouvoir, préconisaient l'instauration d'un gouvernement central fort, alors que les libéraux, qui formaient l'opposition, proposaient d'accroître les « droits des provinces ». Cette divergence existe toujours mais, curieusement, les protagonistes ont inversé leur position : les conservateurs forment aujourd'hui le parti de la décentralisation et les libéraux sont les tenants d'un gouvernement central dominant.

Mais les principales divergences idéologiques portent désormais sur les questions socio-économiques. À l'époque de la Confédération, conservateurs et libéraux partageaient une idéologie que nous pourrions qualifier de libéralisme classique. Les tenants de cette idéologie mettaient l'accent sur la liberté (l'absence d'interventionnisme gouvernemental) et sur l'économie de marché. Ils valorisaient aussi l'égalité, mais ce mot ne signifiait, pour eux, que la simple égalité des chances. Au Canada, les individus ou les partis qui défendent cette idéologie sont aujourd'hui qualifiés de « conservateurs ». Le terme de « progressiste », en revanche, s'applique habituellement aux « socialistes » qui préconisent, outre l'égalité des chances, celle des conditions sociales. Dans le contexte canadien, on cherche à atteindre à cette égalité des conditions en redistribuant la richesse par le biais de la fiscalité et du financement public de programmes sociaux. De telles mesures exigeant l'intervention des pouvoirs publics, les progressistes sont généralement moins préoccupés de liberté que ne le sont les conservateurs. Ils préconisent une réglementation étatique et même la propriété publique de ressources naturelles, d'industries clés et d'institutions financières telles les banques.

Au fil des ans, le NPD a été la principale source des idées progressistes au Canada. Le parti progressiste-conservateur a été le plus étroitement identifié au libéralisme classique, mais, comme l'indique son nom métissé, a parfois épousé certaines des mesures progressistes proposées par le NPD. Le parti libéral occupe habituellement le terrain médian entre les deux précédents et se retrouve souvent divisé entre son aile progressiste et son aile conservatrice.

## 10.4 L'organisation des partis politiques

Nous avons vu qu'une élection nationale, au Canada, n'est que la somme de 301 élections simultanées, tenues dans autant de circonscriptions. Les partis politiques, par conséquent, s'organisent au niveau des circonscriptions. Chaque parti national a mis en place des organisations locales qui répondent à divers objectifs : recruter des membres, recueillir des fonds en vue de la prochaine élection, choisir un candidat, déléguer des membres aux congrès provincial et national où l'on débattra d'orientation politique et où seront élus les dirigeants et le chef du parti.

On a donc créé, dans chaque circonscription, une association du parti dotée d'une constitution et d'un exécutif responsable des affaires courantes. Entre les élections, les réunions plénières (de tous les membres) peuvent n'avoir lieu qu'une fois ou deux par année. L'association s'active davantage lorsque vient le temps de choisir ses délégués au congrès national ou lorsque se profile une campagne électorale.

D'abord conçus pour remporter des élections, les partis sont organisés de manière à ce que la stratégie électorale relève de la haute direction. Il appartient au chef de choisir le thème de la campagne, d'en établir la stratégie et de déterminer les étapes que devra franchir le parti. C'est donc lui qui assumera la responsabilité de la victoire ou de la défaite. Il n'est pas rare qu'une défaite majeure soit suivie d'une réorganisation du parti, y compris de la tenue d'un congrès au leadership.

Le mode de sélection des chefs de parti détermine largement l'étendue du pouvoir qu'ils y exerceront. Au tournant du XXe siècle, les partis choisissaient leur chef lors de rencontres du caucus, les députés décidaient de qui les dirigerait en Chambre. Cette méthode laissait aux simples députés un certain pouvoir sur un chef qui leur devait son poste.

L'émergence des congrès au leadership a considérablement accru le pouvoir des chefs. À un tel congrès, le parti délègue un nombre déterminé de membres qui ont pour fonction d'élire un chef. Plusieurs de ces délégués représentent leur association de comté, d'autres représentent diverses associations du parti, d'autres encore sont députés, sénateurs ou membres élus d'associations provinciales. Un congrès peut ainsi réunir 4000 à 5000 personnes qui voteront pour l'un ou l'autre des candidats au leadership. Le vote est secret. La procédure usuelle consiste à tenir des tours de scrutin successifs, éliminant chaque fois le candidat qui a recueilli le moins de voix, jusqu'à ce que l'un d'entre eux obtienne la majorité.

Ce système assure au chef une forte ascendance sur son caucus. Comme il ne doit plus son poste à ce caucus mais à l'organisation du parti dans son ensemble, le chef peut parler au nom du parti sans se préoccuper des députés qui ne représentent plus, dès lors, que leur circonscription. Tel aura été le mode de sélection durant la plus grande partie de ce siècle. Récemment, cependant, on a entrepris de recourir à un mode inédit et plus démocratique : le vote de tous les membres du parti. Au lieu d'une élection tenue parmi des délégués lors d'un congrès, on invite chaque membre du parti à voter directement pour un candidat au leadership. Ce système concrétise la tendance à démocratiser davantage le processus de sélection du chef. Reste à voir s'il permettra de dégager un leader plus efficace ou plus populaire.

**Tableau 10.1**

**Organisation d'un parti**

| **Aile parlementaire** | **Aile extraparlementaire** |
|---|---|
| Leader parlementaire | Président du parti |
| Caucus | Exécutif national |
| | Associations de comtés |

Des trois niveaux de gouvernement — fédéral, provincial et local — ce dernier est le seul à n'être pas sous l'empire de la politique des partis. Même à ce niveau, pourtant, des failles apparaissent. On retrouve des partis municipaux dans certaines villes, surtout au Québec, et l'on découvre souvent des liens occultes entre politiciens municipaux et partis politiques provinciaux. Pour l'essentiel, cependant, les partis canadiens sont d'abord organisés aux niveaux fédéral et provincial. Dans certains partis, les liens sont étroits entre le parti fédéral et le parti provincial ; dans d'autres, les deux partis sont totalement indépendants l'un de l'autre.

À chaque niveau, l'organisation du parti comprend deux volets : l'aile parlementaire et l'aile extraparlementaire. La première est formée des députés, la seconde de l'exécutif de l'association de comté (tableau 10.1).

Au Canada, l'aile parlementaire des partis exerce un pouvoir beaucoup plus grand que ne le justifierait sa taille. Cet écart s'explique aisément par le fait que les députés évaluent les politiques et les orientations du parti en termes de réélection. De plus, il leur faut réagir aux événements politiques qui se produisent à la Chambre des communes. L'aile parlementaire est ainsi forcée de formuler des politiques et d'adopter des positions bien avant que le prochain congrès d'orientation ne détermine la politique du parti. C'est pourquoi les efforts des partis, qui ne cessent jamais de chercher des moyens de rendre l'aile parlementaire plus réceptive aux vœux de l'aile extraparlementaire, se heurteront toujours à la réalité des impératifs électoraux. Les partis politiques, telle est cette réalité, sont d'abord faits pour gagner des élections. Dans la mesure où l'aile parlementaire est mieux en mesure de conduire le parti à la victoire, elle continuera d'y exercer une influence dominante.

### 10.5 Le système des partis au Canada

Les démocraties libérales se caractérisent, entre autres, par le fait qu'elles permettent, et à bien des égards encouragent, la formation de partis politiques. Elles sont fondées sur la liberté de parole, la liberté d'association et la participation à la vie politique. En encourageant ainsi à la diversité des opinions politiques, ces démocraties sont nécessairement le lieu d'une multiplicité de partis.

Pour ces raisons, le Canada a adopté le **multipartisme** plutôt qu'un **régime de parti unique**. Plusieurs pays n'admettent légalement qu'un seul parti. La Chine, par exemple, n'en autorise aucun autre que le parti communiste. Selon la thèse sous-jacente à un tel système, on sert mieux l'intérêt général en débattant des politiques au sein d'un seul parti qu'en permettant à de nombreux partis de proposer des solutions de rechange. Par contre, le multipartisme canadien permet l'existence de divers partis qui représentent autant d'idéologies, défendent divers intérêts politiques et proposent des orientations différentes. Cette diversité s'est parfaitement manifestée lors des élections de 1993. Quatorze partis s'y étaient inscrits au Bureau du directeur général des élections. Neuf d'entre eux, dont le Christian Heritage Party, le parti vert, le parti national et le parti libertaire, présentaient des candidats dans 50 circonscriptions ou davantage.

Bien entendu, la plupart des partis ainsi enregistrés n'ont guère de véritable impact politique ; aucun des quatre partis précités n'a jamais fait élire un candidat à la Chambre des communes. En fait, deux partis ont dominé seuls la scène politique canadienne : les libéraux et les progressistes conservateurs. Cette domination tient largement à notre système électoral qui, nous l'avons vu au chapitre 9, privilégie systématiquement les partis nationaux capables de gagner l'appui d'un vaste public. Du même coup, ce système fait obstacle aux nouveaux partis et à ceux qui défendent une idéologie non centriste. Le système UPV mène donc à la création d'un régime multipartite dominé par deux grands **partis de compromis** qui défendent tous deux une idéologie centriste et s'efforcent de plaire à toutes les régions, à tous les groupes ethniques et à toutes les classes sociales.

Durant les premières années de la Confédération, libéraux et conservateurs furent les deux seuls partis en lice. Depuis la Première Guerre mondiale, un tiers parti a tenté, à chaque élection, de briser le monopole de ces deux vieux partis. L'émergence de ces tiers partis a mené notre système multipartite à ce que l'on qualifie communément de « système à deux partis et demi ».

Comme on pouvait s'y attendre en mode de scrutin uninominal, les tiers partis ont connu leurs plus grands succès lorsqu'ils incarnaient un mouvement régional de protestation. C'est ainsi qu'en 1921, le parti progressiste obtint plus de sièges que le parti conservateur. Mais ces partis sont, par définition, des phénomènes de courte durée. N'étant que régionaux, ils ne peuvent espérer former une majorité. Leurs partisans finissent pas comprendre qu'il n'est guère utile de siéger éternellement dans l'opposition. Au cours des élections suivantes, les appuis du parti tombèrent en chute libre. En 1935, il ne fit élire aucun candidat et s'associa au parti conservateur quelques années plus tard. Cette élection de 1935 fut marquée par l'entrée en scène d'un autre « tiers parti », la Commonwealth Cooperative Federation (CCF). Issu d'un mécontentement régional, la CCF défendait aussi une idéologie différente, le socialisme démocratique. Ce parti et son successeur, le NPD, ont été depuis 60 ans le principal tiers parti au Canada. Mais ils n'ont jamais constitué, étant porteurs d'une idéologie non centriste, des prétendants sérieux au pouvoir. En outre, leur faible popularité a été aggravée par notre système électoral : le nombre de leurs sièges a toujours été largement inférieur au pourcentage du vote populaire recueilli.

Selon certains observateurs, les élections de 1993 pourraient avoir marqué le passage à une nouvelle phase de notre système multipartite. Un des deux partis de compromis (les libéraux) y obtint une solide majorité, mais l'autre subit une écrasante défaite : les conservateurs se classèrent en cinquième place et n'obtinrent que deux sièges. Des trois partis qui les avaient précédés, deux étaient nouveaux : le Bloc québécois se classa second (54 sièges), suivi du Reform Party (52 sièges). Lors des élections de 1997, cette quintuple configuration se resserra davantage. Que présagent de tels résultats pour notre système électoral ?

Le gouvernement responsable et notre mode de scrutin accordant une telle prime à la victoire, il est improbable que la situation actuelle se prolonge. Tout indique, plutôt, que notre système traverse une courte période d'adaptation. Il est évident que le Bloc québécois, parti régional, ne s'installera pas à demeure dans le paysage politique canadien. Le Reform Party, par contre, s'est développé en tant que parti régional, mais entend remplacer les progressistes conservateurs au titre de solution de rechange au parti libéral. S'il réussit à se dégager de sa base régionale, il réussira ; sinon, il perdra ses appuis aux mains des conservateurs. Quoiqu'il en advienne, notre système de partis reviendra vraisemblablement à sa phase de « deux partis et demi ».

## 10.6 Les partis fédéraux

Les partis politiques canadiens sont d'abord issus, à l'époque coloniale, de la tradition en Grande-Bretagne. Au début du XIXe siècle, deux partis dominaient la vie politique britannique : les Whigs et les Tories, qui allaient bientôt devenir les libéraux et les conservateurs. Lorsque Londres eut accordé au Canada le gouvernement responsable, en 1848, le parlement colonial reprit le modèle britannique et se divisa bientôt en deux groupes : dans le Haut-Canada (anglais), ce furent d'un côté les Réformistes (qu'on appelait parfois Clear Grits) et, de l'autre, les conservateurs-libéraux ; dans le Bas-Canada (français), un parti plus démocratique, « les Rouges », faisait face à un parti plus traditionnel, favorable à l'oligarchie et à l'Église, « les Bleus ». Lors de la Confédération, ces regroupements donnèrent naissance à deux nouveaux partis nationaux.

*a) Le parti conservateur*

Le parti conservateur fut l'un de ces partis. John A. Macdonald, qui fut le premier premier ministre du Canada, le créa à partir d'une coalition des conservateurs-libéraux du Haut-Canada et des Bleus du Québec. Sous la direction de Macdonald et de son lieutenant George-Étienne Cartier, les conservateurs dominèrent la scène politique durant les trente années qui suivirent la Confédération. Ils instituèrent une « politique nationale » protectionniste (contre les États-Unis), poursuivirent l'expansion vers l'Ouest grâce au chemin de fer (CPR) et préconisèrent le renforcement du gouvernement central. Le parti n'était pas opposé à l'intervention de l'État dans l'économie. Une telle intervention étant perçue comme nécessaire au développement du pays, il a traditionnellement favorisé la création d'entreprises d'État. Durant les années 1940, les conservateurs « absorbèrent » les derniers éléments du parti progressiste et adoptèrent le nom, quelque peu paradoxal, de « conservateurs progressistes[5] ». Depuis quelques années, le parti progressiste-conservateur prône la réduction des contrôles gouvernementaux, une décentralisation qui augmenterait les pouvoirs des provinces, le renforcement de l'économie de marché et une diminution de la taille de l'État.

*b) Le parti libéral*

Deuxième grand parti issu de la Confédération, le parti libéral naquit d'une coalition des Réformistes du Haut-Canada et des Rouges du Québec. Durant plusieurs années, l'opposition aux conservateurs de Macdonald constitua la raison principale de son unité. Ce n'est que sous Wilfrid Laurier, premier Canadien français à accéder au poste de premier ministre, qu'il entreprit de se donner une politique cohérente, fondée sur le libre-échange et sur les droits des provinces. Longtemps considéré comme représentant national des droits des Canadiens français, le parti libéral a institué, quant au choix de son

5. NdT: « Progressive conservative » se traduirait normalement par « conservateur progressiste » ; l'usage a cependant confirmé l'emploi de « progressiste conservateur ».

leader, une tradition d'alternance entre francophones et anglophones. Les libéraux, beaucoup plus que les conservateurs, ont été sensibles à la notion d'un Canada conçu comme pacte entre deux nations (française et anglaise). Bilinguisme officiel et multiculturalisme ont été institués par des gouvernements libéraux. Depuis quelques années, le parti prône le renforcement du gouvernement national et le développement de l'État-providence. Comme les conservateurs, les libéraux sont en faveur de la libéralisation du commerce mondial et d'une économie libre.

*c) Le Nouveau Parti démocratique (NPD)*

Populisme et contestations régionales ont toujours fait partie du paysage politique canadien. Depuis la Confédération, chaque région du pays a donné naissance à un parti politique contestataire. Le Québec a produit l'Union nationale, les Créditistes et, plus récemment, le Bloc québécois. Le même phénomène vaut pour l'Ontario, pour l'Ouest et, à un moindre degré, pour les Maritimes. La politique de contestation a ainsi mené à la formation des Progressistes, du Crédit social et de la Cooperative Commonwealth Federation (CCF) et du Reform Party. Il y a quelques années, le Nouveau-Brunswick a connu le Confederation of Regions Party (COR). Tous populistes, ces partis ont voulu promouvoir une plus grande démocratie au sein des formations politiques et donner voix aux citoyens ordinaires qui se sentaient exclus des principaux partis. Mais cette contestation a toujours connu deux volets : un courant libertaire et un courant égalitaire. Cet égalitarisme est la source principale du socialisme au Canada.

Le NPD est le seul parti social-démocrate de quelque importance au Canada. Il est issu de la contestation menée par la CCF en réaction à l'effondrement de l'économie des Prairies durant les années 1920. On attribuait alors cette catastrophe aux intérêts capitalistes, basés pour la plupart dans les provinces centrales. C'est pourquoi la réaction contre l'économie de marché et le libéralisme fut longtemps associée à l'idée que le Canada était dirigé par les provinces centrales et ne servait que les intérêts de ces provinces. Libéraux et conservateurs n'étaient que les représentants de l'élite dirigeante et de la classe capitaliste, par opposition à la classe laborieuse des travailleurs industriels et des fermiers.

En 1961, le NPD fut formé par la fusion des organisations de la CCF et du Congrès du Travail du Canada (CTC), qui était le plus important regroupement syndical au Canada. Appuyé à la fois par des agriculteurs et des syndicats de partout au pays, le NPD a connu depuis lors des succès électoraux plutôt modestes. Il a atteint un sommet en 1988, ayant fait élire 43 députés au Parlement fédéral. En revanche, il a formé le gouvernement dans quatre provinces et l'opposition officielle dans quelques autres.

*d) Le Reform Party*

Dernier arrivé parmi les partis importants, le Reform a connu des succès remarquables et est devenu l'opposition officielle lors des élections de 1997. Il est né des critiques, fort répandues dans l'Ouest, selon lesquelles les institutions politiques nationales défavorisent systématiquement cette région. Le parti prône donc avec vigueur une réforme du Sénat qui accorderait aux quatre provinces de l'Ouest une représentation plus forte à Ottawa. Il propose aussi, dans cet esprit, une restructuration de la division des pouvoirs, une réduction de la réglementation fédérale en matière d'économie et un certain ralentissement de la redistribution de la richesse par Ottawa. Responsabilité fiscale, réduction du déficit et équilibre budgétaire sont peut-être ses plus importantes revendications.

À la différence des autres partis, le Reform ne présente de candidats qu'au niveau fédéral. Il cherche aussi à se distinguer de ce qu'il appelle « les vieux partis » en insistant sur la responsabilité de ses membres devant leurs électeurs. Les députés, croit-il, sont d'abord responsables devant ceux qui les ont élus. Ils représentent l'opinion de leurs électeurs et non celle du parti. S'ils doivent voter contre leur parti, ainsi soit-il.

*e) Le Bloc québécois*

Le Bloc québécois est un parti étrange dans la mesure où, consacré à l'indépendance du Québec, il travaille à sa propre disparition de la scène politique canadienne. Il a été créé à la suite de l'échec de l'Accord du lac Meech, alors qu'un petit groupe de députés libéraux et conservateurs abandonnèrent leur caucus pour fonder un nouveau parti. À l'orée des élections de 1993, le Bloc n'était guère qu'un groupe de députés déçus ; au soir du scrutin, cependant, il était devenu un parti politique important, fort de ses 54 députés élus au Québec. Ayant ainsi dépassé tous les autres partis d'opposition, il devint, curieux paradoxe, « la loyale opposition de Sa Majesté ».

Mais le Bloc demeure, en un sens, un parti régional typique. À cause de la disproportion induite par le système électoral, ce parti a pu transformer en un nombre considérable de sièges ce qui n'était qu'une modeste proportion du vote populaire au Canada. Comme tous les partis régionaux, il tire largement son importance du système électoral.

On notera, enfin, que l'unité de ce parti tient au nationalisme québécois plutôt qu'à une idéologie politique. Certains de ses membres sont socialistes, d'autres favorables à l'entreprise privée. Mais le nationalisme transcende chez eux toute autre divergence.

## 10.7 Le gouvernement des partis et la politique des partis

Le gouvernement parlementaire est un gouvernement des partis et la politique canadienne est une politique des partis. Nous trouvons parfois à nous en plaindre, mais il est probablement bon et nécessaire qu'il en soit ainsi. Cette division des députés en partis différents nous permet, en effet, de savoir qui a remporté les élections et formera le prochain gouvernement. La tâche du gouverneur général, qui est de faire en sorte que le Canada ait un gouvernement viable, est ainsi facile d'exécution. Le système des partis clarifie le résultat des élections et permet de dégager un leader qui deviendra le premier ministre. En l'absence d'un tel scénario, le population ne pourrait jamais identifier le futur premier ministre et il est probable que, sans discipline de parti, les gouvernements se succéderaient à un rythme beaucoup trop rapide. Leadership et discipline de parti assurent la stabilité d'un gouvernement parlementaire. On doit en conclure que rien n'est pire que la politique des partis, sinon la politique parlementaire sans les partis.

Ce n'est pas là affirmer que la politique des partis n'a que de bons côtés. Quiconque observe la vie politique canadienne ne manquera pas de relever certains épisodes au cours desquels les intérêts du parti se sont substitués à ceux de la nation. Le gouvernement en fonction, formé des dirigeants d'un parti, n'accorde-t-il pas autant d'importance à sa future réélection qu'à l'intérêt national ?

Le pouvoir des chefs de partis soulève aussi un problème. Au Parlement, le premier ministre peut choisir les membres de son cabinet. Quant aux leaders de l'opposition, ils peuvent déterminer lesquels, de leurs députés, feront partie du « cabinet fantôme » et pourront ainsi donner la réplique au ministre titulaire de tel ou tel ministère. En étant promus à de tels postes, les députés deviennent des personnages médiatiques et acquièrent une connaissance des dossiers dont ils peuvent ultérieurement faire état. Il n'est pas rare de voir un critique du ministre des Finances accéder lui-même à cette fonction lorsque son parti parvient au pouvoir.

Les leaders sont-ils devenus trop puissants ? Certes, ils dominent le parlement et la vie politique au point où la lutte politique semble se résumer à un combat entre trois ou quatre individus. Mais n'oublions pas que leur pouvoir repose sur l'opinion publique. Le chef pourra-t-il mener son parti à une victoire, quelle qu'elle soit, lors de la prochaine élection ? La perspective de la défaite amoindrit considérablement le pouvoir d'un leader, fût-il premier ministre. Les démocraties libérales ne sont pas des démocraties directes, mais le pouvoir des partis et de leurs chefs tient à leur capacité de recueillir des votes et, par conséquent, à l'opinion de la population.

## MOTS CLÉS

- Idéologie
- Conciliation des intérêts
- Parti pragmatique
- Système multipartite
- Cinq fonctions des partis
- Parti de compromis
- Système de parti unique

# CHAPITRE 11

# GROUPES D'INTÉRÊTS, OPINION PUBLIQUE ET CITOYENNETÉ DÉMOCRATIQUE



## 11.1 Les formes de participation politique

Les démocraties libérales tendent vers l'idéal d'un « gouvernement du peuple, par le peuple et pour le peuple ». Les députés élus et tous ceux qui occupent des fonctions au gouvernement sont des citoyens ordinaires. Ils doivent à l'ensemble de la population d'agir dans l'intérêt général. Le gouvernement ne fonctionnera bien, par conséquent, qu'avec la participation d'une partie importante de ses citoyens. Ceux-ci doivent consentir à faire acte de candidature à des postes publics ou à s'engager dans d'autres activités de nature électorale. Plus important encore, tous les citoyens doivent avoir reçu une éducation politique qui leur permet de porter un jugement raisonnable sur les candidats et d'évaluer correctement une politique publique. La démocratie exige la participation de citoyens politiquement cultivés.

Quelles sont les formes de participation politique dans une démocratie libérale ? D'abord et avant tout, la candidature à des postes publics et la victoire électorale. Les candidats élus participent directement, il va sans dire, à l'élaboration des lois et des politiques publiques. Deuxièmement, l'engagement dans une formation politique : assistance aux réunions du parti, collecte de fonds, campagne en faveur du candidat, travail le jour des élections et ainsi de suite. Des milliers de Canadiens sont ainsi engagés dans l'action politique. Un troisième mode de participation, plus répandu encore, consiste à agir par l'intermédiaire de groupes d'intérêts. Nous appartenons tous à des groupes d'intérêts — syndicats, lobbies, organisations volontaires, groupes communautaires, associations — qui participent tous à la vie politique. En dernier lieu, nous participons en vertu du déroulement même du processus politique, c'est-à-dire de la relation que nous entretenons au gouvernement et à nos élus. Nous lisons des journaux, nous écoutons des émissions d'affaires publiques, nous assistons à des réunions de partis ou à des assemblées de citoyens, nous discutons politique, nous écrivons aux journaux ou à nos députés, nous participons à des sondages et, finalement, nous votons lors des élections.

### 11.2 Les groupes d'intérêts

Un groupe d'intérêts est une association de personnes qui partagent un intérêt. Cet intérêt peut être immédiatement politique, telles l'adoption du libre-échange ou la légalisation de l'avortement. Il peut aussi être moins immédiatement politique, telle l'appartenance à un club de voile ou à une association d'exposition canine. On s'aperçoit rapidement, cependant, que le regroupement le moins politique parvient toujours à une étape où il lui faut s'engager politiquement : le moment où il lui faut sauvegarder ou promouvoir ses intérêts. Une association devient un **groupe d'intérêts** lorsqu'elle tente d'exercer une influence politique afin de promouvoir ses intérêts.

Un club de voile, par exemple, ne présente *a priori* aucune connotation politique. Ses membres peuvent appartenir à diverses formations politiques, être politiquement actifs ou parfaitement indifférents ; ils proviennent de diverses classes sociales, de groupes ethniques différents et ne sont pas tous de même confession religieuse. Une seule chose les réunit : la passion de la voile. On peut très bien imaginer, pourtant, que ce club défende des opinions bien arrêtées sur certaines questions environnementales et qu'il soit peut-être prêt à faire pression sur le gouvernement afin de régler certains problèmes en cette matière. Il en irait ainsi de questions comme les permis relatifs aux embarcations, les règlements de sécurité, les lois sur la navigation, l'entretien des voies d'eau, les règlements de zonage à proximité du club et ainsi de suite. Les réunions de ce club de voile pourraient facilement porter sur des problèmes politiques et sur les manières de faire pression sur les gouvernements afin de promouvoir les intérêts du groupe.

Un groupe d'intérêts diffère d'un parti politique sous deux aspects majeurs. Premièrement, ses membres ont une visée beaucoup plus limitée que celle d'un parti politique. L'Association canadienne des manufacturiers, par exemple, est un vaste groupe d'intérêts dont les membres proviennent de divers secteurs de l'économie. L'Association prendra donc position sur de nombreuses questions d'ordre économique, depuis l'équité salariale jusqu'aux lois fiscales, les barrières tarifaires et la politique monétaire. Mais il est peu probable qu'elle prenne position sur la question de la peine capitale ou sur la loi concernant le port de la ceinture de sécurité. Le champ d'action des partis politiques est beaucoup plus vaste que celui d'un groupe d'intérêts. Les partis tentent de tenir compte du plus grand nombre possible d'intérêts.

Deuxième différence : un groupe d'intérêts tente d'exercer une influence sur le gouvernement, alors qu'un parti tente d'occuper les fonctions électives du gouvernement. Les premiers veulent influencer le pouvoir, les seconds veulent l'exercer. Il s'ensuit que les groupes d'intérêts agiront souvent par le moyen des partis politiques, en proposant de les appuyer ou en menaçant de transférer cet appui à un autre parti.

Les groupes d'intérêts essaient souvent d'influencer les politiciens par le moyen du **lobbying**. Le lobbying consiste à tenter d'influencer un membre du gouvernement, élu ou non, afin d'infléchir une politique ou d'assurer une nomination politique. Il prend souvent la forme d'une rencontre avec des députés ou avec des fonctionnaires (ces rencontres avaient autrefois lieu dans la salle réservée aux députés et attenant aux assemblées législatives, d'où le terme « lobby »).

Le lobbying équivaut à une forme de marchandage : le groupe veut obtenir l'appui du député, lequel attend en retour l'appui du groupe à sa campagne électorale. Ce soutien peut prendre la forme d'un appui public, de fonds pour la campagne électorale ou d'une simple reconnaissance publique de l'action du député.

La récente loi sur le contrôle des armes à feu en serait un bon exemple. De nombreux groupes d'intérêts — citoyens préoccupés par la sécurité publique et par la violence, associations policières, chasseurs, collectionneurs d'armes, vendeurs d'armes à feu — ont écrit à leurs députés, aux représentants du gouvernement et aux journaux. En certains cas, ils ont lancé des campagnes publicitaires, engagé des conseillers médias et peut-être même retenu les services de lobbyistes. Ils ont organisé des assemblées publiques et des marches de protestation afin de gagner à leur cause l'opinion publique. Telle est l'activité normale des groupes d'intérêts : faire tout en son possible pour infléchir à son profit le processus politique.

Acteurs importants dans le jeu politique canadien, les groupes d'intérêts ne sont pas sans poser un problème. S'ils colorent et enrichissent le débat public et l'élaboration des politiques, ils n'en agissent pas moins dans leur seul intérêt. Selon Theodore White, la première règle de la vie politique est la suivante : chaque individu et chaque groupe tentera d'obtenir davantage qu'il ne le mérite et exigera davantage que ce qu'il souhaite obtenir. Les groupes d'intérêts défendent, par définition, les intérêts bien spécifiques qui leur ont donné naissance. La question se pose donc : ces intérêts sont-ils compatibles avec l'intérêt général ? De nos jours, les termes « lobbying » et « intérêts particuliers » ont acquis une fort mauvaise presse. Nous devenons extrêmement méfiants lorsque des législateurs et des responsables gouvernementaux adoptent, à la suite de rencontres secrètes, des mesures qui semblent favoriser des intérêts particuliers plutôt que l'intérêt général. Nous nous interrogeons souvent : Que leur ont donc promis les lobbyistes ? Pouvons-nous faire confiance à notre gouvernement ?

Pourtant, le lobbying ne représente pas qu'un problème ; il faut comprendre que les groupes d'intérêts tiennent un rôle fort utile dans notre démocratie. Un gouvernement démocratique doit être sensible aux besoins et aux exigences de la population, dans la mesure où ces exigences sont légales et modérées. Le gouvernement doit être sensible à la volonté générale exprimée par l'opinion publique. Mais comment la connaître ? Et comment la population sera-t-elle informée des problèmes en cours et suffisamment renseignée pour se former une opinion juste ? Les groupes d'intérêts créent, à cet égard, un lien essentiel entre le gouvernement et la population. Députés, partis politiques et fonctionnaires sont régulièrement en contact avec divers groupes d'intérêts, lesquels procurent au gouvernement de précieux indices sur l'état de l'opinion publique et, inversement, renseignent le public sur certaines questions.

Cela dit, cependant, les groupes d'intérêts soulèvent des problèmes sérieux. Premièrement, ils entretiennent l'idée que la politique ne consiste qu'à récompenser les appuis électoraux. Un parti met de l'avant certaines politiques, un groupe d'intérêts soutient le parti, celui-ci remporte les élections grâce à ce soutien et remercie ensuite le groupe d'intérêts en adoptant des politiques qui le favorisent. Ce scénario cynique transforme la politique en une compétition d'intérêts privés remportée par le plus fort. Toute notion d'intérêt général ou de bien commun est ainsi évacuée.

Deuxièmement, les groupes d'intérêts accentuent notre propension, déjà considérable, à chercher auprès du gouvernement la solution à tous nos problèmes. Comme ils tentent d'exercer une influence politique, ils s'adressent naturellement au gouvernement. Mais, plus important encore, ils sont surtout capables de dominer l'ordre du jour politique et de déterminer les priorités en matière de politiques publiques. Or des intérêts importants existent, dans la société, qui sont à la fois mal organisés et économiquement démunis. Quel pouvoir détient un groupe représentant les sans-abri ou les déficients mentaux, comparé à celui du Conseil canadien des chefs d'entreprises ou du Conseil canadien du statut de la femme ?

Comment, dès lors, résoudre ce problème des groupes d'intérêts et des puissants lobbies politiques ? Il n'existe aucune solution facile. Nous ne pouvons les interdire ; tant qu'existera la liberté de parole et d'association, des personnes se regrouperont pour défendre leurs intérêts. Nous pouvons, au mieux, circonscrire leur pouvoir dans des limites raisonnables. Une des manières d'y parvenir consiste à légiférer afin de réglementer leurs contributions politiques, obliger à l'enregistrement des lobbyistes professionnels et exiger des politiciens qu'ils rendent publiques les sommes obtenues de tels groupements.

Une seconde manière, plus efficace encore, consiste à encourager au développement des groupes d'intérêts. Telle fut la solution adoptée par un des grands architectes de la démocratie libérale américaine, James Madison. Selon lui, il fallait surtout craindre qu'un de ces groupes devienne assez puissant pour contrôler le gouvernement et lui imposer ses propres objectifs. Pour parer à cette éventualité, il importait de promouvoir la **multiplicité des intérêts**, de manière à ce qu'aucun d'entre eux ne puisse acquérir un tel pouvoir[1].

Finalement, le gouvernement lui-même peut créer et aider à la croissance de groupes d'intérêts publics. Ces mesures sont particulièrement utiles pour stimuler une certaine concurrence des intérêts, ce qui enrichira le débat public et produira une population mieux informée des enjeux. C'est ainsi que le gouvernement canadien soutient de nombreux groupes de cette nature dans les domaines des arts, des droits des femmes, du multiculturalisme, et ainsi de suite.

### 11.3 Les femmes en politique

Les citoyens canadiens ne sont pas, en moyenne, terriblement actifs en politique. Leur taux de participation est d'environ 70 % lors des élections générales, mais moins de 5 % d'entre eux appartiennent à un parti ou se portent candidats à des postes publics. Si les hommes et les femmes possèdent des droits égaux en cette matière — droit de vote, appartenance à des groupes d'intérêts, candidature, etc. — la politique demeure, de toute évidence, une affaire d'hommes. Les raisons en sont nombreuses et complexes. Tradition, pressions sociales, disparités économiques, différences dans les carrières, préjugés — les facteurs en sont certainement multiples. Quoi qu'il en soit, la participation des femmes à la vie politique demeure toujours un idéal à atteindre plutôt qu'un fait accompli.

---

1. Alexander Hamilton, John Jay, James Madison, *The Federalist Papers*, n° 51.

En ce qui concerne les formes primaires de participation — accession à des postes publics et organisation de groupes d'intérêts — les femmes sont mieux en valeur que jadis. Lors de l'élection de 1993, deux des partis en lice étaient dirigés par des femmes, dont Kim Campbell qui était premier ministre. Depuis une vingtaine d'années, des femmes ont été élues à la tête de partis politiques majeurs dans la plupart des provinces et deux d'entre elles y ont été premier ministre.

Cette tendance s'est aussi manifestée au fédéral, comme en témoignent les chiffres suivants qui indiquent le nombre (et le pourcentage) de femmes élues à la Chambre des communes depuis quelques années :

| | |
|---|---|
| 1980 | 15 (5 %) |
| 1984 | 27 (10 %) |
| 1988 | 39 (13 %) |
| 1993 | 54 (18 %) |
| 1997 | 60 (20 %) |

Nonobstant cette croissance, les femmes demeurent fortement sous-représentées par rapport à leur poids démographique. Pourquoi ne formeraient-elles pas 50 % de la députation ? Une femme n'a jamais encore été élue premier ministre du Canada et une seule, Katherine Callbeck à l'Île-du-Prince-Édouard, l'a été dans une province.

Cette sous-représentation permanente a provoqué des appels à une réforme du système électoral qui permettrait d'augmenter le nombre de candidatures féminines. La création de comtés dotés de deux députés, par exemple, constituerait une mesure probablement positive. Les partis politiques pourraient équilibrer leur liste en présentant un candidat et une candidate dans chaque circonscription.

La participation des femmes à la vie politique a aussi augmenté grâce à la formation de groupes d'intérêts. Les expressions « questions féminines » et « regroupements de femmes » font désormais partie du discours politique usuel. Nous risquons désormais de tenir pour acquis que les femmes doivent, comme tout autre groupe d'intérêts, se regrouper dans des organisations volontaires afin de défendre leurs intérêts, et que cette manière de procéder est adéquate à leurs exigences. Cette hypothèse n'est pas sans un brin de vérité. Mais elle soulève une intéressante question : les « regroupements de femmes » sont-ils des groupes d'intérêts au sens où l'est l'Association canadienne des manufacturiers ? Et pouvons-nous dresser une liste objective et incontestable des « questions féminines et des « intérêts féminins » ?

Le Conseil canadien du Statut de la femme, qui est probablement le mieux connu des regroupements de femmes, affirme défendre les intérêts de toutes les Canadiennes. Pour ce faire, il s'efforce de transformer l'opinion publique, de faire pression sur le gouvernement pour modifier les lois et les politiques publiques, d'aider les autres associations féminines. Mais il n'est pas sans susciter de nombreuses critiques, dont certaines viennent de femmes. On estime, en effet, que les intérêts des femmes sont aussi divers que ceux des hommes et ne peuvent, par conséquent, être défendus par un unique organisme. Et si l'on rétorque que les femmes ont droit à un traitement égal à celui des hommes, la question demeure de savoir ce qui, précisément, constitue un traitement égal. L'égalité exige-t-elle des mesures d'action positive, une loi sur l'équité salariale et des politiques conçues pour réparer les erreurs passées ?

On estime donc, d'un côté, que l'ensemble des problèmes et des intérêts des femmes peut être objectivement défini et politiquement exprimé au nom de toutes les femmes. Le problème, dès lors, est de savoir ce qu'il advient de celles qui ne sont pas d'accord avec les positions exprimées par les instances officielles. On les considère souvent comme prisonnières d'une « mentalité patriarcale » ou victimes d'une « conscience fausse ». Selon une autre opinion, les intérêts des femmes sont aussi divers et aussi politiquement changeants que ceux des hommes. Dans cette perspective, la réforme devrait porter sur la participation électorale et non sur l'organisation des groupes d'intérêts : lorsque les femmes seront nombreuses sur la scène politique, leurs idées et leurs préoccupations auront un poids égal à celles des hommes.

## 11.4 L'opinion publique

Tout compte fait, le pouvoir des partis politiques et celui des groupes d'intérêts reposent tous deux sur leur capacité d'influencer l'opinion publique. Les politiciens sont habituellement réticents à appuyer une cause manifestement impopulaire. Et lorsqu'ils le font, ils ne demeurent pas au pouvoir très longtemps. Les partis politiques existent pour remporter des élections, de sorte que les politiques qu'ils préconisent doivent bénéficier d'un certain appui populaire.

Que l'opinion publique soit un élément essentiel de la démocratie, cela semble évident. À bien y songer, cependant, la question n'est pas simple. Premièrement, qui est le « public » derrière l'opinion publique ? Comment connaissons-nous l'opinion qu'il entretient sur tel ou tel sujet ? Comment cette opinion est-elle façonnée par les « faiseurs d'opinion » ? Comment les méthodes d'étude de l'opinion publique modifient-elles cette opinion ? L'opinion du public est-elle bien informée ou est-elle davantage basée sur des émotions et peut-être même sur des préjugés ?

Lorsque nous parlons d'opinion publique, nous présumons souvent connaître le sens du mot « public ». Mais de qui parlons-nous ? De toutes les personnes vivant au Canada ? De tous les citoyens ? De tous les électeurs inscrits ? Uniquement de ceux qui votent ? Uniquement de ceux qui entretiennent une opinion ? Peut-être même, tout simplement, de ceux qu'intéresse telle ou telle question. Les possibilités sont infinies.

Lorsque nous évoquons l'opinion publique, en fait, nous évoquons la réaction d'un groupe particulier de citoyens à un phénomène précis — événement, problème ou personnalité. Nous nous intéressons aux opinions relatives aux événements importants qui surviennent au gouvernement ou dans la vie politique. Or nous constatons que le « public » qui a une opinion sur telle question n'est pas le même « public » que celui qui a une opinion sur telle autre question. Je puis, par exemple, avoir une opinion très arrêtée sur le libre-échange et n'en avoir aucune sur le problème des pêcheries. Les groupes qui constituent le « public » ont des opinions changeantes selon le problème en cause, de sorte qu'il est quelque peu trompeur de concevoir l'opinion publique comme un tout indivisible. C'est là une généralisation commode mais trompeuse.

Lors d'une enquête d'opinion publique, il importe d'abord d'identifier les citoyens qui ont une opinion sur le sujet en cause, et ensuite de connaître cette opinion. En d'autres termes, nous devons enquêter sur le *contenu* de l'opinion publique. Deuxièmement, nous devons déterminer l'*importance politique* que les répondants accordent à ce sujet. Troisièmement, nous devons évaluer la *force* avec laquelle sont exprimées ces opinions. Ces trois facteurs étant diversement liés les uns aux autres, on imagine sans peine la complexité de ce phénomène qu'est l'opinion publique.

Recourons à un exemple : le gouvernement fédéral envisage des changements majeurs à sa politique relative au financement des universités. Qu'en pensera l'opinion publique ? Nous constatons d'abord que de nombreux Canadiens n'ont aucune opinion sur ce sujet qui les laisse parfaitement indifférents. Il nous serait possible de ne pas tenir compte de ce fait et de poursuivre notre enquête en étudiant les seules opinions de ceux que la question intéresse. Mais si nous procédons ainsi, ne passons-nous pas sous silence le fait que tous ces « indifférents » sont d'opinion que le sujet ne mérite pas qu'ils aient une opinion ? Ou cette absence d'opinion ne procède-t-elle pas d'une simple ignorance des enjeux ?

Laissons de côté ces interrogations et poursuivons notre enquête. Nous constatons alors que chez ceux qui ont une opinion, certains sont passionnés par le sujet et d'autres ne se sentent pas concernés. Nous devons donc distinguer entre l'opinion et la force avec laquelle on l'exprime. Connaître l'une sans connaître l'autre ne nous servirait guère. Si nous nous contentions de recueillir les opinions sans déterminer l'importance qu'accorde le public au sujet en cause et sans évaluer la force avec laquelle elles sont exprimées, nos résultats seraient sans conséquence pratique.

Les opinions fermes et passionnées soulèvent une autre question : dans quelle mesure ces répondants sont-ils bien informés ? Leur passion provient-elle d'une connaissance ou d'une ignorance des faits ? Nous avons tous connu l'une et l'autre, et nous savons qu'il ne faut pas confondre passion et prudence. Reprenant le fil de notre enquête, nous pourrions demander combien de personnes connaissent le fonctionnement du programme de subventions aux universités, les modifications projetées et les solutions de rechange possibles, compte tenu des difficultés financières du fédéral.

La science politique ne doit pas se limiter à une simple description empirique de l'opinion publique. Dans la mesure où elle entend évaluer rationnellement la prétention de la démocratie à être le meilleur régime, la science politique doit considérer le niveau de rationalité et de connaissance de l'opinion publique. Dans une démocratie, l'autorité ne tient pas au seul consentement mais à un consentement éclairé. La question la plus importante devient donc, quant à l'opinion publique, de savoir dans quelle mesure le public est bien informé et de connaître les fondements de son opinion. Comme un médecin qui examine son patient, les politologues peuvent établir l'état de santé de la démocratie en étudiant le fondement de l'opinion publique.

Cette opinion a des sources diverses. Parents, vie familiale, religion, école, groupe d'âge, publicité, gouvernement, lois, partis politiques, groupes d'intérêts et médias participent tous de la formation des opinions. Aujourd'hui, le rôle des médias est particulièrement controversé. La crainte d'une manipulation de l'opinion par les médias est généralisée et bien identifiée. Mais la plus importante source d'opinion publique est peut-être, désormais, l'opinion publique elle-même. Proposition *a priori* étrange ; mais nous parlons ici du conformisme, ce phénomène par lequel l'individu se conforme à l'opinion publique. La société démocratique a inspiré à Tocqueville cette réflexion :

> Le plus léger reproche la blesse, la moindre vérité, piquante l'effarouche ; et il faut qu'on loue depuis les formes de son langage jusqu'à ses plus solide vertues. Aucun écrivain, quelle que soit sa renommée, ne peut échapper à cette obligation d'encenser ses concitoyens. La majorité vit donc dans une perpétuelle adoration d'elle-même[2]...

2. Alexis de Tocqueville, *De la démocratie en Amérique*, Paris, G. F.-Flammarion, vol. I, 1981, p. 355.

Pour Tocqueville, la capacité de la démocratie à amener ses citoyens à se conformer à l'opinion publique constituait son plus grand péril. Les mass médias ne sont que les moyens, certes de plus en plus puissants, d'un conformisme démocratique de masse.

### 11.5 La question des sondages

Le conformisme est au cœur d'un débat passionné à propos de la valeur et de la place des sondages d'opinion. Menés pour le compte des partis politiques, des gouvernements et des entreprises, les sondages ont envahi nos vies. Ils nous renseignent sur tous les sujets, des plus importants aux plus triviaux, depuis les opinions des Canadiens sur les grandes politiques sociales jusqu'au nombre de personnes qui croient encore Elvis vivant. Pourquoi sont-ils devenus à ce point envahissants ?

Essentiellement parce qu'ils constituent d'excellents outils de marketing. Or les techniques de marketing de masse, utilisées pour déterminer la demande des consommateurs et la publicité, peuvent aussi être employées avec succès dans le champ politique. Groupes d'intérêts, ministères et organismes du gouvernement, partis politiques, tous recourent aux sondages pour connaître les problèmes que la population estime importants et pour évaluer la popularité d'une idée, d'une politique ou d'une personnalité. On pourrait donc dire des sondages qu'ils constituent une ressource précieuse en démocratie. Si les gouvernements et les partis politiques entendent servir le peuple, ils doivent savoir ce que pense le peuple. Grâce aux sondages, les politiciens y parviennent mieux et peuvent donc satisfaire aux besoins de la population.

Par contre, les sondages contribuent au conformisme en répandant l'idée qu'une chose est bonne parce que la majorité des répondants d'un sondage la croient bonne. Or l'opinion publique est changeante, particulièrement quant à des thèmes politiques à forte connotation émotive. Deux ou trois meurtres crapuleux, et voilà les Canadiens fortement favorables à la peine capitale. De plus, nous devons nous demander dans quelle mesure le public est bien renseigné sur tel ou tel problème et donc, pour le dire brutalement, à quoi sert de connaître son opinion. La Banque du Canada devrait-elle réduire ses taux d'intérêt ? On pourrait soumettre cette question à 1001 Canadiens, mais comment connaîtraient-ils les tenants et aboutissants d'une telle mesure ?

Les sondages décuplent un danger propre aux démocraties, qui est d'accorder une sorte de statut supérieur à l'opinion de la majorité. Tocqueville décrit ainsi ce problème :

> L'empire moral de la majorité se fonde en partie sur cette idée, qu'il y a plus de lumières et de sagesse dans beaucoup d'hommes réunis que dans un seul, dans le nombre des législateurs que dans le choix[3].

Il y a danger que nous finissions par estimer une chose bonne ou mauvaise parce que la majorité l'entend ainsi. Tel aura été, trop souvent, le sort des questions raciales ou religieuses.

Le débat le plus fréquent porte sur l'effet possible des sondages sur les élections. Nombreux sont ceux qui préconisent l'interdiction des sondages pré-électoraux (qui tentent de mesurer les préférences des électeurs). Durant les semaines qui séparent la dissolution du Parlement et le jour du vote, les Canadiens devraient pouvoir « se faire une opinion » sans l'« aide » des sondages.

Ceux qui plaident pour une telle interdiction durant la période précédant immédiatement le scrutin estiment que ces sondages troublent doublement le processus électoral. Premièrement, les élections deviennent semblables à une course de chevaux ; les médias font moins état des thèmes politiques que du candidat ou du parti en avance selon le plus récent sondage. La politique est ainsi réduite au niveau d'un événement sportif et les électeurs se préoccupent davantage de celui qui gagne que de celui qui mériterait de gagner.

Deuxièmement, les sondages pré-électoraux affectent le comportement des électeurs. Ceux-ci cessent de s'intéresser aux partis ou aux candidats qui sont à la traîne dans les sondages et reportent leurs voix sur ceux qui sont en tête. Lorsque les électeurs tiennent à ce que leur comté soit représenté par un député du parti vainqueur (ou qui pourrait l'être), il se crée un phénomène dit « du **train en marche** » (que les Anglais appellent *bandwagon effect*). Que les électeurs votent

3. *Ibid.*, p. 344.

alors pour l'un ou l'autre des deux premiers partis, l'effet est le même : les tiers partis, déjà handicapés par le système électoral, le sont encore davantage. Si les élections sont censées être la principale occasion fournie à un citoyen de participer intelligemment à un débat public, alors les sondages électoraux sont apparemment incompatibles avec une saine démocratie.

Ce débat renvoie à une question fondamentale pour les démocraties libérales. Interdire la publication des sondages électoraux violerait probablement certains de nos droits les plus importants, dont la liberté de la presse. Mais s'il était établi que les sondages réduisent la participation réfléchie au processus politique, alors on pourrait soutenir qu'ils sont antidémocratiques. En dernière analyse, cette question met à jour la tension profonde qui existe parfois entre l'attachement que nous portons au libéralisme et celui que nous portons à la démocratie.

### 11.6 L'éducation civique et la citoyenneté démocratique

La manière de créer un public bien informé et, partant, une opinion publique intelligente, nous ramène au problème de l'éducation politique. Comment devrions-nous apprendre à la population à devenir des citoyens dans une démocratie libérale ? Sur quelle sorte de citoyens repose la santé d'un tel régime ? Quel type d'éducation devons-nous privilégier pour fabriquer des citoyens intelligents qui s'intéressent à la politique, en comprennent les principaux enjeux, peuvent voter avec pondération et, à la limite, exigent la vérité plutôt que les flatteries ?

La liberté de parole et la liberté de presse sont les pierres d'angle d'une telle éducation. La libre circulation des idées est essentielle à une démocratie libérale. Nous ne portons un jugement éclairé que si nous avons été attentifs au choc des idées. L'opinion publique n'est raisonnablement bien informée que lorsque les citoyens ont le droit de débattre des questions politiques dans un climat de respect et de tolérance.

Un tel débat doit certes porter sur les questions d'actualité, mais il doit aussi les transcender. Il doit s'élever jusqu'aux controverses qui entourent les principes mêmes de la démocratie libérale : égalité, liberté, devoirs, primauté du droit, constitutionnalisme, fédéralisme, et ainsi de suite. L'éducation du citoyen ne sera authentique que lorsque nous serons capables de débattre des forces et des faiblesses de ces principes, d'en comprendre les diverses interprétations et de voir en quoi ils se trouvent souvent en contradiction l'un avec l'autre. Alors seulement le citoyen sera-t-il en mesure de distinguer les problèmes transitoires et éphémères de ceux qui sont au cœur de la santé et de l'équilibre du régime.

L'éducation politique doit aussi encourager à la participation. Les citoyens seront moins enclins à participer à la vie politique s'ils n'en comprennent ni les enjeux ni les institutions. Sans une telle compréhension, on a facilement tendance à sous-estimer l'importance de la participation. Combien de fois n'entend-on pas des remarques comme : « Un vote de plus ou de moins, quelle différence ? » ou « Comment peux-tu gagner contre l'establishment ? » L'histoire politique canadienne nous enseigne que l'establishment peut changer très rapidement, que des inconnus peuvent se hisser rapidement au sommet et que le paysage politique peut se modifier en quelques mois. En 1984, le parti progressiste-conservateur remporta la plus grande victoire électorale de l'histoire canadienne. Neuf ans plus tard, il était pratiquement en ruines et son avenir demeure aujourd'hui fort incertain. Les personnages les plus puissants de la dernière décennie ont presque tous quitté la scène politique. De tels changements sont la conséquence des gestes de milliers de citoyens ordinaires qui appartiennent à des partis et à des groupes d'intérêts, écrivent des lettres (aux journaux ou à leurs députés) et agissent en sachant que leurs actions ne sont pas sans conséquences. La participation politique trouve ainsi sa source dans une triple conviction : il est de notre devoir de participer au gouvernement, nos actions peuvent « faire une différence » et cette participation profite à la fois à ceux qui s'y engagent et à leur pays. Une éducation politique révèle que ce sont là des convictions bien fondées.

## MOTS CLÉS

Groupe d'intérêts
Lobbying
Phénomène du « train en marche »
Multiplicité des intérêts

# ANNEXE

# LOIS CONSTITUTIONNELLES DE 1867 À 1982

*Codification administrative (31 décembre 1997)*

MINISTÈRE DE LA JUSTICE CANADA

## AVANT-PROPOS

La présente codification contient le texte de la Loi constitutionnelle de 1867 (antérieurement *l'Acte de l'Amérique du Nord britannique*, 1867), avec les modifications apportées depuis son adoption, ainsi que le texte de la Loi constitutionnelle de 1982, avec les modifications apportées depuis son adoption. La *Loi constitutionnelle de 1982* contient la *Charte canadienne des droits et libertés* et d'autres dispositions nouvelles, notamment la procédure de modification de la Constitution du Canada.

De plus, l'annexe de la Loi constitutionnelle de 1982 abroge certains textes constitutionnels et modifie le titre d'autres textes. Par exemple, l'Acte de l'Amérique du Nord britannique, 1949 est devenu Loi sur Terre-Neuve. Ce sont ces nouveaux titres qui paraissent dans la présente codification. Quant aux anciens titres, ils figurent à l'annexe de la Loi constitutionnelle de 1982.

La Loi constitutionnelle de 1982 a été adoptée comme annexe B de la Loi de 1982 sur le Canada, 1982, ch. 11 (R.-U.). Elle est toutefois présentée dans la présente codification comme loi distincte, après la Loi constitutionnelle de 1867, alors que la Loi de 1982 sur le Canada, sauf l'annexe B, figure au premier renvoi relatif à la Loi constitutionnelle de 1982.

La Loi constitutionnelle de 1867 a subi plusieurs modifications indirectes, non seulement de la part du Parlement du Royaume-

Uni, mais aussi, dans les cas où elle le permettait, de la part du Parlement du Canada et des législatures provinciales. Si ces modifications ont été incluses, c'est qu'une codification qui ne contiendrait que les modifications faites directement au texte original ne donnerait pas tout l'état de la loi. La présente codification a donc pour objet de reproduire exactement la substance de la législation contenue dans tous les textes qui ont modifié les dispositions de la Loi constitutionnelle de 1867.

La méthodologie appliquée aux diverses catégories de dispositions qui ont modifié la Loi constitutionnelle de 1867 est présentée ci-dessous.

## I. Modifications directes

### *1. Abrogations*

Les dispositions abrogées — l'article 2, par exemple — ont été retranchées du texte et sont citées dans un renvoi en bas de page.

### *2. Modifications*

Les dispositions modifiées — l'article 4, par exemple — sont reproduites dans le texte sous leur nouvelle forme et les dispositions originales sont citées dans un renvoi en bas de page.

### *3. Adjonctions*

Les dispositions ajoutées — l'article 51A, par exemple — ont été incluses dans le texte.

### *4. Substitutions*

Les dispositions substituées — l'article 18, par exemple — ont été incluses dans le texte et les anciennes dispositions sont citées dans un renvoi en bas de page.

## II. Modifications indirectes

*1. Changements apportés par le Parlement du Royaume-Uni*

Les dispositions que le Parlement du Royaume-Uni a changées autrement que par modification directe — l'article 21, par exemple — ont été incluses dans le texte sous leur nouvelle forme et les dispositions originales sont citées dans un renvoi en bas de page.

*2. Adjonctions effectuées par le Parlement du Royaume-Uni*

Les dispositions constitutionnelles ajoutées autrement que par des adjonctions à la Loi constitutionnelle de 1867 — par exemple, les dispositions de la Loi constitutionnelle de 1871 autorisant le Parlement à légiférer pour tout territoire non compris dans une province — ne sont pas incorporées au texte, mais sont citées dans un renvoi en bas de page.

*3. Changements apportés par le Parlement du Canada*

Les dispositions pouvant être modifiées par le Parlement du Canada — l'article 37, par exemple — ont été incluses dans le texte sous leur nouvelle forme, chaque fois que possible ; dans le cas contraire — l'article 40, par exemple — le texte conserve l'article original avec, en bas de page, un renvoi à la loi du Parlement du Canada qui a effectué le changement.

*4. Changements apportés par les législatures*

Les dispositions pouvant être modifiées par les législatures provinciales en vertu d'une autorisation expresse — les articles 83 et 84, par exemple — ou en vertu du paragraphe 1 de l'article 92 — comme les articles 70 et 72, par exemple — ont été incluses dans le texte sous leur forme originale. Les renvois en bas de page portent sur les dispositions législatives provinciales à l'origine de ces changements. Toutefois, les modifications dont ces dispositions législatives provinciales ont été l'objet n'ont pas été incluses car on peut aisément en prendre connaissance en consultant l'index des lois des provinces. En outre, ces renvois ne se rapportent qu'aux dispositions législatives des quatre premières provinces. Il existe des textes similaires adoptés par les provinces créées après 1867.

## III. Dispositions périmées

Certains renvois en bas de page se rapportent aux articles périmés ou probablement périmés. Ainsi, l'article 119 est devenu périmé avec le temps, ce qu'indique le renvoi en bas de page ; par ailleurs, l'article 140 est probablement périmé mais à moins d'examiner toutes les lois adoptées avant la Confédération, on ne pourrait en être formellement certain ; c'est la raison pour laquelle le renvoi en bas de page signale que cet article est probablement périmé.

Les dispositions adoptées par le Parlement du Royaume-Uni ou par le Parlement du Canada ainsi que les décrets en conseil portant admission de territoires, mentionnés en bas de page, sont inclus dans l'appendice II des APPENDICES des Lois révisées du Canada (1985) et dans les volumes annuels des Lois du Canada.

La présente version française des lois dont le texte original n'existe qu'en anglais est officieuse et reproduit, avec seulement les modifications de forme qui s'imposaient, la traduction littérale officieuse qui figure à l'appendice II des APPENDICES des Lois révisées du Canada (1985). Un texte officiel remaniant cette traduction littérale de l'anglais sera établi dans le cadre de l'article 55 de la Loi constitutionnelle de 1982.

⋆

⋆ ⋆

La présente codification constitue la réédition mise à jour d'un document portant également le titre de Lois constitutionnelles de 1867 à 1982 et publié par le ministère de la Justice en 1986. Elle comporte de multiples annotations établies par le regretté E. A. Driedger, c.r., dont le ministère ne peut manquer de reconnaître la précieuse contribution.

# LOI CONSTITUTIONNELLE DE 1867

30 & 31 Victoria, ch. 3 (R.-U.)
(Codifiée avec modifications)
Loi concernant l'Union et le gouvernement du Canada, de la Nouvelle-Écosse et du Nouveau-Brunswick, ainsi que les objets qui s'y rattachent.

*[29 mars 1867]*

Considérant que les provinces du Canada, de la Nouvelle-Écosse et du Nouveau-Brunswick ont exprimé le désir de contracter une Union Fédérale pour ne former qu'une seule et même Puissance (Dominion) sous la couronne du Royaume-Uni de la Grande-Bretagne et d'Irlande, avec une constitution reposant sur les mêmes principes que celle du Royaume-Uni :

Considérant de plus qu'une telle union aurait l'effet de développer la prospérité des provinces et de favoriser les intérêts de l'Empire Britannique :

Considérant de plus qu'il est opportun, concurremment avec l'établissement de l'union par autorité du parlement, non seulement de décréter la constitution du pouvoir législatif de la Puissance, mais aussi de définir la nature de son gouvernement exécutif :

Considérant de plus qu'il est nécessaire de pourvoir à l'admission éventuelle d'autres parties de l'Amérique du Nord britannique dans l'union : (1)

## I. Préliminaires

*1. Titre abrégé : Loi constitutionnelle de 1867. (2)* *Titre abrégé*

2. Abrogé. (3) [Abrogé]

## II. Union

*Établissement de l'union*

3. Il sera loisible à la Reine, de l'avis du Très-Honorable Conseil Privé de Sa Majesté, de déclarer par proclamation qu'à compter du jour y désigné, mais pas plus tard que six mois après la passation de la présente loi, les provinces du Canada, de la Nouvelle-Écosse et du Nouveau-Brunswick ne formeront qu'une seule et même Puissance sous le nom de Canada ; et dès ce jour, ces trois provinces ne formeront, en conséquence, qu'une seule et même Puissance sous ce nom. (4)

*Interprétation des dispositions subséquentes de la loi*

4. À moins que le contraire n'y apparaisse explicitement ou implicitement, le nom de Canada signifiera le Canada tel que constitué sous la présente loi. (5)

*Quatre provinces*

5. Le Canada sera divisé en quatre provinces, dénommées : Ontario, Québec, Nouvelle-Écosse et Nouveau-Brunswick. (6) Province d'Ontario et Québec

6. Les parties de la province du Canada (telle qu'existant à la passation de la présente loi) qui constituaient autrefois les provinces respectives du Haut et du Bas-Canada, seront censées séparées et formeront deux provinces distinctes. La partie qui constituait autrefois la province du Haut-Canada formera la province d'Ontario ; et la partie qui constituait la province du Bas-Canada formera la province de Québec. Provinces de la Nouvelle-Écosse et du Nouveau-Brunswick

7. Les provinces de la Nouvelle-Écosse et du Nouveau-Brunswick auront les mêmes délimitations qui leur étaient assignées à l'époque de la passation de la présente loi.

*Recensement décennal*

8. Dans le recensement général de la population du Canada qui, en vertu de la présente loi, devra se faire en mil huit cent soixante et onze, et tous les dix ans ensuite, il sera fait une énumération distincte des populations respectives des quatre provinces.

## III. Pouvoir exécutif

*La Reine est investie du pouvoir exécutif*

9. À la Reine continueront d'être et sont par la présente attribués le gouvernement et le pouvoir exécutifs du Canada.

*Application des dispositions relatives au gouverneur-général*

10. Les dispositions de la présente loi relatives au gouverneur général s'étendent et s'appliquent au gouverneur général du Canada, ou à tout autre Chef Exécutif ou Administrateur pour le temps d'alors, administrant le gouvernement du Canada au nom de la Reine, quel que soit le titre sous lequel il puisse être désigné. Constitution du conseil privé

11. Il y aura, pour aider et aviser, dans l'administration du gouvernement du Canada, un conseil dénommé le Conseil Privé de la Reine pour le Canada ; les personnes qui formeront partie de ce conseil seront, de temps à autre, choisies et mandées par le Gouverneur-Général et assermentées comme Conseillers Privés ; les membres de ce conseil pourront, de temps à autre, être révoqués par le gouverneur-général. Pouvoirs conférés au gouverneur-général, en conseil ou seul

12. Tous les pouvoirs, attributions et fonctions qui, par une loi du parlement de la Grande-Bretagne, ou du parlement du Royaume-Uni de la Grande-Bretagne et d'Irlande, ou de la législature du Haut-Canada, du Bas-Canada, du Canada, de la Nouvelle-Écosse ou du Nouveau-Brunswick, lors de l'union, sont conférés aux gouverneurs ou lieutenants-gouverneurs respectifs de ces provinces ou peuvent être par eux exercés, de l'avis ou de l'avis et du consentement des conseils exé cutifs de ces provinces, ou avec la coopération de ces conseils, ou d'aucun nombre de membres de ces conseils, ou par ces gouverneurs ou lieutenants-gouverneurs individuelle ment, seront, en tant qu'ils continueront d'exister et qu'ils pourront être exercés, après l'union, relativement au gouvernement du Canada, conférés au gouverneur-général et pourront être par lui exercés, de l'avis ou de l'avis et du consentement ou avec la coopération du Conseil Privé de la Reine pour le Canada ou d'aucun de ses membres, ou par

le gouverneur-général individuellement, selon le cas ; mais ils pourront, néanmoins (sauf ceux existant en vertu de lois de la Grande-Bretagne ou du parlement du Royaume-Uni de la Grande-Bretagne et d'Irlande), être révoqués ou modifiés par le parlement du Canada. (7)

*Application des dispositions relatives au gouverneur-général en conseil*

13. Les dispositions de la présente loi relatives au gouverneur-général en conseil seront interprétées de manière à s'appliquer au gouverneur-général agissant de l'avis du Conseil Privé de la Reine pour le Canada.

*Le gouverneur-général autorisé à s'adjoindre des députés*

14. Il sera loisible à la Reine, si Sa Majesté le juge à propos, d'autoriser le gouverneur-général à nommer, de temps à autre, une ou plusieurs personnes, conjointement ou séparément, pour agir comme son ou ses députés dans aucune partie ou parties du Canada, pour, en cette capacité, exercer, durant le plaisir du gouverneur-général, les pouvoirs, attributions et fonctions du gouverneur-général, que le gouverneur-général jugera à propos ou nécessaire de lui ou leur assigner, sujet aux restrictions ou instructions formulées ou communiquées par la Reine ; mais la nomination de tel député ou députés ne pourra empêcher le gouverneur-général lui-même d'exercer les pouvoirs, attributions ou fonctions qui lui sont conférées.

*Commandement des armées*

15. À la Reine continuera d'être et est par la présente attribué le commandement en chef des milices de terre et de mer et de toutes les forces militaires et navales en Canada. Siège du gouvernement du Canada

16. Jusqu'à ce qu'il plaise à la Reine d'en ordonner autrement, Ottawa sera le siège du gouvernement du Canada.

## IV. Pouvoir législatif

*Constitution du parlement du Canada*

17. Il y aura, pour le Canada, un parlement qui sera composé de la Reine, d'une chambre haute appelée le Sénat, et de la Chambre des Communes.

18. Les privilèges, immunités et pouvoirs que posséderont et exerceront le Sénat et la Chambre des Communes et les membres de ces corps respectifs, seront ceux prescrits de temps à autre par loi du Parlement du Canada ; mais de manière à ce qu'aucune loi du Parlement du Canada définissant tels privilèges, immunités et pouvoirs ne donnera aucuns privilèges, immunités ou pouvoirs excédant ceux qui, lors de la passation de la présente loi, sont possédés et exercés par la Chambre des Communes du Parlement du Royaume-Uni de la Grande-Bretagne et d'Irlande et par les membres de cette Chambre. (8) *Privilèges, etc., des chambres*

19. Le parlement du Canada sera convoqué dans un délai de pas plus de six mois après l'union. (9) *Première session du parlement*

20. Abrogé. (10) *[Abrogé]*

**Le Sénat**

21. Sujet aux dispositions de la présente loi, le Sénat se composera de cent quatre membres, qui seront appelés sénateurs. (11) Représentation des provinces au Sénat *Nombre de sénateurs*

22. En ce qui concerne la composition du Sénat, le Canada sera censé comprendre quatre divisions :
   1. Ontario ;
   2. Québec ;
   3. les provinces Maritimes — la Nouvelle-Écosse et le Nouveau-Brunswick ainsi que l'Île-du-Prince-Édouard ;
   4. les provinces de l'Ouest : le Manitoba, la Colombie-Britannique, la Saskatchewan et l'Alberta ;

   les quatre divisions doivent (subordonnément aux révisions de la présente loi) être également représentées dans le Sénat, ainsi qu'il suit : Ontario par vingt-quatre sénateurs ; Québec par vingt-quatre sénateurs ; les Provinces maritimes et l'Île-du-Prince-Édouard par vingt-quatre sénateurs, dont dix représentent la Nouvelle-Écosse, dix le Nouveau-Brunswick, et quatre l'Île-du-Prince-Édouard ; les Provinces de l'Ouest par vingt-quatre sénateurs, dont six représentent le

Manitoba, six la Colombie-Britannique, six la Saskatchewan et six l'Alberta ; la province de Terre-Neuve aura droit d'être représentée au Sénat par six sénateurs ; le territoire du Yukon et les territoires du Nord-Ouest ont le droit d'être représentés au Sénat par un sénateur chacun.

En ce qui concerne la province de Québec, chacun des vingt-quatre sénateurs la représentant, sera nommé pour l'un des vingt-quatre collèges électoraux du Bas-Canada énumérés dans la cédule A, annexée au chapitre premier des statuts refondus du Canada. (12)

*Qualités exigées des sénateurs*

23. Les qualifications d'un sénateur seront comme suit :

1. Il devra être âgé de trente ans révolus ;
2. Il devra être sujet-né de la Reine, ou sujet de la Reine naturalisé par loi du parlement de la Grande-Bretagne, ou du parlement du Royaume-Uni de la Grande-Bretagne et d'Irlande, ou de la législature de l'une des provinces du Haut-Canada, du Bas-Canada, du Canada, de la Nouvelle-Écosse, ou du Nouveau-Brunswick, avant l'union, ou du parlement du Canada, après l'union ;

*Nomination des sénateurs*

3. Il devra posséder, pour son propre usage et bénéfice, comme propriétaire en droit ou en équité, des terres ou tenements tenus en franc et commun socage, — ou être en bonne saisine ou possession, pour son propre usage et bénéfice, de terres ou tenements tenus en franc-alleu ou en roture dans la province pour laquelle il est nommé, de la valeur de quatre mille piastres en sus de toutes rentes, dettes, charges, hypothèques et redevances qui peuvent être attachées, dues et payables sur ces immeubles ou auxquelles ils peuvent être affectés ; 4. Ses propriétés mobilières et immobilières devront valoir, somme toute, quatre mille piastres, en sus de toutes ses dettes et obligations ;
5. Il devra être domicilié dans la province pour laquelle il est nommé ;
6. En ce qui concerne la province de Québec, il devra être domicilié ou posséder sa qualification foncière dans le collège électoral dont la représentation lui est assignée. (13)

24. Le gouverneur-général mandera de temps à autre au Sénat, au nom de la Reine et par instrument sous le grand sceau du Canada, des personnes ayant les qualifications voulues ; et, sujettes aux dispositions de la présente loi, les personnes ainsi mandées deviendront et seront membres du Sénat et sénateurs.

25. Abrogé. (14)

*[Abrogé]*

26. Si en aucun temps, sur la recommandation du gouverneur-général, la Reine juge à propos d'ordonner que quatre ou huit membres soient ajoutés au Sénat, le gouverneur-général pourra, par mandat adressé à quatre ou huit personnes (selon le cas) ayant les qualifications voulues, représentant également les quatre divisions du Canada, les ajouter au Sénat. (15)

*Nombre de sénateurs augmenté en certains cas*

27. Dans le cas où le nombre des sénateurs serait ainsi en aucun temps augmenté, le gouverneur-général ne mandera aucune personne au Sénat, sauf sur pareil ordre de la Reine donné à la suite de la même recommandation, tant que la représentation de chacune des quatre divisions du Canada ne sera pas revenue au nombre fixe de vingt-quatre sénateurs. (16)

*Réduction du Sénat au nombre régulier*

28. Le nombre des sénateurs ne devra en aucun temps excéder cent douze. (17)

*Maximum du nombre des sénateurs*

29. (1) Sous réserve du paragraphe (2), un sénateur occupe sa place au Sénat sa vie durant, sauf les dispositions de la présente loi. Retraite à l'âge de soixante-quinze ans

*Sénateurs nommés à vie*

(2) Un sénateur qui est nommé au Sénat après l'entrée en vigueur du présent paragraphe occupe sa place au Sénat, sous réserve de la présente loi, jusqu'à ce qu'il atteigne l'âge de soixante-quinze ans. (18)

30. Un sénateur pourra, par écrit revêtu de son seing et adressé au gouverneur-général, se démettre de ses fonctions au Sénat, après quoi son siège deviendra vacant.

*Les sénateurs peuvent se démettre de leurs fonctions*

*Cas dans lesquels les sièges des sénateurs deviendront vacants*

31. Le siège d'un sénateur deviendra vacant dans chacun des cas suivants :

1. Si, durant deux sessions consécutives du parlement, il manque d'assister aux séances du Sénat ;
2. S'il prête un serment, ou souscrit une déclaration ou reconnaissance d'allégeance, obéissance ou attachement à une puissance étrangère, ou s'il accomplit un acte qui le rend sujet ou citoyen, ou lui confère les droits et les privilèges d'un sujet ou citoyen d'une puissance étrangère ;
3. bénéfice d'aucune loi concernant les faillis, ou s'il se rend coupable de concussion ;
4. S'il est atteint de trahison ou convaincu de félonie, ou d'aucun crime infamant ;
5. S'il cesse de posséder la qualification reposant sur la propriété ou le domicile ; mais un sénateur ne sera pas réputé avoir perdu la qualification reposant sur le domicile par le seul fait de sa résidence au siège du gouvernement du Canada pendant qu'il occupe sous ce gouvernement une charge qui y exige sa présence.

*Nomination en cas de vacance*

32. Quand un siège deviendra vacant au Sénat par démission, décès ou toute autre cause, le gouverneur-général remplira la vacance en adressant un mandat à quelque personne capable et ayant les qualifications voulues.

*Questions quant aux qualifications et vacances, etc.*

33. S'il s'élève quelque question au sujet des qualifications d'un sénateur ou d'une vacance dans le Sénat, cette question sera entendue et décidée par le Sénat.

*Orateur du Sénat*

34. Le gouverneur-général pourra, de temps à autre, par instrument sous le grand sceau du Canada, nommer un sénateur comme orateur du Sénat, et le révoquer et en nommer un autre à sa place. (19)

*Quorum du Sénat*

35. Jusqu'à ce que le parlement du Canada en ordonne autrement, la présence d'au moins quinze sénateurs, y compris l'orateur, sera nécessaire pour constituer une assemblée du Sénat dans l'exercice de ses fonctions.

36. Les questions soulevées dans le Sénat seront décidées à la majorité des voix, et dans tous les cas, l'orateur aura voix délibérative ; quand les voix seront également partagées, la décision sera considérée comme rendue dans la négative. *Votation dans le Sénat*

**La Chambre des Communes**

37. La Chambre des Communes sera, sujette aux dispositions de la présente loi, composée de deux cent quatre-vingt-quinze membres, dont quatre-vingt-dix-neuf représenteront Ontario, soixante-quinze Québec, onze la Nouvelle-Écosse, dix le Nouveau-Brunswick, quatorze le Manitoba, trente-deux la Colombie-Britannique, quatre l'Île-du-Prince-Édouard, vingt-six l'Alberta, quatorze la Saskatchewan, sept Terre-Neuve, un le territoire du Yukon et deux les territoires du Nord-Ouest. (20) *Constitution de la Chambre des Communes*

38. Le gouverneur-général convoquera, de temps à autre, la Chambre des Communes au nom de la Reine, par instrument sous le grand sceau du Canada. *Convocation de la Chambre des Communes*

39. Un sénateur ne pourra ni être élu, ni siéger, ni voter comme membre de la Chambre des Communes. *Exclusion des sénateurs de la Chambre des Communes*

40. Jusqu'à ce que le parlement du Canada en ordonne autrement, les provinces d'Ontario, de Québec, de la Nouvelle-Écosse et du Nouveau-Brunswick seront, en ce qui concerne l'élection des membres de la Chambre des Communes, divisées en districts électoraux comme suit : *Districts électoraux des quatre provinces*

1. Ontario

La province d'Ontario sera partagée en comtés, divisions de comtés (Ridings ), cités, parties de cités et villes tels qu'énumérés dans la première annexe de la présente loi ; chacune de ces divisions formera un district électoral, et chaque district désigné dans cette annexe aura droit d'élire un membre.

2. Québec

La province de Québec sera partagée en soixante-cinq districts électoraux, comprenant les soixante-cinq divisions électorales en lesquelles le Bas-Canada est actuellement divisé en vertu du chapitre deuxième des Statuts Refondus du Canada, du chapitre soixante-quinze des Statuts Refondus pour le Bas-Canada, et de l'acte de la province du Canada de la vingt-troisième année du règne de Sa Majesté la Reine, chapitre premier, ou de toute autre loi les amendant et en force à l'époque de l'union, de telle manière que chaque division électorale constitue, pour les fins de la présente loi, un district électoral ayant droit d'élire un membre.

3. Nouvelle-Écosse

Chacun des dix-huit comtés de la Nouvelle-Écosse formera un district électoral. Le comté d'Halifax aura droit d'élire deux membres, et chacun des autres comtés, un membre.

4. Nouveau-Brunswick

Chacun des quatorze comtés dont se compose le Nouveau-Brunswick, y compris la cité et le comté de St. Jean, formera un district électoral. La cité de St. Jean constituera également un district électoral par elle-même. Chacun de ces quinze districts électoraux aura droit d'élire un membre. (21)

*Continuation des lois actuelles d'élection*

41. Jusqu'à ce que le parlement du Canada en ordonne autrement, toutes les lois en force dans les diverses provinces, à l'époque de l'union, concernant les questions suivantes ou aucune d'elles, savoir : l'éligibilité ou l'inéligibilité des candidats ou des membres de la chambre d'assemblée ou assemblée législative dans les diverses provinces, les votants aux élections de ces membres, les serments exigés des votants, les officiers-rapporteurs, leurs pouvoirs et leurs devoirs, le mode de procéder aux élections, le temps que celles-ci peuvent durer, la décision des élections contestées et les procédures y incidentes, les vacations des sièges en parlement et l'exécution de nouveaux brefs dans les cas de vacations occasionnées par d'autres causes que la dissolution, s'appliqueront respectivement aux élections des membres envoyés à la Chambre des Communes par ces diverses provinces.

Mais, jusqu'à ce que le parlement du Canada en ordonne autrement, à chaque élection d'un membre de la Chambre des Communes pour le district d'Algoma, outre les personnes ayant droit de vote en vertu de la loi de la province du Canada, tout sujet anglais du sexe masculin, âgé de vingt-et-un ans ou plus et tenant feu et lieu, aura droit de vote. (22)

42. Abrogé. (23) *[Abrogé]*

43. Abrogé. (24) *[Abrogé]*

44. La Chambre des Communes, à sa première réunion après une élection générale, procédera, avec toute la diligence possible, à l'élection de l'un de ses membres comme orateur. Quand la charge d'orateur deviendra vacante

*Orateur de la Chambre des Communes*

45. Survenant une vacance dans la charge d'orateur, par décès, démission ou autre cause, la Chambre des Communes procédera, avec toute la diligence possible, à l'élection d'un autre de ses membres comme orateur.

46. L'orateur présidera à toutes les séances de la Chambre des Communes.

*L'orateur exerce la présidence*

47. Jusqu'à ce que le parlement du Canada en ordonne autrement, si l'orateur, pour une raison quelconque, quitte le fauteuil de la Chambre des Communes pendant quarante-huit heures consécutives, la chambre pourra élire un autre de ses membres pour agir comme orateur ; le membre ainsi élu aura et exercera, durant l'absence de l'orateur, tous les pouvoirs, privilèges et attributions de ce dernier. (25)

*Pourvu au cas de l'absence de l'orateur*

48. La présence d'au moins vingt membres de la Chambre des Communes sera nécessaire pour constituer une assemblée de la chambre dans l'exercice de ses pouvoirs ; à cette fin, l'orateur sera compté comme un membre.

*Quorum de la Chambre des Communes*

*Votation dans la Chambre des Communes*

49. Les questions soulevées dans la Chambre des Communes seront décidées à la majorité des voix, sauf celle de l'orateur, mais lorsque les voix seront également partagées, et en ce cas seulement, l'orateur pourra voter.

*Durée de la Chambre des Communes*

50. La durée de la Chambre des Communes ne sera que de cinq ans, à compter du jour du rapport des brefs d'élection, à moins qu'elle ne soit plus tôt dissoute par le gouverneur-général. (26)

*Révisions électorales*

51. (1) À l'entrée en vigueur du présent paragraphe et, par la suite, à l'issue de chaque recensement décennal, il est procédé à la révision du nombre des députés et de la représentation des provinces à la Chambre des communes selon les pouvoirs conférés et les modalités de temps ou autres fixées en tant que de besoin par le Parlement du Canada, compte tenu des règles suivantes :

*Règles*

1. Il est attribué à chaque province le nombre de députés résultant de la division du chiffre de sa population par le quotient du chiffre total de la population des provinces et de deux cent soixante-dix-neuf, les résultats dont la partie décimale dépasse 0,50 étant arrondis à l'unité supérieure.

2. Le nombre total des députés d'une province demeure inchangé par rapport à la représentation qu'elle avait à la date d'entrée en vigueur du présent paragraphe si l'application de la règle 1 lui attribue un nombre inférieur à cette représentation. (27)

*Territoire du Yukon et territoires du Nord-Ouest*

(2) Le territoire du Yukon et les territoires du Nord-Ouest, dans les limites et selon la description qu'en donnent l'annexe du chapitre Y-2 et l'article 2 du chapitre N-22 des Statuts revisés du Canada de 1970, ont droit respectivement à un et à deux députés. (28)

51A. Nonobstant quoi que ce soit en la présente loi, une province doit toujours avoir droit à un nombre de membres dans la Chambre des Communes non inférieur au nombre de sénateurs représentant cette province. (29)

*Constitution de la Chambre des Communes*

52. Le nombre des membres de la Chambre des Communes pourra de temps à autre être augmenté par le parlement du Canada, pourvu que la proportion établie par la présente loi dans la représentation des provinces reste intacte.

*Augmentation du nombre des membres de la Chambre des Communes*

53. Tout bill ayant pour but l'appropriation d'une portion quelconque du revenu public, ou la création de taxes ou d'impôts, devra originer dans la Chambre des Communes.

*Législation financière ; Sanction royale*
*Bills pour lever des crédits et des impôts*

54. Il ne sera pas loisible à la Chambre des Communes d'adopter aucune résolution, adresse ou bill pour l'appropriation d'une partie quelconque du revenu public, ou d'aucune taxe ou impôt, à un objet qui n'aura pas, au préalable, été recommandé à la chambre par un message du gouverneur-général durant la session pendant laquelle telle résolution, adresse ou bill est proposé.

*Recommandation des crédits*

55. Lorsqu'un bill voté par les chambres du parlement sera présenté au gouverneur-général pour la sanction de la Reine, le gouverneur-général devra déclarer à sa discrétion, mais sujet aux dispositions de la présente loi et aux instructions de Sa Majesté, ou qu'il le sanctionne au nom de la Reine, ou qu'il refuse cette sanction, ou qu'il réserve le bill pour la signification du bon plaisir de la Reine.

*Sanction royale aux bills, etc.*

56. Lorsque le gouverneur-général aura donné sa sanction à un bill au nom de la Reine, il devra, à la première occasion favorable, transmettre une copie authentique de la loi à l'un des principaux secrétaires d'État de Sa Majesté ; si la Reine en conseil, dans les deux ans après que le secrétaire d'État l'aura reçu, juge à propos de la désavouer, ce désaveu, — accompagné d'un certificat du secrétaire d'État, constatant le jour où il aura reçu la loi — étant signifié par le gouverneur-

*Désaveu, par ordonnance rendue en conseil, des lois sanctionnées par le gouverneur-général*

général, par discours ou message, à chacune des chambres du parlement, ou par proclamation, annulera la loi à compter du jour de telle signification.

*Signification du bon plaisir de la Reine quant aux bills réservés*

57. Un bill réservé à la signification du bon plaisir de la Reine n'aura ni force ni effet avant et à moins que dans les deux ans à compter du jour où il aura été présenté au gouverneur-général pour recevoir la sanction de la Reine, ce dernier ne signifie, par discours ou message, à chacune des deux chambres du parlement, ou par proclamation, qu'il a reçu la sanction de la Reine en conseil. Ces discours, messages ou proclamations, seront consignés dans les journaux de chaque chambre, et un double dûment certifié en sera délivré à l'officier qu'il appartient pour qu'il le dépose parmi les archives du Canada.

## V. Constitutions provinciales

*Pouvoir Exécutif*

*Lieutenants-gouverneurs des provinces*

58. Il y aura, pour chaque province, un officier appelé lieutenant-gouverneur, lequel sera nommé par le gouverneur-général en conseil par instrument sous le grand sceau du Canada.

*Durée des fonctions des lieutenants-gouverneurs*

59. Le lieutenant-gouverneur restera en charge durant le bon plaisir du gouverneur-général ; mais tout lieutenant-gouverneur nommé après le commencement de la première session du parlement du Canada, ne pourra être révoqué dans le cours des cinq ans qui suivront sa nomination, à moins qu'il n'y ait cause ; et cette cause devra lui être communiquée par écrit dans le cours d'un mois après qu'aura été rendu l'ordre décrétant sa révocation, et l'être aussi par message au Sénat et à la Chambre des Communes dans le cours d'une semaine après cette révocation si le parlement est alors en session, sinon, dans le délai d'une semaine après le commencement de la session suivante du parlement.

60. Les salaires des lieutenants-gouverneurs seront fixés et payés par le parlement du Canada. (30)

*Salaires des lieutenants-gouverneurs*

61. Chaque lieutenant-gouverneur, avant d'entrer dans l'exercice de ses fonctions, prêtera et souscrira devant le gouverneur-général ou quelque personne à ce par lui autorisée, les serments d'allégeance et d'office prêtés par le gouverneur-général.

*Serments, etc., du lieutenant-gouverneur*

62. Les dispositions de la présente loi relatives au lieutenant-gouverneur s'étendent et s'appliquent au lieutenant-gouverneur de chaque province ou à tout autre chef exécutif ou administrateur pour le temps d'alors administrant le gouvernement de la province, quel que soit le titre sous lequel il est désigné.

*Application des dispositions relatives au lieutenant-gouverneur*

63. Le conseil exécutif d'Ontario et de Québec se composera des personnes que le lieutenant-gouverneur jugera, de temps à autre, à propos de nommer, et en premier lieu, des officiers suivants, savoir : le procureur-général, le secrétaire et registraire de la province, le trésorier de la province, le commissaire des terres de la couronne, et le commissaire d'agriculture et des travaux publics, et — dans la province de Québec — l'orateur du conseil législatif, et le solliciteur général. (31)

*Conseils exécutifs d'Ontario et Québec*

64. La constitution de l'autorité exécutive dans chacune des provinces du Nouveau-Brunswick et de la Nouvelle-Écosse continuera, sujette aux dispositions de la présente loi, d'être celle en existence lors de l'union, jusqu'à ce qu'elle soit modifiée sous l'autorité de la présente loi. (32)

*Gouvernement exécutif de la Nouvelle-Écosse et du Nouveau-Brunswick*

65. Tous les pouvoirs, attributions et fonctions qui — par une loi du parlement de la Grande-Bretagne, ou du parlement du Royaume-Uni de la Grande-Bretagne et d'Irlande, ou de la législature du Haut-Canada, du Bas-Canada ou du Canada, avant ou lors de l'union — étaient conférés aux gouverneurs ou lieutenants-gouverneurs respectifs de ces provinces ou pouvaient être par eux exercés, de l'avis, ou de l'avis et du consentement des conseils exécutifs respectifs de

*Pouvoirs conférés au lieutenant-gouverneur d'Ontario ou Québec, en conseil ou seul*

ces provinces, ou avec la coopération de ces conseils ou d'aucun nombre de membres de ces conseils, ou par ces gouverneurs ou lieutenants-gouverneurs individuellement, seront en — tant qu'ils pourront être exercés après l'union, relativement au gouvernement d'Ontario et Québec respectivement — conférés au lieutenant-gouverneur d'Ontario et Québec, respectivement, et pourront être par lui exercés, de l'avis ou de l'avis et du consentement ou avec la coopération des conseils exécutifs respectifs ou d'aucun de leurs membres, ou par le lieutenant-gouverneur individuellement, selon le cas ; mais ils pourront, néanmoins (sauf ceux existant en vertu de lois de la Grande-Bretagne et d'Irlande), être révoqués ou modifiés par les législatures respectives d'Ontario et Québec. (33)

*Application des dispositions relatives aux lieutenants-gouverneurs en conseil*

66. Les dispositions de la présente loi relatives au lieutenant-gouverneur en conseil seront interprétées comme s'appliquant au lieutenant-gouverneur de la province agissant de l'avis de son conseil exécutif.

*Administration en l'absence, etc., du lieutenant-gouverneur*

67. Le gouverneur-général en conseil pourra, au besoin, nommer un administrateur qui remplira les fonctions de lieutenant-gouverneur durant l'absence, la maladie ou autre incapacité de ce dernier.

*Sièges des gouvernements provinciaux*

68. Jusqu'à ce que le gouvernement exécutif d'une province en ordonne autrement, relativement à telle province, les sièges du gouvernement des provinces seront comme suit, savoir : pour Ontario, la cité de Toronto ; pour Québec, la cité de Québec ; pour la Nouvelle-Écosse, la cité d'Halifax ; et pour le Nouveau-Brunswick, la cité de Frédericton.

## Pouvoir législatif

### 1. Ontario

*Législature d'Ontario*

69. Il y aura, pour Ontario, une législature composée du lieutenant-gouverneur et d'une seule chambre appelée l'assemblée législative d'Ontario.

70. L'assemblée législative d'Ontario sera composée de quatre-vingt-deux membres qui devront représenter les quatre-vingt-deux districts électoraux énumérés dans la première annexe de la présente loi. (34)

*Districts électoraux*

## 2. Québec

71. Il y aura, pour Québec, une législature composée du lieutenant-gouverneur et de deux chambres appelées le conseil législatif de Québec et l'assemblée législative de Québec. (35)

*Législature de Québec*

72. Le conseil législatif de Québec se composera de vingt-quatre membres, qui seront nommés par le lieutenant-gouverneur au nom de la Reine, par instrument sous le grand sceau de Québec, et devront, chacun, représenter l'un des vingt-quatre collèges électoraux du Bas-Canada mentionnés à la présente loi ; ils seront nommés à vie, à moins que la législature de Québec n'en ordonne autrement sous l'autorité de la présente loi.

*Constitution du conseil législatif*

73. Les qualifications des conseillers législatifs de Québec seront les mêmes que celles des sénateurs pour Québec.

*Qualités exigées des conseillers législatifs*

74. La charge de conseiller législatif de Québec deviendra vacante dans les cas, mutatis mutandis, où celle de sénateur peut le devenir.

*Cas dans lesquels les sièges des conseillers législatifs deviennent vacants*

75. Survenant une vacance dans le conseil législatif de Québec, par démission, décès ou autre cause, le lieutenant-gouverneur, au nom de la Reine, nommera, par instrument sous le grand sceau de Québec, une personne capable et ayant les qualifications voulues pour la remplir.

*Vacances*

76. S'il s'élève quelque question au sujet des qualifications d'un conseiller législatif de Québec ou d'une vacance dans le conseil législatif de Québec, elle sera entendue et décidée par le conseil législatif.

*Questions quant aux vacances, etc.*

*Orateur du conseil législatif*

77. Le lieutenant-gouverneur pourra, de temps à autre, par instrument sous le grand sceau de Québec, nommer un membre du conseil législatif de Québec comme orateur de ce corps, et également le révoquer et en nommer un autre à sa place.

*Quorum du conseil législatif*

78. Jusqu'à ce que la législature de Québec en ordonne autrement, la présence d'au moins dix membres du conseil législatif, y compris l'orateur, sera nécessaire pour constituer une assemblée du conseil dans l'exercice de ses fonctions.

*Votation dans le conseil législatif de Québec*

79. Les questions soulevées dans le conseil législatif de Québec seront décidées à la majorité des voix, et, dans tous les cas, l'orateur aura voix délibérative ; quand les voix seront également partagées, la décision sera considérée comme rendue dans la négative.

*Constitution de l'assemblée législative de Québec*

80. L'assemblée législative de Québec se composera de soixante-cinq membres, qui seront élus pour représenter les soixante-cinq divisions ou districts électoraux du Bas-Canada, mentionnés à la présente loi, sauf toute modification que pourra y apporter la législature de Québec ; mais il ne pourra être présenté au lieutenant-gouverneur de Québec, pour qu'il le sanctionne, aucun bill à l'effet de modifier les délimitations des divisions ou districts électoraux énumérés dans la deuxième annexe de la présente loi, à moins qu'il n'ait été passé à ses deuxième et troisième lectures dans l'assemblée législative avec le concours de la majorité des membres représentant toutes ces divisions ou districts électoraux ; et la sanction ne sera donnée à aucun bill de cette nature à moins qu'une adresse n'ait été présentée au lieutenant-gouverneur par l'assemblée législative déclarant que tel bill a été ainsi passé. (36)

### 3. Ontario et Québec

*[Abrogé]*

81. Abrogé. (37)

82. Le lieutenant-gouverneur d'Ontario et de Québec devra, de temps à autre, au nom de la Reine, par instrument sous le grand sceau de la province, convoquer l'assemblée législative de la province. Restriction quant à l'élection des personnes ayant des emplois

*Convocation des assemblées législatives*

83. Jusqu'à ce que la législature d'Ontario ou de Québec en ordonne autrement, quiconque acceptera ou occupera dans la province d'Ontario ou dans celle de Québec, une charge, commission ou emploi, d'une nature permanente ou temporaire, à la nomination du lieutenant-gouverneur, auquel sera attaché un salaire annuel ou quelque honoraire, allocation, émolument ou profit d'un genre ou montant quelconque payé par la province, ne sera pas éligible comme membre de l'assemblée législative de cette province, ni ne devra y siéger ou voter en cette qualité ; mais rien de contenu au présent article ne rendra inéligible aucune personne qui sera membre du conseil exécutif de chaque province respective ou qui remplira quelqu'une des charges suivantes, savoir : celles de procureur-général, secrétaire et régistraire de la province, trésorier de la province, commissaire des terres de la couronne, et commissaire d'agriculture et des travaux publics, et, dans la province de Québec, celle de solliciteur général, ni ne la rendra inhabile à siéger ou à voter dans la chambre pour laquelle elle est élue, pourvu qu'elle soit élue pendant qu'elle occupera cette charge. (38)

84. Jusqu'à ce que les législatures respectives de Québec et Ontario en ordonnent autrement, toutes les lois en force dans ces provinces respectives, à l'époque de l'union, concernant les questions suivantes ou aucune d'elles, savoir : l'éligibilité ou l'inéligibilité des candidats ou des membres de l'assemblée du Canada, les qualifications et l'absence des qualifications requises des votants, les serments exigés des votants, les officiers-rapporteurs, leurs pouvoirs et leurs devoirs, le mode de procéder aux élections, le temps que celles-ci peuvent durer, la décision des élections contestées et les procédures y incidentes, les vacations des sièges en parlement, et

*Continuation des lois actuelles d'élection*

l'émission et l'exécution de nouveaux brefs dans les cas de vacations occasionnées par d'autres causes que la dissolution, s'appliqueront respectivement aux élections des membres élus pour les assemblées législatives d'Ontario et Québec respectivement.

Mais, jusqu'à ce que la législature d'Ontario en ordonne autrement, à chaque élection d'un membre de l'assemblée législative d'Ontario pour le district d'Algoma, outre les personnes ayant droit de vote en vertu de la loi de la province du Canada, tout sujet anglais du sexe masculin âgé de vingt-et-un ans ou plus, et tenant feu et lieu, aura droit de vote. (39)

*Durée des assemblées législatives*

85. La durée de l'assemblée législative d'Ontario et de l'assemblée législative de Québec ne sera que de quatre ans, à compter du jour du rapport des brefs d'élection, à moins qu'elle ne soit plus tôt dissoute par le lieutenant-gouverneur de la province. (40)

*Session annuelle de la législature*

86. Il y aura une session de la législature d'Ontario et de celle de Québec, une fois au moins chaque année, de manière qu'il ne s'écoule pas un intervalle de douze mois entre la dernière séance d'une session de la législature dans chaque province, et sa première séance dans la session suivante. (41)

*Orateur, quorum, etc.*

87. Les dispositions suivantes de la présente loi, concernant la Chambre des Communes du Canada, s'étendront et s'appliqueront aux assemblées législatives d'Ontario et de Québec, savoir : les dispositions relatives à l'élection d'un orateur en première instance et lorsqu'il surviendra des vacances, aux devoirs de l'orateur, à l'absence de ce dernier, au quorum et au mode de votation, tout comme si ces dispositions étaient ici décrétées et expressément rendues applicables à chaque assemblée législative.

### 4. Nouvelle-Écosse et Nouveau-Brunswick

*Constitution des législatures de la*

88. La constitution de la législature de chacune des provinces de la Nouvelle-Écosse et du Nouveau-Brunswick continuera,

sujette aux dispositions de la présente loi, d'être celle en existence à l'époque de l'union, jusqu'à ce qu'elle soit modifiée sous l'autorité de la présente loi. (42) *Nouvelle-Écosse et du Nouveau-Brunswick*

## V. Constitutions provinciales

### 5. Ontario, Québec et Nouvelle-Écosse

89. Abrogé. (43) *[Abrogé]*

### 6. Les quatre provinces

90. Les dispositions suivantes de la présente loi, concernant le parlement du Canada, savoir : les dispositions relatives aux bills d'appropriation et d'impôts, à la recommandation de votes de deniers, à la sanction des bills, au désaveu des lois, et à la signification du bon plaisir quant aux bills réservés, — s'étendront et s'appliqueront aux législatures des différentes provinces, tout comme si elles étaient ici décrétées et rendues expressément applicables aux provinces respectives et à leurs législatures, en substituant toutefois le lieutenant-gouverneur de la province au gouverneur-général, le gouverneur-général à la Reine et au secrétaire d'État, un an à deux ans, et la province au Canada. *Application aux législatures des dispositions relatives aux crédits, etc.*

## VI. Distribution des pouvoirs législatifs

*Autorité législative du parlement du Canada*

91. Il sera loisible à la Reine, de l'avis et du consentement du Sénat et de la Chambre des Communes, de faire des lois pour la paix, l'ordre et le bon gouvernement du Canada, relativement à toutes les matières ne tombant pas dans les catégories de sujets par la présente loi exclusivement assignés aux législatures des provinces ; mais, pour plus de garantie, sans toutefois restreindre la généralité des termes ci-haut employés dans le présent article, il est par la présente déclaré que (nonobstant toute disposition contraire énoncée dans la présente loi) l'autorité législative exclusive du parlement du *Pouvoirs du parlement*

Canada s'étend à toutes les matières tombant dans les catégories de sujets ci-dessous énumérés, savoir :

1. Abrogé. (44)
1A. La dette et la propriété publiques. (45)
2. La réglementation du trafic et du commerce.
2A. L'assurance-chômage. (46)
3. Le prélèvement de deniers par tous modes ou systèmes de taxation.
4. L'emprunt de deniers sur le crédit public.
5. Le service postal.
6. Le recensement et les statistiques.
7. La milice, le service militaire et le service naval, et la défense du pays.
8. La fixation et le paiement des salaires et honoraires des officiers civils et autres du gouvernement du Canada.
9. Les amarques, les bouées, les phares et l'île de Sable.
10. La navigation et les bâtiments ou navires (shipping).
11. La quarantaine et l'établissement et maintien des hôpitaux de marine.
12. Les pêcheries des côtes de la mer et de l'intérieur.
13. Les passages d'eau (ferries) entre une province et tout pays britannique ou étranger, ou entre deux provinces.
14. Le cours monétaire et le monnayage.
15. Les banques, l'incorporation des banques et l'émission du papier-monnaie.
16. Les caisses d'épargne.
17. Les poids et mesures.
18. Les lettres de change et les billets promissoires.
19. L'intérêt de l'argent.
20. Les offres légales.
21. La banqueroute et la faillite.
22. Les brevets d'invention et de découverte.
23. Les droits d'auteur.
24. Les Indiens et les terres réservées pour les Indiens.
25. La naturalisation et les aubains.
26. Le mariage et le divorce.

27. La loi criminelle, sauf la constitution des tribunaux de juridiction criminelle, mais y compris la procédure en matière criminelle.
28. L'établissement, le maintien, et l'administration des pénitenciers.
29. Les catégories de sujets expressément exceptés dans l'énumération des catégories de sujets exclusivement assignés par la présente loi aux législatures des provinces.

Et aucune des matières énoncées dans les catégories de sujets énumérés dans le présent article ne sera réputée tomber dans la catégorie des matières d'une nature locale ou privée comprises dans l'énumération des catégories de sujets exclusivement assignés par la présente loi aux législatures des provinces. (47)

*Sujets soumis au contrôle exclusif de la législation provinciale*

*Pouvoirs exclusifs des législatures provinciales*

92. Dans chaque province la législature pourra exclusivement faire des lois relatives aux matières tombant dans les catégories de sujets ci-dessous énumérés, savoir :

1. Abrogé. (48)
2. La taxation directe dans les limites de la province, dans le but de prélever un revenu pour des objets provinciaux ;
3. Les emprunts de deniers sur le seul crédit de la province ;
4. La création et la tenure des charges provinciales, et la nomination et le paiement des officiers provinciaux ;
5. L'administration et la vente des terres publiques appartenant à la province, et des bois et forêts qui s'y trouvent ;
6. L'établissement, l'entretien et l'administration des prisons publiques et des maisons de réforme dans la province ;
7. L'établissement, l'entretien et l'administration des hôpitaux, asiles, institutions et hospices de charité dans la province, autres que les hôpitaux de marine ;
8. Les institutions municipales dans la province ;

9. Les licences de boutiques, de cabarets, d'auberges, d'encanteurs et autres licences, dans le but de prélever un revenu pour des objets provinciaux, locaux, ou municipaux ;
10. Les travaux et entreprises d'une nature locale, autres que ceux énumérés dans les catégories suivantes :
a. Lignes de bateaux à vapeur ou autres bâtiments, chemins de fer, canaux, télégraphes et autres travaux et entreprises reliant la province à une autre ou à d'autres provinces, ou s'étendant au-delà des limites de la province ;
b. Lignes de bateaux à vapeur entre la province et tout pays dépendant de l'empire britannique ou tout pays étranger ;
c. Les travaux qui, bien qu'entièrement situés dans la province, seront avant ou après leur exécution déclarés par le parlement du Canada être pour l'avantage général du Canada, ou pour l'avantage de deux ou d'un plus grand nombre des provinces ;
11. L'incorporation des compagnies pour des objets provinciaux ;
12. La célébration du mariage dans la province ;
13. La propriété et les droits civils dans la province ;
14. L'administration de la justice dans la province, y compris la création, le maintien et l'organisation de tribunaux de justice pour la province, ayant juridiction civile et criminelle, y compris la procédure en matières civiles dans ces tribunaux ;
15. L'infliction de punitions par voie d'amende, pénalité, ou emprisonnement, dans le but de faire exécuter toute loi de la province décrétée au sujet des matières tombant dans aucune des catégories de sujets énumérés dans le présent article ;
16. Généralement toutes les matières d'une nature purement locale ou privée dans la province.

*Ressources naturelles non renouvelables, ressources forestières et énergie électrique*

*Compétence provinciale* 92 A (1) La législature de chaque province a compétence exclusive pour légiférer dans les domaines suivants :

a) prospection des ressources naturelles non renouvelables de la province ;
b) exploitation, conservation et gestion des ressources naturelles non renouvelables et des ressources forestières de la province, y compris leur rythme de production primaire ;
c) aménagement, conservation et gestion des emplacements et des installations de la province destinés à la production d'énergie électrique.

*Exportation hors des provinces*

(2) La législature de chaque province a compétence pour légiférer en ce qui concerne l'exportation, hors de la province, à destination d'une autre partie du Canada, de la production primaire tirée des ressources naturelles non renouvelables et des ressources forestières de la province, ainsi que de la production d'énergie électrique de la province, sous réserve de ne pas adopter de lois autorisant ou prévoyant des disparités de prix ou des disparités dans les exportations destinées à une autre partie du Canada.

*Pouvoir du Parlement*

(3) Le paragraphe (2) ne porte pas atteinte au pouvoir du Parlement de légiférer dans les domaines visés à ce paragraphe, les dispositions d'une loi du Parlement adoptée dans ces domaines l'emportant sur les dispositions incompatibles d'une loi provinciale.

*Taxation des ressources*

(4) La législature de chaque province a compétence pour prélever des sommes d'argent par tout mode ou système de taxation :

a) des ressources naturelles non renouvelables et des ressources forestières de la province, ainsi que de la production primaire qui en est tirée ;
b) des emplacements et des installations de la province destinés à la production d'énergie électrique, ainsi que de cette production même.
Cette compétence peut s'exercer indépendamment du fait que la production en cause soit ou non, en totalité ou en partie, exportée hors de la province, mais les lois adoptées dans ces domaines ne peuvent autoriser ou prévoir une taxation

qui établisse une distinction entre la production exportée à destination d'une autre partie du Canada et la production non exportée hors de la province.

*« Production primaire »*

(5) L'expression « production primaire » a le sens qui lui est donné dans la sixième annexe.

*Pouvoirs ou droits existants*

(6) Les paragraphes (1) à (5) ne portent pas atteinte aux pouvoirs ou droits détenus par la législature ou le gouvernement d'une province lors de l'entrée en vigueur du présent article. (49)

*Éducation*

*Législation au sujet de l'éducation*

93. Dans chaque province, la législature pourra exclusivement décréter des lois relatives à l'éducation, sujettes et conformes aux dispositions suivantes :

(1) Rien dans ces lois ne devra préjudicier à aucun droit ou privilège conféré, lors de l'union, par la loi à aucune classe particulière de personnes dans la province, relativement aux écoles séparées (denominational) ;

(2) Tous les pouvoirs, privilèges et devoirs conférés et imposés par la loi dans le Haut-Canada, lors de l'union, aux écoles séparées et aux syndics d'écoles des sujets catholiques romains de Sa Majesté, seront et sont par la présente étendus aux écoles dissidentes des sujets protestants et catholiques romains de la Reine dans la province de Québec ;

(3) Dans toute province où un système d'écoles séparées ou dissidentes existera par la loi, lors de l'union, ou sera subséquemment établi par la législature de la province — il pourra être interjeté appel au gouverneur-général en conseil de toute loi ou décision d'aucune autorité provinciale affectant aucun des droits ou privilèges de la minorité protestante ou catholique romaine des sujets de Sa Majesté relativement à l'éducation ;

(4) Dans le cas où il ne serait pas décrété telle loi provinciale que, de temps à autre, le gouverneur-général en conseil jugera nécessaire pour donner suite et exécution aux dispositions du présent article, — ou dans le cas où quelque décision du gouverneur-général en conseil, sur appel interjeté en vertu du présent article, ne serait pas mise à exécution par l'autorité provinciale compétente — alors et en tout tel cas, et en tant seulement que les circonstances de chaque cas l'exigeront, le parlement du Canada pourra décréter des lois propres à y remédier pour donner suite et exécution aux dispositions du présent article, ainsi qu'à toute décision rendue par le gouverneur-général en conseil sous l'autorité de ce même article. (50)

*Québec*

93. A. Les paragraphes (1) à (4) de l'article 93 ne s'appliquent pas au Québec. (50.1)

*Uniformité des lois dans trois provinces*

*Uniformité des lois dans Ontario, la Nouvelle-Écosse et le Nouveau-Brunswick*

94. Nonobstant toute disposition contraire énoncée dans la présente loi, le parlement du Canada pourra adopter des mesures à l'effet de pourvoir à l'uniformité de toutes les lois ou de parties des lois relatives à la propriété et aux droits civils dans Ontario, la Nouvelle-Écosse et le Nouveau-Brunswick, et de la procédure dans tous les tribunaux ou aucun des tribunaux de ces trois provinces ; et depuis et après la passation de toute loi à cet effet, le pouvoir du parlement du Canada de décréter des lois relatives aux sujets énoncés dans telles lois, sera illimité, nonobstant toute chose au contraire dans la présente loi ; mais toute loi du parlement du Canada pourvoyant à cette uniformité n'aura d'effet dans une province qu'après avoir été adoptée et décrétée par la législature de cette province.

*Législation concernant les pensions de vieillesse et les prestations additionnelles*

*Pensions de vieillesse*

94. A. Le Parlement du Canada peut légiférer sur les pensions de vieillesse et prestations additionnelles, y compris des prestations

aux survivants et aux invalides sans égard à leur âge, mais aucune loi ainsi édictée ne doit porter atteinte à l'application de quelque loi présente ou future d'une législature provinciale en ces matières. (51)

*Agriculture et Immigration*

*Pouvoir concurrent de décréter des lois au sujet de l'agriculture, etc.*

95. Dans chaque province, la législature pourra faire des lois relatives à l'agriculture et à l'immigration dans cette province ; et il est par la présente déclaré que le parlement du Canada pourra de temps à autre faire des lois relatives à l'agriculture et à l'immigration dans toutes les provinces ou aucune d'elles en particulier ; et toute loi de la législature d'une province relative à l'agriculture ou à l'immigration n'y aura d'effet qu'aussi longtemps et que tant qu'elle ne sera incompatible avec aucune des lois du parlement du Canada.

## VII. Judicature

*Nomination des juges*

96. Le gouverneur-général nommera les juges des cours supérieures, de district et de comté dans chaque province, sauf ceux des cours de vérification dans la Nouvelle-Écosse et le Nouveau-Brunswick.

*Choix des juges dans Ontario, etc.*

97. Jusqu'à ce que les lois relatives à la propriété et aux droits civils dans Ontario, la Nouvelle-Écosse et le Nouveau-Brunswick, et à la procédure dans les cours de ces provinces, soient rendues uniformes, les juges des cours de ces provinces qui seront nommés par le gouverneur-général devront être choisis parmi les membres des barreaux respectifs de ces provinces.

*Choix des juges dans Québec*

98. Les juges des cours de Québec seront choisis parmi les membres du barreau de cette province.

*Durée des fonctions des juges*

99. (1) Sous réserve du paragraphe (2) du présent article, les juges des cours supérieures resteront en fonction durant bonne conduite, mais ils pourront être révoqués par le gou-

verneur général sur une adresse du Sénat et de la Chambre des Communes.

(2) Un juge d'une cour supérieure, nommé avant ou après l'entrée en vigueur du présent article, cessera d'occuper sa charge lorsqu'il aura atteint l'âge de soixante-quinze ans, ou à l'entrée en vigueur du présent article si, à cette époque, il a déjà atteint ledit âge. (52) *Cessation des fonctions à l'âge de 75 ans*

100. Les salaires, allocations et pensions des juges des cours supérieures, de district et de comté (sauf les cours de vérification dans la Nouvelle-Écosse et le Nouveau-Brunswick) et des cours de l'Amirauté, lorsque les juges de ces dernières sont alors salariés, seront fixés et payés par le parlement du Canada. (53) *Salaires, etc. des juges*

101. Le parlement du Canada pourra, nonobstant toute disposition contraire énoncée dans la présente loi, lorsque l'occasion le requerra, adopter des mesures à l'effet de créer, maintenir et organiser une cour générale d'appel pour le Canada, et établir des tribunaux additionnels pour la meilleure administration des lois du Canada. (54) *Cour générale d'appel, etc.*

## VIII. Revenus ; dettes ; actifs ; taxe

102. Tous les droits et revenus que les législatures respectives du Canada, de la Nouvelle-Écosse et du Nouveau-Brunswick, avant et à l'époque de l'union, avaient le pouvoir d'approprier, sauf ceux réservés par la présente loi aux législatures respectives des provinces, ou qui seront perçus par elles conformément aux pouvoirs spéciaux qui leur sont conférés par la présente loi, formeront un fonds consolidé de revenu pour être approprié au service public du Canada de la manière et soumis aux charges prévues par la présente loi. *Création d'un fonds consolidé de revenu*

103. Le fonds consolidé de revenu du Canada sera permanemment grevé des frais, charges et dépenses encourus pour le percevoir, administrer et recouvrer, lesquels constitueront la *Frais de perception, etc.*

première charge sur ce fonds et pourront être soumis à telles révision et audition qui seront ordonnées par le gouverneur-général en conseil jusqu'à ce que le parlement y pourvoie autrement.

*Intérêt des dettes publiques provinciales*

104. L'intérêt annuel des dettes publiques des différentes provinces du Canada, de la Nouvelle-Écosse et du Nouveau-Brunswick, lors de l'union, constituera la seconde charge sur le fonds consolidé de revenu du Canada.

*Traitement du gouverneur-général*

105. Jusqu'à modification par le parlement du Canada, le salaire du gouverneur-général sera de dix mille louis, cours sterling du Royaume-Uni de la Grande-Bretagne et d'Irlande ; cette somme sera acquittée sur le fonds consolidé de revenu du Canada et constituera la troisième charge sur ce fonds. (55)

*Emploi du fonds consolidé*

106. Sujet aux différents paiements dont est grevé par la présente loi le fonds consolidé de revenu du Canada, ce fonds sera approprié par le parlement du Canada au service public.

*Transfert des valeurs, etc.*

107. Tous les fonds, argent en caisse, balances entre les mains des banquiers et valeurs appartenant à chaque province à l'époque de l'union, sauf les exceptions énoncées à la présente loi, deviendront la propriété du Canada et seront déduits du montant des dettes respectives des provinces lors de l'union.

*Transfert des propriétés énumérées dans l'annexe*

108. Les travaux et propriétés publics de chaque province, énumérés dans la troisième annexe de la présente loi, appartiendront au Canada.

*Propriété des terres, mines, etc.*

109. Toutes les terres, mines, minéraux et réserves royales appartenant aux différentes provinces du Canada, de la Nouvelle-Écosse et du Nouveau-Brunswick lors de l'union, et toutes les sommes d'argent alors dues ou payables pour ces terres, mines, minéraux et réserves royales, appartiendront aux différentes provinces d'Ontario, Québec, la Nouvelle-Écosse et le Nouveau-Brunswick, dans lesquelles ils sont sis et situés, ou exigibles, restant toujours soumis aux charges dont ils

sont grevés, ainsi qu'à tous intérêts autres que ceux que peut y avoir la province. (56)

110. La totalité de l'actif inhérent aux portions de la dette publique assumées par chaque province, appartiendra à cette province. *Actif et dettes provinciales*

111. Le Canada sera responsable des dettes et obligations de chaque province existantes lors de l'union. *Responsabilité des dettes provinciales*

112. Les provinces d'Ontario et Québec seront conjointement responsables envers le Canada de l'excédent (s'il en est) de la dette de la province du Canada, si, lors de l'union, elle dépasse soixante-deux millions cinq cent mille piastres, et tenues au paiement de l'intérêt de cet excédent au taux de cinq pour cent par année. *Responsabilité des dettes d'Ontario et Québec*

113. L'actif énuméré dans la quatrième annexe de la présente loi, appartenant, lors de l'union, à la province du Canada, sera la propriété d'Ontario et Québec conjointement. *Actif d'Ontario et Québec*

114. La Nouvelle-Écosse sera responsable envers le Canada de l'excédent (s'il en est) de sa dette publique si, lors de l'union, elle dépasse huit millions de piastres, et tenue au paiement de l'intérêt de cet excédent au taux de cinq pour cent par année. (57) *Dette de la Nouvelle-Écosse*

115. Le Nouveau-Brunswick sera responsable envers le Canada de l'excédent (s'il en est) de sa dette publique, si lors de l'union, elle dépasse sept millions de piastres, et tenu au paiement de l'intérêt de cet excédent au taux de cinq pour cent par année. *Dette du Nouveau-Brunswick*

116. Dans le cas où, lors de l'union, les dettes publiques de la Nouvelle-Écosse et du Nouveau-Brunswick seraient respectivement moindres que huit millions et sept millions de piastres, ces provinces auront droit de recevoir, chacune, du gouvernement du Canada, en paiements semi-annuels et d'avance, l'intérêt au taux de cinq pour cent par année sur *Paiement d'intérêt à la Nouvelle-Écosse et au Nouveau-Brunswick*

la différence qui existera entre le chiffre réel de leurs dettes respectives et le montant ainsi arrêté.

## VIII. Revenus ; dettes ; actifs ; taxe

*Propriétés publiques provinciales*

117. Les diverses provinces conserveront respectivement toutes leurs propriétés publiques dont il n'est pas autrement disposé dans la présente loi, sujettes au droit du Canada de prendre les terres ou les propriétés publiques dont il aura besoin pour les fortifications ou la défense du pays.

*[Abrogé]*

118. Abrogé. (58)

*Subvention additionnelle au Nouveau-Brunswick*

119. Le Nouveau-Brunswick recevra du Canada, en paiements semi-annuels et d'avance, durant une période de dix ans à compter de l'union, une subvention supplémentaire de soixante-trois mille piastres par année ; mais tant que la dette publique de cette province restera au dessous de sept millions de piastres, il sera déduit sur cette somme de soixante-trois mille piastres, un montant égal à l'intérêt à cinq pour cent par année sur telle différence. (59)

*Forme des paiements*

120. Tous les paiements prescrits par la présente loi, ou destinés à éteindre les obligations contractées en vertu d'une loi des provinces du Canada, de la Nouvelle-Écosse et du Nouveau-Brunswick respectivement et assumés par le Canada, seront faits, jusqu'à ce que le parlement du Canada l'ordonne autrement, en la forme et manière que le gouverneur-général en conseil pourra prescrire de temps à autre.

*Manufactures canadiennes, etc.*

121. Tous articles du crû, de la provenance ou manufacture d'aucune des provinces seront, à dater de l'union, admis en franchise dans chacune des autres provinces.

*Continuation des lois de douane et d'accise*

122. Les lois de douane et d'accise de chaque province demeureront en force, sujettes aux dispositions de la présente loi, jusqu'à ce qu'elles soient modifiées par le parlement du Canada. (60)

123. Dans le cas où des droits de douane seraient, à l'époque de l'union, imposables sur des articles, denrées ou marchandises, dans deux provinces, ces articles, denrées ou marchandises pourront, après l'union, être importés de l'une de ces deux provinces dans l'autre, sur preuve du paiement des droits de douane dont ils sont frappés dans la province d'où ils sont exportés, et sur paiement de tout surplus de droits de douane (s'il en est) dont ils peuvent être frappés dans la province où ils sont importés. (61)

*Exportation et importation entre deux provinces*

124. Rien dans la présente loi ne préjudiciera au privilège garanti au Nouveau-Brunswick de prélever sur les bois de construction les droits établis par le chapitre quinze du titre trois des statuts revisés du Nouveau-Brunswick, ou par toute loi l'amendant avant ou après l'union, mais n'augmentant pas le chiffre de ces droits ; et les bois de construction des provinces autres que le Nouveau-Brunswick ne seront pas passibles de ces droits. (62)

*Impôts sur les bois au Nouveau-Brunswick*

125. Nulle terre ou propriété appartenant au Canada ou à aucune province en particulier ne sera sujette à la taxation.

*Terres publiques, etc., exemptées des taxes*

126. Les droits et revenus que les législatures respectives du Canada, de la Nouvelle-Écosse et du Nouveau-Brunswick avaient, avant l'union, le pouvoir d'approprier, et qui sont, par la présente loi, réservés aux gouvernements ou législatures des provinces respectives, et tous les droits et revenus perçus par elles conformément aux pouvoirs spéciaux qui leur sont conférés par la présente loi, formeront dans chaque province un fonds consolidé de revenu qui sera approprié au service public de la province.

*Fonds consolidé du revenu provincial*

## IX. Dispositions diverses

### Dispositions Générales

127. Abrogé. (63)

*[Abrogé]*

*Serment d'allégeance, etc.*

128. Les membres du Sénat ou de la Chambre des Communes du Canada devront, avant d'entrer dans l'exercice de leurs fonctions, prêter et souscrire, devant le gouverneur-général ou quelque personne à ce par lui autorisée, et pareillement, les membres du conseil législatif ou de l'assemblée législative d'une province devront, avant d'entrer dans l'exercice de leurs fonctions, prêter et souscrire, devant le lieutenant-gouverneur de la province ou quelque personne à ce par lui autorisée, le serment d'allégeance énoncé dans la cinquième annexe de la présente loi ; et les membres du Sénat du Canada et du conseil législatif de Québec devront aussi, avant d'entrer dans l'exercice de leurs fonctions, prêter et souscrire, devant le gouverneur-général ou quelque personne à ce par lui autorisée, la déclaration des qualifications énoncée dans la même annexe.

*Les lois, tribunaux et fonctionnaires actuels continueront d'exister, etc.*

129. Sauf toute disposition contraire prescrite par la présente loi, toutes les lois en force en Canada, dans la Nouvelle-Écosse ou le Nouveau-Brunswick, lors de l'union, tous les tribunaux de juridiction civile et criminelle, toutes les commissions, pouvoirs et autorités ayant force légale, et tous les officiers judiciaires, administratifs et ministériels, en existence dans ces provinces à l'époque de l'union, continueront d'exister dans les provinces d'Ontario, de Québec, de la Nouvelle-Écosse et du Nouveau-Brunswick respectivement, comme si l'union n'avait pas eu lieu ; mais ils pourront, néanmoins (sauf les cas prévus par des lois du parlement de la Grande-Bretagne ou du parlement du Royaume-Uni de la Grande-Bretagne et d'Irlande), être révoqués, abolis ou modifiés par le parlement du Canada, ou par la législature de la province respective, conformément à l'autorité du parlement ou de cette législature en vertu de la présente loi. (64)

*Fonctionnaires transférés au service du Canada*

130. Jusqu'à ce que le parlement du Canada en ordonne autrement, tous les officiers des diverses provinces ayant à remplir des devoirs relatifs à des matières autres que celles tombant dans les catégories de sujets assignés exclusivement par la présente loi aux législatures des provinces, seront officiers du

Canada et continueront à remplir les devoirs de leurs charges respectives sous les mêmes obligations et pénalités que si l'union n'avait pas eu lieu. (65)

131. Jusqu'à ce que le parlement du Canada en ordonne autrement, le gouverneur-général en conseil pourra de temps à autre nommer les officiers qu'il croira nécessaires ou utiles à l'exécution efficace de la présente loi.

*Nomination des nouveaux officiers*

132. Le parlement et le gouvernement du Canada auront tous les pouvoirs nécessaires pour remplir envers les pays étrangers, comme portion de l'empire Britannique, les obligations du Canada ou d'aucune de ses provinces, naissant de traités conclus entre l'empire et ces pays étrangers.

*Obligations naissant des traités*

133. Dans les chambres du parlement du Canada et les chambres de la législature de Québec, l'usage de la langue française ou de la langue anglaise, dans les débats, sera facultatif ; mais dans la rédaction des archives, procès-verbaux et journaux respectifs de ces chambres, l'usage de ces deux langues sera obligatoire ; et dans toute plaidoirie ou pièce de procédure par-devant les tribunaux ou émanant des tribunaux du Canada qui seront établis sous l'autorité de la présente loi, et par-devant tous les tribunaux ou émanant des tribunaux de Québec, il pourra être fait également usage, à faculté, de l'une ou de l'autre de ces langues.

Les lois du parlement du Canada et de la législature de Québec devront être imprimées et publiées dans ces deux langues. (66)

*Usage facultatif et obligatoire des langues française et anglaise*

*Ontario et Québec*

134. Jusqu'à ce que la législature d'Ontario ou de Québec en ordonne autrement, les lieutenants-gouverneurs d'Ontario et de Québec pourront, chacun, nommer sous le grand sceau de la province, les fonctionnaires suivants qui resteront en charge durant bon plaisir, savoir : le procureur-général, le secrétaire et régistraire de la province, le trésorier de la

*Nomination des fonctionnaires exécutifs pour Ontario et Québec*

province, le commissaire des terres de la couronne, et le commissaire d'agriculture et des travaux publics, et, en ce qui concerne Québec, le solliciteur-général ; ils pourront aussi, par ordonnance du lieutenant-gouverneur en conseil, prescrire de temps à autre les attributions de ces fonctionnaires et des divers départements placés sous leur contrôle ou dont ils relèvent, et des officiers et employés y attachés ; et ils pourront également nommer d'autres fonctionnaires qui resteront en charge durant bon plaisir, et prescrire, de temps à autre, leurs attributions et celles des divers départements placés sous leur contrôle ou dont ils relèvent, et des officiers et employés y attachés. (67)

*Pouvoirs, devoirs, etc., des fonctionnaires exécutifs*

135. Jusqu'à ce que la législature d'Ontario ou de Québec en ordonne autrement, tous les droits, pouvoirs, devoirs, fonctions, obligations ou attributions conférés ou imposés aux procureur-général, solliciteur-général, secrétaire et régistraire de la province du Canada, ministre des finances, commissaire des terres de la couronne, commissaire des travaux publics, et ministre de l'agriculture et receveur-général, lors de la passation de la présente loi, par toute loi, statut ou ordonnance du Haut-Canada, du Bas-Canada ou du Canada, n'étant pas d'ailleurs incompatibles avec la présente loi, seront conférés ou imposés à tout fonctionnaire qui sera nommé par le lieutenant-gouverneur pour l'exécution de ces fonctions ou d'aucune d'elles ; le commissaire d'agriculture et des travaux publics remplira les devoirs et les fonctions de ministre d'agriculture prescrits, lors de la passation de la présente loi, par la loi de la province du Canada, ainsi que ceux de commissaire des travaux publics. (68)

*Grands sceaux*

136. Jusqu'à modification par le lieutenant-gouverneur en conseil, les grands sceaux d'Ontario et de Québec respectivement seront les mêmes ou d'après le même modèle que ceux usités dans les provinces du Haut et du Bas-Canada respectivement avant leur union comme province du Canada.

137. Les mots « et de là jusqu'à la fin de la prochaine session de la législature », ou autres mots de la même teneur, employés dans une loi temporaire de la province du Canada non-expirée avant l'union, seront censés signifier la prochaine session du parlement du Canada, si l'objet de la loi tombe dans la catégorie des pouvoirs attribués à ce parlement et définis dans la présente constitution, si non, aux prochaines sessions des législatures d'Ontario et de Québec respectivement, si l'objet de la loi tombe dans la catégorie des pouvoirs attribués à ces législatures et définis dans la présente loi.

*Interprétation des lois temporaires*

138. Depuis et après l'époque de l'union, l'insertion des mots « Haut-Canada » au lieu « d'Ontario », ou « Bas-Canada » au lieu de « Québec », dans tout acte, bref, procédure, plaidoirie, document, matière ou chose, n'aura pas l'effet de l'invalider.

*Citations erronées*

139. Toute proclamation sous le grand sceau de la province du Canada, lancée antérieurement à l'époque de l'union, pour avoir effet à une date postérieure à l'union, qu'elle ait trait à cette province ou au Haut-Canada ou au Bas-Canada, et les diverses matières et choses y énoncées auront et continueront d'y avoir la même force et le même effet que si l'union n'avait pas eu lieu. (69)

*Proclamations ne devant prendre effet qu'après l'union*

140. Toute proclamation dont l'émission sous le grand sceau de la province du Canada est autorisée par quelque loi de la législature de la province du Canada, qu'elle ait trait à cette province ou au Haut-Canada ou au Bas-Canada, et qui n'aura pas été lancée avant l'époque de l'union, pourra l'être par le lieutenant-gouverneur d'Ontario ou de Québec (selon le cas), sous le grand sceau de la province ; et, à compter de l'émission de cette proclamation, les diverses matières et choses y énoncées auront et continueront d'avoir la même force et le même effet dans Ontario ou Québec que si l'union n'avait pas eu lieu. (70)

*Proclamations lancées après l'union*

*Pénitencier*

141. Le pénitencier de la province du Canada, jusqu'à ce que le parlement du Canada en ordonne autrement, sera et continuera d'être le pénitencier d'Ontario et de Québec. (71)

*Dettes renvoyées à l'arbitrage*

142. Le partage et la répartition des dettes, crédits, obligations, propriétés et de l'actif du Haut et du Bas-Canada seront renvoyés à la décision de trois arbitres, dont l'un sera choisi par le gouvernement d'Ontario, l'un par le gouvernement de Québec, et l'autre par le gouvernement du Canada ; le choix des arbitres n'aura lieu qu'après que le parlement du Canada et les législatures d'Ontario et de Québec auront été réunis ; l'arbitre choisi par le gouvernement du Canada ne devra être domicilié ni dans Ontario ni dans Québec. (72)

*Partage des archives*

143. Le gouverneur-général en conseil pourra de temps à autre ordonner que les archives, livres et documents de la province du Canada qu'il jugera à propos de désigner, soient remis et transférés à Ontario ou à Québec, et ils deviendront dès lors la propriété de cette province ; toute copie ou extrait de ces documents, dûment certifiée par l'officier ayant la garde des originaux, sera reçue comme preuve. (73)

*Établissement de townships dans Québec*

144. Le lieutenant-gouverneur de Québec pourra, de temps à autre, par proclamation sous le grand sceau de la province devant venir en force au jour y mentionné, établir des townships dans les parties de la province de Québec dans lesquelles il n'en a pas encore été établi, et en fixer les tenants et aboutissants.

## X. Chemin de fer intercolonial

*[Abrogé]*

145. Abrogé. (74)

## XI. Admission des autres colonies

*Pouvoir d'admettre Terreneuve, etc.*

146. Il sera loisible à la Reine, de l'avis du très-honorable Conseil Privé de Sa Majesté, sur la présentation d'adresses de la part des chambres du Parlement du Canada, et des chambres des législatures respectives des colonies ou provinces de Terre-

neuve, de l'Île du Prince Édouard et de la Colombie Britannique, d'admettre ces colonies ou provinces, ou aucune d'elles dans l'union, et, sur la présentation d'adresses de la part des chambres du parlement du Canada, d'admettre la Terre de Rupert et le Territoire du Nord-Ouest, ou l'une ou l'autre de ces possessions, dans l'union, aux termes et conditions, dans chaque cas, qui seront exprimés dans les adresses et que la Reine jugera convenable d'approuver, conformément à la présente ; les dispositions de tous ordres en conseil rendus à cet égard, auront le même effet que si elles avaient été décrétées par le parlement du Royaume-Uni de la Grande-Bretagne et d'Irlande. (75)

*Représentation de Terreneuve et l'Île du Prince-Édouard au Sénat*

147. Dans le cas de l'admission de Terreneuve et de l'Île du Prince Édouard, ou de l'une ou de l'autre de ces colonies, chacune aura droit d'être représentée par quatre membres dans le Sénat du Canada ; et (nonobstant toute disposition contraire énoncée dans la présente loi) dans le cas de l'admission de Terreneuve, le nombre normal des sénateurs sera de soixante-seize et son maximum de quatre-vingt-deux ; mais lorsque l'Île du Prince Édouard sera admise, elle sera censée comprise dans la troisième des trois divisions en lesquelles le Canada est, relativement à la composition du Sénat, partagé par la présente loi ; et, en conséquence, après l'admission de l'Île du Prince Édouard, que Terreneuve soit admise ou non, la représentation de la Nouvelle-Écosse et du Nouveau-Brunswick dans le Sénat, au fur et à mesure que des sièges deviendront vacants, sera réduite de douze à dix membres respectivement ; la représentation de chacune de ces provinces ne sera jamais augmentée au delà de dix membres, sauf sous l'autorité des dispositions de la présente loi relatives à la nomination de trois ou six sénateurs supplémentaires en conséquence d'un ordre de la Reine. (76)

ANNEXES

# LOI CONSTITUTIONNELLE DE 1982

## ANNEXE B

## LOI CONSTITUTIONNELLE DE 1982 (79)

## PARTIE I

## CHARTE CANADIENNE DES DROITS ET LIBERTÉS

Attendu que le Canada est fondé sur des principes qui reconnaissent la suprématie de Dieu et la primauté du droit :

### Garantie des droits et libertés

*Droits et libertés au Canada*

1. La Charte canadienne des droits et libertés garantit les droits et libertés qui y sont énoncés. Ils ne peuvent être restreints que par une règle de droit, dans des limites qui soient raisonnables et dont la justification puisse se démontrer dans le cadre d'une société libre et démocratique.

### Libertés fondamentales

2. Chacun a les libertés fondamentales suivantes :
a) liberté de conscience et de religion ;
b) liberté de pensée, de croyance, d'opinion et d'expression, y compris la liberté de la presse et des autres moyens de communication ;
c) liberté de réunion pacifique ;
d) liberté d'association.

### Droits démocratiques

*Droits démocratiques des citoyens*

3. Tout citoyen canadien a le droit de vote et est éligible aux élections législatives fédérales ou provinciales.

4. (1) Le mandat maximal de la Chambre des communes et des assemblées législatives est de cinq ans à compter de la date fixée pour le retour des brefs relatifs aux élections générales correspondantes. (80) *Mandat maximal des assemblées*

(2) Le mandat de la Chambre des communes ou celui d'une assemblée législative peut être prolongé respectivement par le Parlement ou par la législature en question au-delà de cinq ans en cas de guerre, d'invasion ou d'insurrection, réelles ou appréhendées, pourvu que cette prolongation ne fasse pas l'objet d'une opposition exprimée par les voix de plus du tiers des députés de la Chambre des communes ou de l'assemblée législative. (81) *Prolongations spéciales*

5. Le Parlement et les législatures tiennent une séance au moins une fois tous les douze mois. (82) *Séance annuelle*

**Liberté de circulation**

6. (1) Tout citoyen canadien a le droit de demeurer au Canada, d'y entrer ou d'en sortir. *Liberté de circulation et d'établissement*

(2) Tout citoyen canadien et toute personne ayant le statut de résident permanent au Canada ont le droit : *Liberté d'établissement*
a) de se déplacer dans tout le pays et d'établir leur résidence dans toute province ;
b) de gagner leur vie dans toute province.

(3) Les droits mentionnés au paragraphe (2) sont subordonnés : *Restriction*
a) aux lois et usages d'application générale en vigueur dans une province donnée, s'ils n'établissent entre les personnes aucune distinction fondée principalement sur la province de résidence antérieure ou actuelle ;
b) aux lois prévoyant de justes conditions de résidence en vue de l'obtention des services sociaux publics.

(4) Les paragraphes (2) et (3) n'ont pas pour objet d'interdire les lois, programmes ou activités destinés à améliorer, dans une province, la situation d'individus défavorisés socialement *Programmes de promotion sociale*

ou économiquement, si le taux d'emploi dans la province est inférieur à la moyenne nationale.

## Garanties juridiques

*Vie, liberté et sécurité*

7. Chacun a droit à la vie, à la liberté et à la sécurité de sa personne ; il ne peut être porté atteinte à ce droit qu'en conformité avec les principes de justice fondamentale.

*Fouilles, perquisitions ou saisies*

8. Chacun a droit à la protection contre les fouilles, les perquisitions ou les saisies abusives.

*Détention ou emprisonnement*

9. Chacun a droit à la protection contre la détention ou l'emprisonnement arbitraires.

*Arrestation ou détention*

10. Chacun a le droit, en cas d'arrestation ou de détention :
a) d'être informé dans les plus brefs délais des motifs de son arrestation ou de sa détention ;
b) d'avoir recours sans délai à l'assistance d'un avocat et d'être informé de ce droit ;
c) de faire contrôler, par habeas corpus, la légalité de sa détention et d'obtenir, le cas échéant, sa libération.

*Affaires criminelles et pénales*

11. Tout inculpé a le droit :
a) d'être informé sans délai anormal de l'infraction précise qu'on lui reproche ;
b) d'être jugé dans un délai raisonnable ;
c) de ne pas être contraint de témoigner contre lui-même dans toute poursuite intentée contre lui pour l'infraction qu'on lui reproche ;
d) d'être présumé innocent tant qu'il n'est pas déclaré coupable, conformément à la loi, par un tribunal indépendant et impartial à l'issue d'un procès public et équitable ;
e) de ne pas être privé sans juste cause d'une mise en liberté assortie d'un cautionnement raisonnable ;
f) sauf s'il s'agit d'une infraction relevant de la justice militaire, de bénéficier d'un procès avec jury lorsque la peine maximale prévue pour l'infraction dont il est accusé est un emprisonnement de cinq ans ou une peine plus grave ;

g) de ne pas être déclaré coupable en raison d'une action ou d'une omission qui, au moment où elle est survenue, ne constituait pas une infraction d'après le droit interne du Canada ou le droit international et n'avait pas de caractère criminel d'après les principes généraux de droit reconnus par l'ensemble des nations ;
h) d'une part de ne pas être jugé de nouveau pour une infraction dont il a été définitivement acquitté, d'autre part de ne pas être jugé ni puni de nouveau pour une infraction dont il a été définitivement déclaré coupable et puni ;
i) de bénéficier de la peine la moins sévère, lorsque la peine qui sanctionne l'infraction dont il est déclaré coupable est modifiée entre le moment de la perpétration de l'infraction et celui de la sentence.

12. Chacun a droit à la protection contre tous traitements ou peines cruels et inusités. *Cruauté*

13. Chacun a droit à ce qu'aucun témoignage incriminant qu'il donne ne soit utilisé pour l'incriminer dans d'autres procédures, sauf lors de poursuites pour parjure ou pour témoignages contradictoires. *Témoignage incriminant*

14. La partie ou le témoin qui ne peuvent suivre les procédures, soit parce qu'ils ne comprennent pas ou ne parlent pas la langue employée, soit parce qu'ils sont atteints de surdité, ont droit à l'assistance d'un interprète. *Interprète*

**Droits à l'égalité**

15. (1) La loi ne fait acception de personne et s'applique également à tous, et tous ont droit à la même protection et au même bénéfice de la loi, indépendamment de toute discrimination, notamment des discriminations fondées sur la race, l'origine nationale ou ethnique, la couleur, la religion, le sexe, l'âge ou les déficiences mentales ou physiques. *Égalité devant la loi, égalité de bénéfice et protection égale de la loi*

*Programmes de promotion sociale*

(2) Le paragraphe (1) n'a pas pour effet d'interdire les lois, programmes ou activités destinés à améliorer la situation d'individus ou de groupes défavorisés, notamment du fait de leur race, de leur origine nationale ou ethnique, de leur couleur, de leur religion, de leur sexe, de leur âge ou de leurs déficiences mentales ou physiques. (83)

*Langues officielles du Canada*

16. (1) Le français et l'anglais sont les langues officielles du Canada ; ils ont un statut et des droits et privilèges égaux quant à leur usage dans les institutions du Parlement et du gouvernement du Canada.

*Langues officielles du Nouveau-Brunswick*

(2) Le français et l'anglais sont les langues officielles du Nouveau-Brunswick ; ils ont un statut et des droits et privilèges égaux quant à leur usage dans les institutions de la Législature et du gouvernement du Nouveau-Brunswick. Progression vers l'égalité

(3) La présente charte ne limite pas le pouvoir du Parlement et des législatures de favoriser la progression vers l'égalité de statut ou d'usage du français et de l'anglais.

*Communautés linguistiques française et anglaise du Nouveau-Brunswick*

16.1. (1) La communauté linguistique française et la communauté linguistique anglaise du Nouveau-Brunswick ont un statut et des droits et privilèges égaux, notamment le droit à des institutions d'enseignement distinctes et aux institutions culturelles distinctes nécessaires à leur protection et à leur promotion.

*Rôle de la législature et du gouvernement du Nouveau-Brunswick*

(2) Le rôle de la législature et du gouvernement du Nouveau-Brunswick de protéger et de promouvoir le statut, les droits et les privilèges visés au paragraphe (1) est confirmé. (83.1)

*Travaux du Parlement*

17. (1) Chacun a le droit d'employer le français ou l'anglais dans les débats et travaux du Parlement. (84)

*Travaux de la Législature du Nouveau-Brunswick*

(2) Chacun a le droit d'employer le français ou l'anglais dans les débats et travaux de la Législature du Nouveau-Brunswick. (85)

18. (1) Les lois, les archives, les comptes rendus et les procès-verbaux du Parlement sont imprimés et publiés en français et en anglais, les deux versions des lois ayant également force de loi et celles des autres documents ayant même valeur. (86)

*Documents parlementaires*

(2) Les lois, les archives, les comptes rendus et les procès-verbaux de la Législature du Nouveau-Brunswick sont imprimés et publiés en français et en anglais, les deux versions des lois ayant également force de loi et celles des autres documents ayant même valeur. (87)

*Documents de la Législature du Nouveau-Brunswick*

19. (1) Chacun a le droit d'employer le français ou l'anglais dans toutes les affaires dont sont saisis les tribunaux établis par le Parlement et dans tous les actes de procédure qui en découlent. (88)

*Procédures devant les tribunaux établis par le Parlement*

(2) Chacun a le droit d'employer le français ou l'anglais dans toutes les affaires dont sont saisis les tribunaux du Nouveau-Brunswick et dans tous les actes de procédure qui en découlent. (89)

*Procédures devant les tribunaux du Nouveau-Brunswick*

20. (1) Le public a, au Canada, droit à l'emploi du français ou de l'anglais pour communiquer avec le siège ou l'administration centrale des institutions du Parlement ou du gouvernement du Canada ou pour en recevoir les services ; il a le même droit à l'égard de tout autre bureau de ces institutions là où, selon le cas :

a) l'emploi du français ou de l'anglais fait l'objet d'une demande importante ;

b) l'emploi du français et de l'anglais se justifie par la vocation du bureau.

*Communications entre les administrés et les institutions fédérales*

(2) Le public a, au Nouveau-Brunswick, droit à l'emploi du français ou de l'anglais pour communiquer avec tout bureau des institutions de la législature ou du gouvernement ou pour en recevoir les services.

*Communications entre les administrés et les institutions du Nouveau-Brunswick*

*Maintien en vigueur de certaines dispositions*

21. Les articles 16 à 20 n'ont pas pour effet, en ce qui a trait à la langue française ou anglaise ou à ces deux langues, de porter atteinte aux droits, privilèges ou obligations qui existent ou sont maintenus aux termes d'une autre disposition de la Constitution du Canada. (90)

*Droits préservés*

22. Les articles 16 à 20 n'ont pas pour effet de porter atteinte aux droits et privilèges, antérieurs ou postérieurs à l'entrée en vigueur de la présente charte et découlant de la loi ou de la coutume, des langues autres que le français ou l'anglais.

**Droits à l'instruction dans la langue de la minorité**

*Langue d'instruction*

23. (1) Les citoyens canadiens :
a) dont la première langue apprise et encore comprise est celle de la minorité francophone ou anglophone de la province où ils résident,
b) qui ont reçu leur instruction, au niveau primaire, en français ou en anglais au Canada et qui résident dans une province où la langue dans laquelle ils ont reçu cette instruction est celle de la minorité francophone ou anglophone de la province, ont, dans l'un ou l'autre cas, le droit d'y faire instruire leurs enfants, aux niveaux primaire et secondaire, dans cette langue. (91)

*Continuité d'emploi de la langue d'instruction*

(2) Les citoyens canadiens dont un enfant a reçu ou reçoit son instruction, au niveau primaire ou secondaire, en français ou en anglais au Canada ont le droit de faire instruire tous leurs enfants, aux niveaux primaire et secondaire, dans la langue de cette instruction.

*Justification par le nombre*

(3) Le droit reconnu aux citoyens canadiens par les paragraphes (1) et
(2) de faire instruire leurs enfants, aux niveaux primaire et secondaire, dans la langue de la minorité francophone ou anglophone d'une province :
a) s'exerce partout dans la province où le nombre des enfants des citoyens qui ont ce droit est suffisant pour justifier à leur

endroit la prestation, sur les fonds publics, de l'instruction dans la langue de la minorité ;
b) comprend, lorsque le nombre de ces enfants le justifie, le droit de les faire instruire dans des établissements d'enseignement de la minorité linguistique financés sur les fonds publics.

## Recours

24. (1) Toute personne, victime de violation ou de négation des droits ou libertés qui lui sont garantis par la présente charte, peut s'adresser à un tribunal compétent pour obtenir la réparation que le tribunal estime convenable et juste eu égard aux circonstances. *Recours en cas d'atteinte aux droits et libertés*

(2) Lorsque, dans une instance visée au paragraphe (1), le tribunal a conclu que des éléments de preuve ont été obtenus dans des conditions qui portent atteinte aux droits ou libertés garantis par la présente charte, ces éléments de preuve sont écartés s'il est établi, eu égard aux circonstances, que leur utilisation est susceptible de déconsidérer l'administration de la justice. *Irrecevabilité d'éléments de preuve qui risqueraient de déconsidérer l'administration de la justice*

## Dispositions générales

25. Le fait que la présente charte garantit certains droits et libertés ne porte pas atteinte aux droits ou libertés — ancestraux, issus de traités ou autres — des peuples autochtones du Canada, notamment : *Maintien des droits et libertés des autochtones*
a) aux droits ou libertés reconnus par la proclamation royale du 7 octobre 1763 ;
b) aux droits ou libertés existants issus d'accords sur des revendications territoriales ou ceux susceptibles d'être ainsi acquis. (92)

26. Le fait que la présente charte garantit certains droits et libertés ne constitue pas une négation des autres droits ou libertés qui existent au Canada. *Maintien des autres droits et libertés*

*Maintien du patrimoine culturel*

27. Toute interprétation de la présente charte doit concorder avec l'objectif de promouvoir le maintien et la valorisation du patrimoine multiculturel des Canadiens.

*Égalité de garantie des droits pour les deux sexes*

28. Indépendamment des autres dispositions de la présente charte, les droits et libertés qui y sont mentionnés sont garantis également aux personnes des deux sexes.

*Maintien des droits relatifs à certaines écoles*

29. Les dispositions de la présente charte ne portent pas atteinte aux droits ou privilèges garantis en vertu de la Constitution du Canada concernant les écoles séparées et autres écoles confessionnelles. (93)

*Application aux territoires*

30. Dans la présente charte, les dispositions qui visent les provinces, leur législature ou leur assemblée législative visent également le territoire du Yukon, les territoires du Nord-Ouest ou leurs autorités législatives compétentes.

*Non-élargissement des compétences législatives*

31. La présente charte n'élargit pas les compétences législatives de quelque organisme ou autorité que ce soit.

## Application de la charte

*Application de la charte*

32. (1) La présente charte s'applique :

a) au Parlement et au gouvernement du Canada, pour tous les domaines relevant du Parlement, y compris ceux qui concernent le territoire du Yukon et les territoires du Nord-Ouest ;

b) à la législature et au gouvernement de chaque province, pour tous les domaines relevant de cette législature.

*Restriction*

(2) Par dérogation au paragraphe (1), l'article 15 n'a d'effet que trois ans après l'entrée en vigueur du présent article.

*Dérogation par déclaration expresse*

33. (1) Le Parlement ou la législature d'une province peut adopter une loi où il est expressément déclaré que celle-ci ou une de ses dispositions a effet indépendamment d'une disposition donnée de l'article 2 ou des articles 7 à 15 de la présente charte.

(2) La loi ou la disposition qui fait l'objet d'une déclaration conforme au présent article et en vigueur a l'effet qu'elle aurait sauf la disposition en cause de la charte. *Effet de la dérogation*

(3) La déclaration visée au paragraphe (1) cesse d'avoir effet à la date qui y est précisée ou, au plus tard, cinq ans après son entrée en vigueur. *Durée de validité*

(4) Le Parlement ou une législature peut adopter de nouveau une déclaration visée au paragraphe (1). *Nouvelle adoption*

(5) Le paragraphe (3) s'applique à toute déclaration adoptée sous le régime du paragraphe (4). *Durée de validité*

**Titre**

34. Titre de la présente partie : Charte canadienne des droits et libertés. *Titre*

**PARTIE II**

DROITS DES PEUPLES AUTOCHTONES DU CANADA

35. (1) Les droits existants — ancestraux ou issus de traités — des peuples autochtones du Canada sont reconnus et confirmés. *Confirmation des droits existants des peuples autochtones*

(2) Dans la présente loi, « peuples autochtones du Canada » s'entend notamment des Indiens, des Inuit et des Métis du Canada. *Définition de « peuples autochtones du Canada »*

(3) Il est entendu que sont compris parmi les droits issus de traités, dont il est fait mention au paragraphe (1), les droits existants issus d'accords sur des revendications territoriales ou ceux susceptibles d'être ainsi acquis. *Accords sur des revendications territoriales*

(4) Indépendamment de toute autre disposition de la présente loi, les droits — ancestraux ou issus de traités — visés au *Égalité de garantie des droits pour les deux sexes*

paragraphe (1) sont garantis également aux personnes des deux sexes. (94)

*Engagement relatif à la participation à une conférence constitutionnelle*

35.1 Les gouvernements fédéral et provinciaux sont liés par l'engagement de principe selon lequel le premier ministre du Canada, avant toute modification de la catégorie 24 de l'article 91 de la « Loi constitutionnelle de 1867 », de l'article 25 de la présente loi ou de la présente partie :
a) convoquera une conférence constitutionnelle réunissant les premiers ministres provinciaux et lui-même et comportant à son ordre du jour la question du projet de modification ;
b) invitera les représentants des peuples autochtones du Canada à participer aux travaux relatifs à cette question. (95)

## PARTIE III

## PÉRÉQUATION ET INÉGALITÉS RÉGIONALES

*Engagements relatifs à l'égalité des chances*

36. (1) Sous réserve des compétences législatives du Parlement et des législatures et de leur droit de les exercer, le Parlement et les législatures, ainsi que les gouvernements fédéral et provinciaux, s'engagent à :
a) promouvoir l'égalité des chances de tous les Canadiens dans la recherche de leur bien-être ;
b) favoriser le développement économique pour réduire l'inégalité des chances ;
c) fournir à tous les Canadiens, à un niveau de qualité acceptable, les services publics essentiels.

*Engagement relatif aux services publics*

(2) Le Parlement et le gouvernement du Canada prennent l'engagement de principe de faire des paiements de péréquation propres à donner aux gouvernements provinciaux des revenus suffisants pour les mettre en mesure d'assurer les services publics à un niveau de qualité et de fiscalité sensiblement comparables. (96)

## PARTIE IV

## CONFÉRENCE CONSTITUTIONNELLE

37. Abrogé. (97) *[Abrogé]*

## PARTIE IV.1

## CONFÉRENCES CONSTITUTIONNELLES

37.1 Abrogé. (98) *[Abrogé]*

## PARTIE V

## PROCÉDURE DE MODIFICATION DE LA CONSTITUTION DU CANADA (99)

38. (1) La Constitution du Canada peut être modifiée par proclamation du gouverneur général sous le grand sceau du Canada, autorisée à la fois : *Procédure normale de modification*

a) par des résolutions du Sénat et de la Chambre des communes ;

b) par des résolutions des assemblées législatives d'au moins deux tiers des provinces dont la population confondue représente, selon le recensement général le plus récent à l'époque, au moins cinquante pour cent de la population de toutes les provinces.

(2) Une modification faite conformément au paragraphe (1) mais dérogatoire à la compétence législative, aux droits de propriété ou à tous autres droits ou privilèges d'une législature ou d'un gouvernement provincial exige une résolution adoptée à la majorité des sénateurs, des députés fédéraux et des députés de chacune des assemblées législatives du nombre requis de provinces. *Majorité simple*

(3) La modification visée au paragraphe (2) est sans effet dans une province dont l'assemblée législative a, avant la prise de la proclamation, exprimé son désaccord par une *Désaccord*

résolution adoptée à la majorité des députés, sauf si cette assemblée, par résolution également adoptée à la majorité, revient sur son désaccord et autorise la modification.

*Levée du désaccord*

(4) La résolution de désaccord visée au paragraphe (3) peut être révoquée à tout moment, indépendamment de la date de la proclamation à laquelle elle se rapporte.

*Restriction*

39. (1) La proclamation visée au paragraphe 38(1) ne peut être prise dans l'année suivant l'adoption de la résolution à l'origine de la procédure de modification que si l'assemblée législative de chaque province a préalablement adopté une résolution d'agrément ou de désaccord.

*Idem*

(2) La proclamation visée au paragraphe 38(1) ne peut être prise que dans les trois ans suivant l'adoption de la résolution à l'origine de la procédure de modification.

*Compensation*

40. Le Canada fournit une juste compensation aux provinces auxquelles ne s'applique pas une modification faite conformément au paragraphe 38(1) et relative, en matière d'éducation ou dans d'autres domaines culturels, à un transfert de compétences législatives provinciales au Parlement.

*Consentement unanime*

41. Toute modification de la Constitution du Canada portant sur les questions suivantes se fait par proclamation du gouverneur général sous le grand sceau du Canada, autorisée par des résolutions du Sénat, de la Chambre des communes et de l'assemblée législative de chaque province :
a) la charge de Reine, celle de gouverneur général et celle de lieutenant-gouverneur ;
b) le droit d'une province d'avoir à la Chambre des communes un nombre de députés au moins égal à celui des sénateurs par lesquels elle est habilitée à être représentée lors de l'entrée en vigueur de la présente partie ;
c) sous réserve de l'article 43, l'usage du français ou de l'anglais ;
d) la composition de la Cour suprême du Canada ;
e) la modification de la présente partie.

42. (1) Toute modification de la Constitution du Canada portant sur les questions suivantes se fait conformément au paragraphe 38(1) : *Procédure normale de modification*

a) le principe de la représentation proportionnelle des provinces à la Chambre des communes prévu par la Constitution du Canada ;

b) les pouvoirs du Sénat et le mode de sélection des sénateurs ;

c) le nombre des sénateurs par lesquels une province est habilitée à être représentée et les conditions de résidence qu'ils doivent remplir ;

d) sous réserve de l'alinéa 41d), la Cour suprême du Canada ;

e) le rattachement aux provinces existantes de tout ou partie des territoires ;

f) par dérogation à toute autre loi ou usage, la création de provinces.

(2) Les paragraphes 38(2) à (4) ne s'appliquent pas aux questions mentionnées au paragraphe (1). *Exception*

43. Les dispositions de la Constitution du Canada applicables à certaines provinces seulement ne peuvent être modifiées que par proclamation du gouverneur général sous le grand sceau du Canada, autorisée par des résolutions du Sénat, de la Chambre des communes et de l'assemblée législative de chaque province concernée. Le présent article s'applique notamment : *Modification à l'égard de certaines provinces*

a) aux changements du tracé des frontières interprovinciales ;

b) aux modifications des dispositions relatives à l'usage du français ou de l'anglais dans une province.

44. Sous réserve des articles 41 et 42, le Parlement a compétence exclusive pour modifier les dispositions de la Constitution du Canada relatives au pouvoir exécutif fédéral, au Sénat ou à la Chambre des communes. *Modification par le Parlement*

45. Sous réserve de l'article 41, une législature a compétence exclusive pour modifier la constitution de sa province. *Modification par les législatures*

*Initiative des procédures*

46. (1) L'initiative des procédures de modification visées aux articles 38, 41, 42 et 43 appartient au Sénat, à la Chambre des communes ou à une assemblée législative.

*Possibilité de révocation*

(2) Une résolution d'agrément adoptée dans le cadre de la présente partie peut être révoquée à tout moment avant la date de la proclamation qu'elle autorise.

*Modification sans résolution du Sénat*

47. (1) Dans les cas visés à l'article 38, 41, 42 ou 43, il peut être passé outre au défaut d'autorisation du Sénat si celui-ci n'a pas adopté de résolution dans un délai de cent quatre-vingts jours suivant l'adoption de celle de la Chambre des communes et si cette dernière, après l'expiration du délai, adopte une nouvelle résolution dans le même sens.

*Computation du délai*

(2) Dans la computation du délai visé au paragraphe (1), ne sont pas comptées les périodes pendant lesquelles le Parlement est prorogé ou dissous.

*Demande de proclamation*

48. Le Conseil privé de la Reine pour le Canada demande au gouverneur général de prendre, conformément à la présente partie, une proclamation dès l'adoption des résolutions prévues par cette partie pour une modification par proclamation.

*Conférence constitutionnelle*

49. Dans les quinze ans suivant l'entrée en vigueur de la présente partie, le premier ministre du Canada convoque une conférence constitutionnelle réunissant les premiers ministres provinciaux et lui-même, en vue du réexamen des dispositions de cette partie.

## PARTIE VI

### MODIFICATION DE LA LOI CONSTITUTIONNELLE DE 1867

50. (100)

51. (101)

## PARTIE VII

Dispositions générales

52. (1) La Constitution du Canada est la loi suprême du Canada ; elle rend inopérantes les dispositions incompatibles de toute autre règle de droit. *Primauté de la Constitution du Canada*

(2) La Constitution du Canada comprend : *Constitution du Canada*

a) la Loi de 1982 sur le Canada, y compris la présente loi ;

b) les textes législatifs et les décrets figurant à l'annexe ;

c) les modifications des textes législatifs et des décrets mentionnés aux alinéas a) ou b).

(3) La Constitution du Canada ne peut être modifiée que conformément aux pouvoirs conférés par elle. *Modification*

53. (1) Les textes législatifs et les décrets énumérés à la colonne I de l'annexe sont abrogés ou modifiés dans la mesure indiquée à la colonne II. Sauf abrogation, ils restent en vigueur en tant que lois du Canada sous les titres mentionnés à la colonne III. *Abrogation et nouveaux titres*

(2) Tout texte législatif ou réglementaire, sauf la Loi de 1982 sur le Canada, qui fait mention d'un texte législatif ou décret figurant à l'annexe par le titre indiqué à la colonne I est modifié par substitution à ce titre du titre correspondant mentionné à la colonne III ; tout Acte de l'Amérique du Nord britannique non mentionné à l'annexe peut être cité sous le titre de Loi constitutionnelle suivi de l'indication de l'année de son adoption et éventuellement de son numéro. *Modifications corrélatives*

54. La partie IV est abrogée un an après l'entrée en vigueur de la présente partie et le gouverneur général peut, par proclamation sous le grand sceau du Canada, abroger le présent article et apporter en conséquence de cette double abrogation les aménagements qui s'imposent à la présente loi. (102) *Abrogation et modifications qui en découlent*

*[Abrogé]* 54.1 Abrogé. (103)

*Version française de certains textes constitutionnels*

55. Le ministre de la Justice du Canada est chargé de rédiger, dans les meilleurs délais, la version française des parties de la Constitution du Canada qui figurent à l'annexe ; toute partie suffisamment importante est, dès qu'elle est prête, déposée pour adoption par proclamation du gouverneur général sous le grand sceau du Canada, conformément à la procédure applicable à l'époque à la modification des dispositions constitutionnelles qu'elle contient.

*Versions française et anglaise de certains textes constitutionnels*

56. Les versions française et anglaise des parties de la Constitution du Canada adoptées dans ces deux langues ont également force de loi. En outre, ont également force de loi, dès l'adoption, dans le cadre de l'article 55, d'une partie de la version française de la Constitution, cette partie et la version anglaise correspondante.

*Versions française et anglaise de la présente loi*

57. Les versions française et anglaise de la présente loi ont également force de loi.

*Entrée en vigueur*

58. Sous réserve de l'article 59, la présente loi entre en vigueur à la date fixée par proclamation de la Reine ou du gouverneur général sous le grand sceau du Canada. (104)

*Entrée en vigueur de l'alinéa 23(1)a) pour le Québec*

59. (1) L'alinéa 23(1)a) entre en vigueur pour le Québec à la date fixée par proclamation de la Reine ou du gouverneur général sous le grand sceau du Canada.

*Autorisation du Québec*

(2) La proclamation visée au paragraphe (1) ne peut être prise qu'après autorisation de l'assemblée législative ou du gouvernement du Québec.

(105)

*Abrogation du présent article*

(3) Le présent article peut être abrogé à la date d'entrée en vigueur de l'alinéa 23(1)a) pour le Québec, et la présente loi faire l'objet, dès cette abrogation, des modifications et change-

ments de numérotation qui en découlent, par proclamation de la Reine ou du gouverneur général sous le grand sceau du Canada.

60. Titre abrégé de la présente loi : Loi constitutionnelle de 1982 ; titre commun des lois constitutionnelles de 1867 à 1975 (n° 2) et de la présente loi : Lois constitutionnelles de 1867 à 1982. *Titres*

61. Toute mention des « Lois constitutionnelles de 1867 à 1982 » est réputée constituer également une mention de la « Proclamation de 1983 modifiant la Constitution ». (106) *Mentions*

# QUESTIONS

## Chapitre 1

1. Grâce au développement de l'informatique, la démocratie directe est désormais possible dans des pays aussi vastes que le Canada. Adopter un tel type de démocratie serait-il une bonne idée ?
2. Pouvez-vous citer un cas récent où le gouvernement canadien a agi comme une « tyrannie de la majorité » ?

## Chapitre 2

1. Le Canada étant une démocratie fondée sur la règle du gouvernement de la majorité, pourquoi une minorité de provinces pourrait-elle bloquer des amendements constitutionnels ?
2. Si vous aviez à choisir entre une constitution basée sur la loi et une constitution basée sur la convention, laquelle préféreriez-vous ?

## Chapitre 3

1. Dans quelles circonstances, si elles existent, un gouvernement minoritaire est-il préférable à un gouvernement majoritaire ?
2. Discutez de cette proposition : « Dans un gouvernement responsable, le cabinet est tellement puissant que le Canada n'est pas vraiment démocratique. »

## Chapitre 4

1. Les Canadiens seraient-ils mieux servis par un gouvernement fédéral dominant ou par des gouvernements provinciaux puissants ?
2. Pourquoi des revenus fiscaux de l'Ontario, de la Colombie-Britannique et de l'Alberta devraient-ils être transférés, en partie, en vertu de la péréquation, aux provinces moins prospères ? De tels revenus ne devraient-ils par être utilisés là où ils ont été perçus ?

**Chapitre 5**

1. L'adoption de la *Charte des droits* était-elle une bonne idée ?
2. Devrait-on abolir la clause dérogatoire ?

**Chapitre 6**

1. Le Canada étant une démocratie, le gouverneur général ne devrait-il pas être élu ?
2. Les premiers ministres sont-ils trop puissants ?

**Chapitre 7**

1. Comment, à votre avis, pourrait-on accroître l'efficacité des simples députés ?
2. Comment la création d'un Sénat électif améliorerait-il le gouvernement ? Quels problèmes en découleraient ?

**Chapitre 8**

1. Sachant que les juges exercent un pouvoir politique considérable, ne devrait-on pas soumettre à l'examen du Parlement les nominations à la Cour suprême ?
2. Quelle sorte de faute justifie, à votre avis, le renvoi d'un juge ?

**Chapitre 9**

1. Un groupe minoritaire est-il adéquatement représenté à la Chambre des communes si aucun député n'appartient à ce groupe ?
2. Quel serait l'impact sur l'unité nationale de l'adoption d'un système électoral de représentation proportionnelle ?

**Chapitre 10**

1. Sachant que le Bloc québécois vise à la rupture du pays tel que nous le connaissons, avait-on raison d'en faire la loyale opposition de Sa Majesté ?
2. Si, dans une circonscription dont le député est membre du parti au pouvoir, une majorité de citoyens s'oppose à un projet de loi, comment devrait voter ce député ?

**Chapitre 11**

1. S'il était techniquement possible d'interdire les sondages en période d'élection, une telle mesure renforcerait-elle notre démocratie ?
2. Dans quelle mesure participez-vous à la vie politique ? Qu'est-ce qui vous empêche d'y participer plus activement ?

# INDEX

TABLE DES MATIÈRES

**Chapitre 7 Le Parlement 125**



**Chapitre 8 Le judiciaire 143**



QUATRIÈME PARTIE : PARTICIPATION

**Chapitre 9 Élections 167**



**Chapitre 10 Les partis politiques 181**